Dicionário da Memória Afetiva

MINHA FRANÇA

Paixão de A a Z

Dicionário da Memória Afetiva MINHA FRANÇA

Prefácio de Gilles Lipovetsky

Posfácio de Philippe Joron

Juremir Machado da Silva

Editora Sulina

Capa: Humberto Nunes
Projeto gráfico e editoração: Niura Fernanda
Revisão: Álvaro Nunes Larangeira

Editor: Luis Antonio Paim Gomes

Dados Internacionais de Catalogação na Publicação (CIP)
Bibliotecária Responsável: Denise Mari de Andrade Souza - CRB 10/960

S586d Silva, Juremir Machado da
Dicionário da memória afetiva, minha França / Juremir Machado da Silva. - Porto Alegre: Sulina, 2024.
440 p.; 14x21 cm.

ISBN: 978-65-5759-149-9

1. Literatura Brasileira. 2.Literatura - Viagem. 3. França - Dicionário. I. Título.

CDU: 821.134.3(81)
CDD: B869
840

Rua Leopoldo Bier, 644, 4º andar – Santana
CEP: 90620-100 – Porto Alegre/RS
Fone: (0xx51) 3110.9801
www.editorasulina.com.br
e-mail: sulina@editorasulina.com.br

Junho/2024
IMPRESSO NO BRASIL/PRINTED IN BRAZIL

PREFÁCIO
Dicionário da memória afetiva

Gilles Lipovetsky[1]

É um dicionário apaixonado pela França que o leitor descobrirá a seguir sob a pena atenta de Juremir Machado da Silva, grande amante deste "querido e velho país", que ele conhece muito bem por nele ter vivido e estudado. Um dicionário de A a Z que é, antes de mais nada, um passeio pelas ruas de Paris, pelos seus cafés, pelos seus restaurantes, pelas suas livrarias, pelos seus lugares icônicos.

Um turista brasileiro com o guia Michelin na mão? Não, de jeito nenhum: um *flâneur* baudelairiano que, vindo do Novo Mundo, perambula pelas ruas da cidade-luz, circula pelos corredores do metrô, toma um drink na brasserie Lipp ou vagueia pela Torre Montparnasse, prova uma taça de Sauternes, come um *confit de canard* (coxa de pato), uma *baguette*, salsichas bretãs, um patê de Mans, *crème brûlée*: um desses tantos produtos que fazem a reputação culinária do país e os prazeres sempre renovados do autor, que adora compartilhá-los.

Em Paris, a felicidade para ele não exige muito: apenas uma manhã ensolarada de primavera, passear pelo *Boule-*

[1] Filósofo francês, teórico da Hipermodernidade, autor dos livros A Era do Vazio, O luxo eterno, A terceira mulher, O império do efêmero, A felicidade paradoxal: ensaio sobre a sociedade do hiperconsumo, entre outros.

vard du Montparnasse ou pela rua Bonaparte, admirar as barcaças do Sena, contemplar a beleza das mansões particulares, olhar os sebos (*bouquinistes*) à beira do rio. A cidade é tão linda que basta passear aleatoriamente; não há necessidade de procurar e esperar por nada em particular: "tudo é graça e volúpia". Uma França gourmet e bela que vai muito além de Paris e que também descobrimos no sul do país, em Avignon, Arles, Montpellier, Palavas-les-Flots, Cannes, Saint-Tropez. Eis o mais francês dos brasileiros, que apresenta uma França da sua memória afetiva, de prazeres sensíveis e estéticos, sem ordem nem hierarquia, onde se ouvem as canções de Yves Montand, Charles Aznavour, Edith Piaf, Juliette Greco e a nostalgia da era existencialista.

O prazer de estar na França, para Juremir, não pode ser separado do imaginário de sua história cultural e artística. Ele se lembra da descoberta da Torre Eiffel, mas também do anfiteatro Durkheim, na Sorbonne, com seus bancos de madeira e sua aparência solene, onde teve aulas de sociologia quando era estudante de doutorado. Lembranças inesquecíveis inscritas no fundo da memória com muito mais ressonância do que qualquer *selfie*. O prazer do leitor estará em descobrir as escolhas heterogêneas do autor, que passa sem transição – é a lei do gênero – de um verbete a outro, da Fnac a Fontainebleau, de Auguste Comte ao queijo Comté, o seu queijo francês preferido.

Mas é, sobretudo, um olhar muito pessoal sobre o panorama intelectual francês que se descobrirá, caro leitor brasileiro, nas páginas que se seguem. Juremir não é apenas apaixonado pelas paisagens, pelo *Dôme*, pela *Place des Vosges*: ele é especialmente apaixonado pela cultura intelectual e literária francesa, a de Voltaire, Balzac, Baudelaire, Rimbaud, Júlio Verne, Proust. E, mais perto de nós, Simone de Beauvoir ou Marguerite Duras. A experiência da França para ele é também e, talvez, sobretudo a proximidade com intelectuais franceses que ele ama e admira, que conheceu, entrevistou e convidou inúmeras vezes para viagens ao Brasil. O pensamento de Juremir é moldado pelos grandes pensadores da França.

Você descobrirá os múltiplos encontros de Juremir, ora puramente livrescos, ora reais, ora telefônicos, com Castoriadis, Baudrillard, Lyotard, Maffesoli, Houellebecq, Deleuze, Derrida, Edgar Morin, Le Goff, Sfez, Debray, Derrida, Touraine... E esses perfis são sempre vivos, "subjetivos", por vezes engraçados, feitos a partir de experiências pessoais, pequenos fatos concretos, pequenas frases de que se recorda, encontros deliberados e, por vezes, fortuitos, como aquele com Touraine num supermercado. Juremir mostra as pessoas por trás dos seus livros, com o lado "humano, demasiado humano", como quando Jacques Derrida se preocupa, sobretudo, com a qualidade das fotos que Cláudia, esposa de Juremir, havia tirado dele.

No domínio intelectual, o apetite do Juremir é ilimitado e sentimos a felicidade que ele experimenta ao explorar o pensamento francês em toda a sua riqueza e variedade. Nesta altura dos acontecimentos, em que a guerra regressa ao solo europeu, é um verdadeiro prazer ler um hino tão tocante à França através de uma viagem livre e errante, uma pintura cheia de memórias e emoções da "Doce França" tão maravilhosamente cantada por Charles Trenet.

De A a Z

A sugestão de fazer um dicionário amoroso, afetivo, apaixonado, sobre a França, sobre a minha relação com a França, foi do meu amigo Gilles Lipovetsky. Ele estava em Porto Alegre para dar um curso sobre moda. Em nossas longas conversas em restaurantes, falávamos sobre projetos de livros, de vida, capazes de dar muito prazer. Ele me incentivou a escrever dicionários pessoais. Dois lhe vieram imediatamente à mente: *Dicionário afetivo do jornalismo* e *Minha França*. Discutimos muito se deveria se chamar dicionário amoroso, como na França, ou afetivo, passional, apaixonado, etc. O importante era falar de coisas que pudessem interessar às pessoas a partir de um ponto de vista muito pessoal. Mais do que isso, de uma experiência pessoal consolidada.

Decidi mergulhar em meus arquivos, lembranças, agendas, romances, entrevistas, fotografias, vídeos, contos, crônicas e artigos sobre a França, onde pisei pela primeira vez em 1991. Surgiu então este dicionário da memória afetiva, que liga o passado e o presente numa colcha de realidades e imaginários. Colagem, montagem, reescritura, novos ângulos, textos originais, crônicas-verbete, impressões, reimpressões, visões confirmadas ou alteradas pelo tempo, pelas viagens à França, que continuo a fazer a cada ano, tudo se mistura com sinceridade, algum senso de humor, nenhuma pompa, muito amor, voltas, reviravoltas, idas, vindas, tomadas, retomadas, encontros, desencontros, definições provisórias, dicas, confissões, nomes, lugares, pratos, filmes, livros, quadros, monumentos.

Este dicionário poderá ser útil para algum viajante. Também pode ser lido como um livro de memória apresentado em formato menos comum. Ou como uma grande reportagem feita de fragmentos e de muitas fontes.

Minha paixão pela França não suprime o olhar crítico sobre a França, sobre mim, sobre o tempo, enfim, sobre a vida à qual digo: mais!

A

Abade Pierre – O Brasil tem o padre Júlio Lancellotti. A França teve o Abade Pierre. Um herói popular admirado e criticado por invejosos. Quando ele morreu, em 2007, escrevi comovido sobre a sua saída de cena: morreu, aos 94 anos, o Abade Pierre, fundador do Emaús. Não deixa de ser um belo paradoxo: o homem que foi quatorze vezes escolhido a personalidade preferida dos franceses, cidadãos de um país rico, era um defensor radical dos pobres. Desde 1954, quando botou a boca no mundo por causa da morte de uma mulher, congelada, Abade Pierre tornou-se a consciência ferina da França. Em mais de 50 anos de combate, ele se converteu no advogado e no apóstolo dos sem-teto, sem-documentos, sem amor, sem perspectivas, etc. Com ele não tinha colher: cobrava dos políticos sem hesitar. Exigia dignidade para todo mundo. Declarou certa vez que todas as justificativas dos ricos para não tirar os pobres da miséria não passavam de mentiras. Eis uma afirmação clara e forte. Retumbante. As elites fingiram não ter ouvido.

Confesso que o Abade Pierre me impressionava por sua firmeza. Quando ele tinha os seus surtos de indignação, a França tremia. Nos anos 1990, quando imigrantes irregulares foram expulsos de uma igreja de Paris, ele partiu para a briga. Para ele a assistência social era uma obrigação. Guardo na memória os seus discursos inflamados.

Absinto – Não aconselho ninguém a tomar a chamada "fada verde". Não há, porém, como não falar dela. Foi a bebida de gênios franceses do século XIX. Inventado na Suíça, foi cantado em versos por Charles Baudelaire, pintado por Édouard Manet em *O bebedor de absinto* (1859), bebido por Jean-Arthur Rimbaud, Emile Zola, Paul Verlaine, Alfred Musset, Paul Gauguin, Van Gogh, Degas, Oscar Wilde, Alfred Jarry, Jean Genet e tantos outros, esculpido por Pablo Picasso e idealizado por artistas malditos por décadas. Segundo Jane Ciabatari, da BBC News, a "fada verde" desapareceu como fonte de inspiração no século 20. Acabou "substituída por coquetéis como o martíni e posteriormente por drogas alucinógenas, nos anos 1960". O teor alcoólico dessa bebida feita de funcho, losna e anis pode ir de 40% a 89%. Desde 2001, o absinto está novamente autorizado na França, limitado a dez por cento do seu potencial destrutivo do século XIX, a tujona, substância que age sobre o sistema nervoso central. Em Paris, três bares são referência para bebedores de absinto: *Lulu White* (12 rue Frouchot), acessível pelo metrô Pigalle, com jazz e drink variados; *La Cantada II* (13 rue Moret), metrô Ménilmontant, com rock, exposições, gosto pelo trash, literatura e filosofia; e *Vert d'Absinthe* (11 rue d'Ormesson). Ah, tem também o *Fée Verte* (108 rue de la Roquette), na Bastilha. Cuidado!

Em "O veneno", Baudelaire louva o absinto. Eis alguns versos de minhas traduções delirantes: "O vinho sabe cobrir o mais sórdido puteiro", "o ópio amplia o que não tem contornos", "tudo isso não vale o veneno que emana/ Dos teus olhos verdes, olhar perverso". Se eu experimentei absinto? Sim, duas vezes. Fiquei verde. Nunca mais.

Academia Francesa – Talvez nada seja mais forte no ser humano do que o desejo de distinção. Seria essa a marca do humano por excelência? Fundar clubes para que, fazendo parte deles, cada um se sinta especial, fora do rebanho, da companhia do Senhor Todo Mundo? A Academia Francesa é um desses primeiros clubes de notáveis a tornar-se instituição venerável, veneranda e solene. Fazer parte dele significa, em vida, ganhar uma imortalidade prévia, certamente a única possível.

Abrigada com mais quatro academias no imponente prédio do Instituto da França, à beira do Sena (23 Quai de Conti), fundada em 1635 pelo cardeal Richelieu, tem 40 membros, não apenas escritores, serviu de modelo a congêneres pelo mundo, inclusive para a Academia Brasileira criada por Machado de Assis, que a queria exclusiva para literatos, tendo perdido essa parada para o amigo Joaquim Nabuco, que defendia a presença de notáveis das mais diversas áreas, até mesmo das forças armadas. Intermediei a vinda ao Brasil, com palestra em Porto Alegre, de um dos seus ilustres membros, o escritor Dominique Fernandez, autor de *O ouro dos trópicos*, publicado pela editora gaúcha Sulina, um delicioso e belo livro de viagem pelo mundo barroco.

Alain Finkielkraut, outro dos seus imortais, autor do polêmico best-seller *A derrota do pensamento* (Paz & Terra) nunca se entusiasmou com a ideia de aceitar nossos generosos convites. O mais famoso membro da AF com quem falei na vida foi um certo Claude Lévi-Strauss, o antropólogo mais conhecido do mundo, autor de *Tristes Trópicos* ("Eu odeio as viagens e os exploradores. E aqui estou eu disposto a relatar as minhas expedições”), integrante da missão francesa que lecionou na Universidade de São Paulo na época da sua criação. Lévi-Strauss morava na *rue des Marronniers*, no décimo sexto arrondissement (distrito), o mais chique da cidade, de onde só saía para raras expedições a locais próximos da sua casa, com alguns saltos até o Quartier Latin.

Morreu quase aos 101 anos de idade. Pesquisou culturas indígenas brasileiras *in loco*. Escreveu como um Deus, especialmente quando mostrou sua humanidade. A Academia Francesa é o lugar ideal para boas fotos com câmeras capazes de absorver a sua dimensão tão grandiosa quanto a sua história. Às vezes, a grandeza de algo não cabe no olho.

Acossado (*A bout de souffle*, 1960) – Emblemático filme de Jean-Luc Godard, com Jean-Paul Belmondo e Jean Seberg. Uma nova maneira de filmar, um modo diferente de contar uma história, outro ritmo, outra montagem, outro fôlego, poesia, reflexão, trasbordamento estético. Conta a história de um cara marrento (Belmondo), canalha simpático e falastrão, com mais pose do que práticas, que rouba um carro em Marselha para ir a Paris e que, na viagem, mata um policial. Não se engane o viajante apressado: *Acossado* não é um filme para intelectuais. Todo mundo pode ver. Tem pegada narrativa, permanece atual e continua a esbanjar charme. Os atores mostram-se sublimes.

Acuso (*J’accuse*) – O mais belo artigo de denúncia que li na vida (cf. o verbete Zola). O escritor fora do seu campo em defesa da justiça e da verdade. Uma sequência de acusações nominais gravíssimas sob a forma de uma carta ao presidente da França, Félix Faure. Termina assim: "Ao fazer estas acusações, estou ciente de que estou sujeito aos artigos 30.º e 31.º da lei de imprensa de 29 de julho de 1881, que pune crimes de difamação. E é deliberadamente que eu me exponho. Quanto às pessoas que acuso, não as conheço, nunca as vi, não tenho nenhuma objeção a elas, ressentimento ou ódio. Para mim elas são apenas entidades, espíritos do mal social. E o ato que realizo aqui é apenas um meio revolucionário para acelerar a explosão da verdade e justiça. Só tenho uma paixão, a da luz, em nome da humanidade que tanto sofreu e que tem direito à felicidade. Meu protesto ardente é apenas o grito da minha alma. Espero que ousem me julgar no Tribunal de Júri para que a investigação ocorra em plena luz do dia!".

Zola acusou um tenente-coronel, quatro generais, três peritos, o Ministério da Guerra e dois conselhos de guerra de armação contra o oficial judeu Dreyfus. Eis o tom: "Eu acuso o tenente-coronel du Paty de Clam de ter sido o artífice diabólico do erro judiciário, inconscientemente, quero crer, e de ter em seguida defendido sua obra nefasta, durante três anos, através de tramas absurdas e culpáveis".

Mais direto e certeiro, impossível: "Eu acuso o general Billot de ter tido nas suas mãos as provas certas da inocência de Dreyfus e de tê-las abafado, de se tornar culpado deste crime de lesa-humanidade com um objetivo político e para salvar o Estado-Maior comprometido". Billot era apenas o ministro da Guerra. Nem a imprensa escapou: "Eu acuso os gabinetes de guerra de terem liderado na imprensa, particularmente no *L'Éclair* e no *L'Écho de Paris*, uma campanha abominável para distrair a opinião e cobrir seu erro". Tudo isso, com essa força, com essa coragem, com essa verve, na capa do jornal.

O viajante pode ver o filme de Roman Polansky, *O oficial e o espião*, de 2019, com Jean Dujardin, Louis Garrel e Emmanuelle Seigner.

Eu leio o texto em sala de aula e fico arrepiado.

Aigues-Mortes – Com menos de mil anos de existência não se faz uma cidade culturalmente atraente, me dissera um garçom de cabelos brancos num bistrô de Marselha. Amigos nos levaram para conhecer, em 2007, a cidade fortificada de Aigues-Mortes, a cerca de 30 quilômetros de Montpellier. Eu esperava encontrar vestígios de algum muro e ponto final. A surpresa foi enorme. Uma cidade plenamente fortificada. Cerca de 1.640 metros de muros altos erguidos por ordem de Luís IX, São Luís, porto marítimo de onde ele embarcaria, em 1248, como cruzado em defesa dos lugares sagrados do cristianismo. Uma deliciosa estranheza se eleva e se instala na memória afetiva: açudes da região da Camargue, conexão ao Mediterrâneo pelo canal do Grau-du-Roi. Pérola rugosa da Idade Média, Aigues-Mortes parece uma miragem retilínea de doze portas. A Torre Constance, monumento histórico tombado desde 1903, ergue-se como uma janela para o horizonte, farol apontando para o céu, onde templários teriam vivido como prisioneiros. Em 1893, em Aigues-Mortes, imigrantes italianos teriam sido massacrados por operários franceses. Como se faltassem mistérios sobre esse lugar de cartão postal altivo, corre a lenda de um cavalo majestoso que a cada noite transportava crianças perdidas. Não raro, sinto saudades de Aigues-Mortes, como se ali tivesse morado. Uma cidade viva pulsa dentro dela. Há lugares assim: a gente passa por eles, que não passam mais.

Em meu romance *Solo* (Record, 2008), história de um personagem em busca de si mesmo até desaguar em Macchu Picchu, pode-se ler:

"Não deixe de ir a Aigues-Mortes.

Por quê?

Não pergunte. Encontre a resposta."

O personagem aceita a provocação. Mais tarde, dirá:

"Fiquei impressionado com três coisas: uma Santa Teresa ingênua, cercada de flores não menos ingênuas e suaves, na igreja Notre-Dame des Sablons; fora dos muros da linda cidadezinha em miniatura, uns grandes e brilhosos montes brancos: as salinas; a ausência de japoneses com suas câmeras digitais."

Por fim, ele tira as suas conclusões irônicas e melancólicas:

"Num só dia, visitei a pequena Arles, à beira do Rhône, com seus rastros da antiguidade, onde Van Gogh viveu, produziu e sofreu, a medieval Aigues-Mortes, feito um cartão-postal encravado no meio da tarde, e a praia de La Grande-Motte, um projeto arquitetônico contemporâneo ou futurista, algo como o século XXI imaginado pelos urbanistas dos anos 1960. Só o vento me seguia por toda parte, o mistral. Belo nome. Penosa sensação. Pensei que eu gostaria de enlouquecer como Van Gogh, de crer como Luís IX, de me aventurar como os gregos e os romanos, mas não de desenhar o futuro como os urbanistas e os arquitetos modernos".

Philippe Joron, Patrick Tacussel, Jean-Brunos Renard e Francis Utéza, amigos de Montpellier, nos abriram caminho por essas terras. Como dizia certa Pessoa, viajar não é preciso. Faz voar. Sobrevoar.

Alexandre III (Ponte) – Há cenários em Paris que parecem exatamente isso: cenários. Solene, imponente, lustrosa, elegante, quase um adorno sobre o sinuoso rio Sena, a ponte Alexandre III cria uma perspectiva dourada entre seus ornamentos impressionantes e a cúpula do Hôtel des Invalides. Abre caminho para a avenida Champs-Élysées pelo Grand Palais e pelo Petit Palais, todos feitos para a Exposição Universal de 1900. Está certamente entre as melhores vistas da beleza parisiense, exibindo ao olhar do passante as grandezas da cidade, da Torre Eiffel ao Pégaso da própria ponte. Parece atrair todo tipo de câmera.

Aliança Francesa – Quando cheguei a Paris para morar, em setembro de 1991, eu falava pouco a língua local. Fomos, Cláudia e eu, estudar na Aliança Francesa, no boulevard Raspail, tendo de um lado uma agência da Alliance Voyages e do outro a Escola de Altos Estudos em Ciências

Sociais (EHESS). Ali conhecemos gente do mundo inteiro, entre os quais Enzo, um jovem padre italiano que se preparava para atuar no Zaire. Vez ou outra a gente ainda diz de repente: onde andará o Enzo? A nossa professora na AF chamava-se Mariel. Madame Mariel. Era severa, usava cabelos Chanel, exigia pontualidade e deveres de casa feitos. A aula começava às sete e meia da manhã. Era noite ainda no inverno. Eu chegava sempre de cabelos molhados pela ducha rápida em nosso *studio* violeta de 25 metros quadrados. Um dia, Madame Mariel me interpelou:

– Senhor Machado, duas coisas tenho a lhe dizer: preste mais atenção ao passado composto e não tome banho antes de vir. Nunca. Ou vai se resfriar. Deixe a ducha para a parte da tarde. Entendeu?

Obedeci. A partir da Aliança Francesa vivemos nossas primeiras emoções na França. Fizemos, de ônibus, a maioria das viagens da Alliance Voyages pela Europa e assistimos aos melhores seminários da EHESS. O primeiro deles foi o de Cornelius Castoriadis, que eu conhecia de uma visita sua a Porto Alegre e das leituras dos seus livros, especialmente um: *A Instituição Imaginária da Sociedade*.

Uma das lições de nossa cartilha de francês apresentava Émilie e Thierry na plataforma de uma estação de metrô. Um deles perguntava:

– *Qu'est-ce qu'il y a?*

– *Il y a une grève.*

Passou a ser a nossa forma de cumprimento com os colegas. Sim, Paris tinha temporadas de greves, não raro com apoio de parte da mídia. Tudo era muito novo e excitante para nós. Nas aulas, um grego, Panos, sofria reprimendas frequentes de Madame Mariel por suas faltas.

– O senhor faltou de novo, senhor Panos!

– Panos malade – ele se defendia.

Panos dizia estar sempre doente: sofria com a falta de sol. A Aliança Francesa, fundada em 1883, no boulevard Saint-Germain, 215, foi transferida para o boulevard Raspail, 101, em 1919. Em 1967, começou a construir um anexo na rue de Fleurus, 34, onde também estudamos. Alastrou-se por 136 países. Durante a ocupação nazista, esteve fechada em Paris. No pico, teve alunos de 127 nacionalidades na capital francesa. Atualmente bate recordes em cursos online.

Opa! Cursos em linha!

Amizade à francesa – Costuma-se dizer que os franceses são frios. Pode até ser antes do começo de uma aproximação. Feita a amizade, parece ser para sempre. A França para mim rima com grandes amigos ou parceiros de trocas acadêmicas ou existenciais, uns mais expansivos, outros mais discretos, todos constantes e calorosos. Alguns já estão na galeria das pessoas mais importantes do meu percurso. Em Montpellier, Philippe Joron e Clélia, Olivier Cathus, Vincenzo Susca, Fabio La Rocca, Patrick Tacussel, Martine Xiberras, Emmanuelle Boyer, Denis Fleurdorge, Michel Moatti, Hélène Houdayer, Jean-Bruno Renard, Jean-Serge Vigouroux, Laurence, Bertrand Vidal, Marianne Celka e, mais recentemente, Matthijs Gardenier e Arthur Groz, que vieram fazer pós-doutorado comigo, em Porto Alegre. Em Paris, Michel Maffesoli e Hélène Strohl, Bertrand Ricard, Dominique Wolton, Florence Serres e Alain Dupont. Em Grenoble, Gilles Lipovetsky. Sem contar o centenário e sempre efusivo Edgar Morin. Muitos já partiram. Este dicionário é uma homenagem a todos esses amigos, conhecidos e parceiros que fazem parte da minha vida para sempre e com os quais já passei momentos agradáveis ou inesquecíveis em jantares, bancas, seminários, congressos, bares, passeios, almoços, caminhadas, festas, viagens ou até beberagens. Caberia citar muitos outros nomes de tantos encontros, aulas, mesas, debates, como Stéphane Hugon, e queridos estrangeiros conhecidos na França, entre os quais Federico Casalegno e Amparo Lasén.

Anatole France (1844-1924) – Prêmio Nobel de literatura de 1921. Um monumento. Uma polêmica na rede, em torno do nome dele, me permitiu escrever a crônica que compõe este verbete. A França não vive sem queijos, vinhos, baguettes, fígados de ganso, coxas de pato, greves e polêmicas. É um estilo. Nos jantares intelectuais, costuma-se dispor cada convidado na mesa de forma a facilitar alguns confrontos.

Trata-se de um tempero. Outra especialidade francesa é o processo contra escritores. No século XIX, era comum. Gustave Flaubert e Charles Baudelaire foram processados no mesmo ano, em 1857, por atentado à moral e aos bons costumes, com suas obras *Madame Bovary*, romance sobre adultério, e *Flores do Mal*, poemas que ofenderiam a moralidade pública com suas odes a prostitutas e outros temas não menos chocantes para a época. Processar escritores e intelectuais ainda é moda. Edgar Morin e Michel Houellebecq foram levados aos tribunais por supostas ofensas às crenças alheias não faz muito tempo.

Alguém ofende, alguém se sente ofendido, está criada a crise. Os tribunais decidem. A obra é de arte. Uma polêmica inimaginável diria respeito a Anatole France. Nas redes sociais, adolescentes furiosos esbravejavam e admitiam desconhecê-lo: «Mas quem é Anatole France para cair de paraquedas no *Bac*?" Perplexidade. O *Bac* é o exame ao final do ensino médio. O jornal *Le Figaro* comprou a briga. Reuniu algumas das reclamações mais acintosas das redes sociais sobre o caso. Um estudante escreveu: "Eu pensava que Anatole France era uma estação do metrô". Outro: "Nem sei se é homem ou mulher, Anatole".

Para o *Figaro*, havia um grave problema que precisava ser traduzido como questão de civilização: "Será uma marca da nossa época? De agora em diante, cada um assume a sua ignorância em vez de ter a curiosidade de tentar saber um pouco mais? Quem é Anatole France?" A resposta está na Wikipédia. Mas jovens preferem navegar em outras águas. *Figaro* responde: "Simplesmente um dos nossos maiores escritores, prêmio Nobel de literatura". A indignação exigia armamento pesado como método eficaz de combate: "Ele entrou na *Pléiade*, a mais prestigiosa coleção literária, o panteão das letras, com quatro volumes, o que é simplesmente raríssimo". "Entrar", esse é o verbo usado, na *Pléaide* é um troféu geralmente póstumo, que leva alguns até a sonhar com a morte. Entrar em vida é a glória absoluta.

Anatole France escreveu poesia, romance, teatro, tudo. Foi um nome mundial antes da globalização atual. Tudo passa. Toda glória é vã. Sejamos filosóficos e originais: "tudo o que é sólido desmancha no ar". Na lista dos dez escritores atuais mais ricos do mundo estão: J.K. Rowling, Paulo Coelho, Stephen King, James Patterson, Danielle Steel, Nora Roberts, Tom Clancy, John Grisham, Jackie Collins e Dean Koontz. Eu só conhecia metade deles: Rowling, Paulo Coelho, King, Steel e Grisham. Só li algo de três desses nababos: Rowling, Coelho e King. Sou obrigado a reconhecer que Paulo Coelho é o melhor deles.

Outro estudante francês perguntou na sua rede social: "Anatole France não é uma marca de óculos?" Um menino questionou: "Por que mesmo eu tenho de saber quem foi esse cara?" Uma menina alfinetou: "Por que não tem mulher alguma na lista de escritores do exame?" Achei engraçada essa polêmica. Para alguns, ela revelava o fim do mundo, a crise da cultura, a morte da civilização e o ocaso do bom gosto. Será? Ou é só um deslocamento de interesses?

O peruano Vargas Llosa, que já entrou na *Pléiade*, certamente diria (se já não disse) que é a civilização do espetáculo. E dizer que Anatole France, autor de *A ilha dos pinguins* e *O crime de Silvestre Bonnard*, antes de ser estação de metrô foi best-seller e pensador de frases cheias de sabedoria: "Mais vale compreender pouco do que compreender mal"! Boa sugestão de prudência aos que cantam um passado mítico e detonam um presente de trevas? Anatole France era bom de provocações. Em *O lírio vermelho*, romance de 1894, sapecou sem rodeios: “Toda ideia falsa é perigosa. Quem pensa que os utópicos não são prejudiciais, engana-se, pois fazem-no e muito. As utopias mais inofensivas na aparência [...] uma influência prejudicial! Tendem a inspirar o desprezo da realidade”. Forte, não? Na mosca ou não?

O escritor queria a ficção traduzindo a realidade. Ficou ao lado de Émile Zola no célebre caso Dreyfus. Zola teve a sua medalha da Legião de Honra cassada. Anatole France, em solidariedade, devolveu a sua. É dele também está afirmação: “Sem os árabes e judeus, a Europa estaria ainda mais mergulhada na barbárie, no tempo das cruzadas, na ignorância, na miséria e na crueldade”. Vale dar uma parada na estação Anatole France, limpar as lentes dos óculos e ler algumas páginas desse cara que caiu de paraquedas no Enem dos franceses. As linhas de metrô de Paris são uma viagem pelas estações da história. Partiu!

Aniquilar – O mais “humanista” dos livros de Michel Houellebecq. Publicado na França em 2022 pela editora Flammarion, *Anéantir*, no original, chegou ao Brasil pela Alfaguara. Nele o leitor encontra toda a ironia de Michel Houellebecq, mas também um olhar, em algum momento, menos pessimista sobre os seres humanos. Sobre esse livro, escrevi no site Matinal Jornalismo: “Houellebecq tem uma temática obsessiva: a decadência da família pós-1968. E uma ferramenta narrativa: a ironia”.

Argumentei: o texto de Houellebecq é límpido: "Em algumas segundas-feiras de final de novembro ou início de dezembro, especialmente sendo solteiro, você tem a sensação de estar no corredor da morte". O escritor fala de solidão, desamparo, melancolia, falta de sentido para a vida, mesmo ou especialmente quando ela está ganha. Em *Aniquilar*, ele conta a história de um homem com um câncer na mandíbula. Ao mesmo tempo, narra a história do pai desse homem, internado numa clínica para pacientes irrecuperáveis, de onde terá de ser sequestrado para ter o conforto de morrer em sua casa.

Para tanto, os familiares contratam um grupo chamado de fascista por se entregar a operações como a liberação de pacientes mantidos em hospitais em função da burocracia estatal. Houellebecq não é de esquerda, vive às turras com os muçulmanos – enfrentou um novo processo, depois retirado, do reitor da mesquita de Paris –, detona as utopias disponíveis no mercado das ilusões, ironiza a vida online e, no fundo, parece dizer todo o tempo: a vida em família era ruim, com muita hipocrisia, mas não se colocou nada menos pior no lugar dela. Os seus livros retratam a solidão em cidades como Paris.

Em *Aniquilar*, o protagonista quer viver, amar, ser amado, transar, manter contato com os seus. Não é tarefa fácil. Quando parece que vai conseguir, vem a doença. Como pano de fundo, para dar tempero à narrativa, tem uma história de atentados cibernéticos com ênfase esotérica e uma campanha eleitoral para a presidência da França, com ampla participação de uma marqueteira cínica e inescrupulosa, o que para Houellebecq é simples redundância. Nada escapa do seu escárnio: a autoajuda generalizada e humilhante, as tendências místicas prontas para crer, a obsessão pelos cuidados corporais em academias, os orientalismos sempre em voga, o consumismo desesperado, as lutas por prestígio profissional, a tendência a enviar os idosos para o que ele ainda costuma chamar de asilos, o narcisismo de uma época em que a regra parece ser viva e se livre de quem atrapalhar o seu viver: “Família e conjugalidade, estes eram os dois polos residuais em torno dos quais se organiza a vida dos últimos ocidentais nesta primeira metade do século XXI. Outras fórmulas foram imaginadas, em vão, por pessoas que tiveram o mérito de pressentir o desgaste das tradicionais, mas não conseguiram conceber novas fórmulas, e cujo papel histórico foi, portanto, totalmente negativo”.

Ele procura sempre o contrapé das modas dominantes. Fustiga o identitarismo, o esquerdismo, a extrema direita, os fanatismos religiosos, etc. Se duvidar, nem o pilates escapa. Tudo paliativo.

Certas passagens do romance são duríssimas: “Menos de três semanas antes, ele era uma pessoa normal, sentia desejos carnais, podia fazer planos de férias, vislumbrar uma vida longa e talvez feliz, agora mais do que nunca, aliás, desde que voltou com Prudence, ele sempre a amou, e ela também sempre o amou, isso era uma coisa evidente. E então, no breve tempo de algumas consultas médicas, tudo havia mudado, a ratoeira tinha se fechado sobre ele, e não ia se abrir, pelo contrário, ele ia sentir sua mordida cada vez mais cruelmente, o tumor continuaria devorando sua carne, até aniquilá-la". Longa citação. Houellebecq está inteiro nela, cru e certeiro.

Os seus romances, que são também, em geral, muito engraçados, fazem grandes obras parecer literatura infanto-juvenil. Tendo lido todos os livros de Houellebecq, afirmo: em *Aniquilar*, Michel revisita todos os seus romances anteriores e entrega a sua alma ao leitor. Tem um pouco de cada coisa que escreveu. O começo lembra *Extensão do domínio da luta*, seu livro de estreia, que traduzi para o Brasil, assim como fiz com *Partículas elementares*, introduzindo o escritor entre nós, antes de as grandes editoras o sequestrarem.

Apostrophe – Só para contar e começar em alto nível. Foi o melhor programa cultural, literário, de televisão da história da França. Apresentado pelo agora lendário Bernard Pivot, durou de 1975 a 1990. Essa é a França que vive no meu imaginário desde antes mesmo de eu a conhecê-la. A França da cultura, das ideias, da arte, do bom gosto.

Arco do Triunfo – É difícil encontrar monumento mais imponente. O Arco do Triunfo da Estrela eleva-se como uma vitória permanente, servindo de coroamento à grandeza da avenida Champs-Élysées e à sofisticação não menos altiva da Place de la Concorde. O Arco do Triunfo exprime a alma francesa. Construído durante 30 anos, entre os governos de Napoleão I, Luís XVIII, Charles X e Luís Felipe, inspirado no arco romano de Tito, o colosso teve briga em torno dos nomes de militares que eterniza. Até o escritor Victor Hugo queixou-se de não ter tido o nome do seu pai homenageado. Foi preciso analisar e acrescentar muita gente. Desde 1921, o Arco do Triunfo abriga também a Tumba do Soldado Desconhecido, com a sua chama que nunca se apaga. Honra e sacrifício, luta e morte, coragem e desprendimento, pátria e ideologia cívica, sangue e nacionalismo, tudo está ali, em pedra e almas sem corpo.

Com 50 metros de altura, 22 metros de largura e 45 metros de profundidade, mostra uma bela vista de parte de Paris aos que conseguem subir seus 286 degraus. O Arco do Triunfo coroa as vitórias de Napoleão, que mandou construí-lo depois de Austerlitz, batalha travada em 2 de dezembro de 1805, no atual território da República Tcheca, onde as forças do Grande Exército (*Grande Armée)* do corso bateram as dos imperadores Francisco I da Áustria e Alexandre I da Rússia, tendo morrido 1.537 franceses e 16 mil adversários. O filme *Napoleão*, de Ridley Scott, com Joaquin Phoenix e Vanessa Kirby, sublinha as perdas humanas nas batalhas ganhas pelo imperador da França. Para mim continua sendo difícil levar totalmente a sério um filme sobre o imperador francês, que saiu do nada e conquistou tudo, com todo mundo falando inglês. Minha capacidade de suspensão do juízo crítico fica prejudicada. Enfim, fica-se sabendo, acima de tudo, que ele era ruim de cama, estilo britadeira, o que levava Josephine a fazer cara de paisagem durante o ato, antes de corneá-lo. Quanto ao total de perdas humanas em suas guerras, historiadores divergem: de 400 mil a um milhão de homens, com 700 mil sendo o mais provável. Os adversários devem ter perdido em torno de dois milhões de soldados.

Sem dúvida, vale um arco monumental. Era o preço de uma nação, de um império, de uma ambição ou de uma questão sexual mal resolvida.

A Praça da Estrela (*Place de l'Etoile*), ou praça Charles de Gaulle, onde está o portentoso Arco do Triunfo de Napoleão, é uma rotatória onde deságuam doze grandes avenidas apinhadas de carros: Mac-Mahon, Iéna, Wagram, Kléber, Hoche, Victor Hugo, Friedland, Foch, Champs-Élysées, de la Grande Armée, Marceau e Carnot. Ali se vê quem sabe negociar ao volante. Uma jovem paulista só se referia à Avenida de la Grande Armée como a rua do Banco do Brasil, para onde confluía toda a colônia de verde-amarelo em algum momento do mês.

Circunstâncias históricas à parte, o Arco do Triunfo é majestoso. Não há como não se sentir pequeno diante de tanta glória.

Arlequin – Para cinéfilos. Aberto desde 1934 (76 rue de Rennes), foi, de 1978 a 1993, a sala exclusiva do cinema soviético, com o nome de Cosmos. Com 500 lugares, pertenceu a Jacques Tati. Voltado para o nicho de artes e de experimentalismo, é lugar obrigatório para quem curte experiências estéticas radicais ou novas. Mas não só. *Priscilla*, de Sofia Coppola, sobre a mulher de Elvis Presley, passou lá.

Arles – Há tanto para se dizer sobre essa pequena cidade de "apenas" 2500 anos situada na boca do delta do Rhône, na região Provence-Alpes-Côte d´Azur, no sul da França, por onde passaram etruscos, fenícios, romanos e tantos outros. Aldeia, burgo, cidade imperial, capital do Reino de Arles, lugar de encontros e trocas, terreno de tantas histórias, leito arqueológico invejável, ela pode, cada vez mais, ser resumida a meia poderosa linha: cidade de Van Gogh. Cidade onde, entre 1888 e 1889, o pintor, de tanto ouvir Toulouse-Lautrec falar, foi buscar a luz do Sul (*lumière du Midi*). Consta que o pintor queria o sol da África, mas foi impedido pela neve de atingir Marselha e de lá embarcar para o destino previsto. Em Arles, Van Gogh pintou mais de trezentas obras e escreveu cartas emocionantes. Uma das partes mais dolorosas da Arles do artista transtornado por seus fantasmas mentais pode ser vista em Paris, no Museu d'Orsay, o quadro "Quarto de Van Gogh em Arles", essa outra versão do primeiro quadro com o mesmo tema – que pode ser visto no Museu Van Gogh de Amsterdã – feita pelo artista em Saint-Rémy. Por que citar esse e não outros entre tantas obras-primas de um gênio às voltas com seu sofrimento e seu talento incompreendido? Melhor seria citar todos. Nada, porém, pode ser feito contra as escolhas de um coração em viagem de espantos. O que ver em Arles de imperdível? Tudo. Especialmente os rastros da história e de seus personagens, protagonistas ou não. Em Arles, ande sobre os passos de Van Gogh e sinta suas cores sob a luz do Sul. Não se pode perder tampouco o LUMA, espaço contemporâneo de arte e cultura projetado pelo arquiteto Frank Gehry, que faz pensar numa obra de Van Gogh, do alto do qual se pode ver o Rhône serpenteando na vasta planície.

Arles, antes de ser de Van Gogh, é romana, com sua Arena, seu Teatro Antigo, suas Termas de Constantino e seus rastros de grandeza intemporal. Há cenas do cotidiano que a gente não esquece. Por que entramos naquela pizzaria, onde comemos sobremesas enormes, diante de uma senhorinha que dormia com o queixo sobre a mesa, enquanto todos corriam? Era personagem da família, parte de um tempo que se foi.

Arrabal (Fernando) – Espanhol, nascido em Melilla, na África, em 1932, mudou-se para a França em 1955. Dramaturgo, poeta, cineasta, romancista, surrealista, dadaísta, experimentalista radical, exilado perpétuo, perseguido, preso e julgado pelo regime franquista, multipremiado e sei lá mais o quê, com livros ilustrados por Pablo Picasso, Salvador Dalí, René Magritte e outros, honrado pelo Colégio de Patafísica com o título de "Transcendente Sátrapa", esteve em Porto Alegre a convite do ciclo de conferências Fronteiras do Pensamento. Convivemos. Aprendi muito. Mais do que tudo, eu me diverti.

Fundador em 1962, em Paris, com Rolando Topor e Alejandro Jodorowsky, do Movimento Pânico, caracterizado por um desejo de resgate do surrealismo, o vanguardismo é a sua pátria. Foi amigo de Eugène Ionesco, Samuel Beckett, Jean Genet e Arthur Adamov. Ficou imensamente famoso ao lançar a sua *Carta ao General Franco,* quando o ditador espanhol ainda estava vivo. Em resposta à minha pergunta, o que acha dos seus imitadores, respondeu simplesmente isto: "Eu não tenho duplos. Brinco de ser Deus, ou o diabo, e, às vezes, consigo". Nem falso modesto nem arrogante. Autoirônico. Uma figura e tanto.

Em Porto Alegre, Fernando Arrabal implicou com o diretor de teatro brasileiro Gerald Thomas, com quem dividiria o palco. Num jantar, já brigaram por razões políticas. Thomas apoiava Barack Obama nos Estados Unidos. Anarquista, Arrabal aproveitou para desancar os americanos e meteu republicanos e democratas num mesmo saco. O brasileiro indignou-se e encontrou um meio de sugerir que o espanhol teria tido alguma simpatia franquista. Fechou o pau. Arrabal teve boa parte da família, inclusive o pai, condenada à morte pelo ditador Francisco Franco. Na falta de outros argumentos, jogou um livro com sua história em cima do sempre efervescente dramaturgo pós-moderno. A palestra de Fernando Arrabal no ciclo Fronteiras do Pensamento foi um sucesso. Gerald Thomas abandonou o jogo na metade e saiu vaiado.

Fui me despedir de Arrabal e perguntei-lhe sobre o ocorrido. Riu. Estava feliz. Ria de si mesmo e de Thomas, a quem só se referia como o matemático, pois assegurava que dele nunca havia ouvido falar no mundo do teatro. Thomas teria dito a Arrabal que participara como assistente na montagem de uma peça de Samuel Beckett, na Inglaterra, em 1971. O espanhol fez as contas e concluiu que, na época, Thomas tinha 17 anos: "Na Inglaterra, sendo menor de idade, ele nunca poderia fazer esse trabalho". Briga de cachorros grandes e bravos.

Foi sensacional. Ao partir, me deixou um relógio parado, com a inscrição no fundo: *La Folle Journée* (O dia louco). Sempre que passo na Place d'Italie, no 13º arrondissement de Paris, penso nele. Nunca encontrei ninguém mais deliciosamente louco e criativo do que ele.

Artaud (Antonin) – Escritor anarquista, surrealista, revolucionário, homem de teatro, ensaio, cinema, desenho, consumidor de drogas, em busca de outros mundos da percepção, Antonin Artaud (1896-1948) teve uma vida sofrida por causa de perturbações mentais. Considerado louco, passou por vários hospitais psiquiátricos. Morreu em 4 de março de 1848. Sofria de câncer no reto. A causa da morte foi provavelmente uma overdose de um poderoso sedativo, o hidrato de cloral. Escreveu, entre tanta coisa sublime, um ensaio magistral: *Van Gogh, o suicidado da sociedade*. O seu "teatro da crueldade" continua influenciando gerações de artistas. Vítima das concepções psiquiátricas do seu tempo, criou muito e maravilhosamente. Impossível falar da França sem o citar.

Astérix – Qual a primeira imagem que vem à cabeça quando se pensa num francês ou, como se diz, no francês típico? Sem dúvida, o pequeno gaulês Astérix resistindo aos ataques dos romanos. Criados por Albert Uderzo e René Goscinny, em 1959, Astérix e sua turma rapidamente se cristalizaram no imaginário francês e sobre a França pela inteligência e pelo humor dos quadrinhos. As aventuras do pequeno Astérix e do seu companheiro, o gigante Obélix, são divertidas e fazem pensar. Eles são as figuras mais emblemáticas de um povoado de irredutíveis, os que não se entregam, não se dobram, não se ajoelham. Depois da morte de Goscinny, o desenhista Uderzo continuou a dar vida aos personagens dessa saga por meio da qual a França se vê no espelho e, ao mesmo tempo, afirma a sua singularidade e, obviamente, também se encanta consigo mesma. Fundamentalmente, ri de si mesma com inteligência e muito estilo.

Aurore (L') – Fundado em 1897, o jornal republicano *L'Aurore* (A Aurora) ficaria famoso no seu segundo ano de existência ao publicar na sua capa o "acuso" de Emile Zola contra os que perseguiam por antissemitismo o judeu Dreyfus. Fechou as suas portas em 1914. Para mim, jornalista de corpo e alma, esse jornal representa a França, a ideia que eu tenho da França, onde tudo pode acontecer, mas nada passará em branco. Sempre sonho que sou repórter de *L'Aurore*.

Avignon – O vento dobra as pessoas no inverno de Avignon, no sul da França, cidade do Papa, entre 1309 e 1377, que não ficava em Roma, e dos antipapas, entre 1378 e 1449, quando o grande cisma dividiu a cristandade, que ficou sob o comando de dois soberanos, até três, pois também houve Papa em Pisa. Sete papas franceses fizeram de Avignon o centro do poder da Igreja católica: Clemente V, João XXII, Bento XII, Clemente VI, Inocêncio VI, Urbano V e Gregório XI. A eleição de Urbano VI levará ao Grande Cisma do Ocidente. O eleito tinha ideias puras demais: queria que os cardeais, muitos deles entrincheirados em Avignon, renunciassem a suas pensões e ajudassem na restauração do patrimônio da Igreja. Surgiriam os antipapas de Avignon: Clemente VII, Bento XIII, Clemente VIII e Bento XIV. É uma história intrincada, com fugas, ataques, exílios e até “papas imaginários”. E agora? Agora restam lugares lindos para visitar nessa cidade situada na confluência dos rios Rhône e Durance, entre os quais o Palácio dos Papas e a Ponte de Avignon. Se o viajante estiver leve, livre e solto, incluirá nessas andanças visitas à Ponte do Gard e a Nîmes. Se for a boa estação, verá os campos de lavanda. Nunca é tempo perdido perder-se em vinícolas que exibem o charme da tradição e a garantia da qualidade intemporal.

Uma vez, resgato o que então escrevi como cronista em tempo integral, fiquei imaginando os antipapas, sob o vento selvagem, frio, seco e violento que envolve a cidade, olhando as águas então furiosas do Rhône, mergulhados nas suas batalhas teológicas ou nem tanto assim. Afinal, o Palácio dos Papas era uma fortaleza e os inimigos atacavam com armas terrenas e propósitos nem sempre santos. A religião é só mistério. Sempre há um lado luminoso em tudo. Por exemplo, na fé, que pode salvar, matar ou construir templos inacreditáveis. Ou no imaginário popular. Cantarolamos como tudo mundo a canção de quase todas as crianças: “Sur le pont d’Avignon on danse...”

Quando deixamos Avignon já era noite e havia uma lua com um sorriso brincalhão no seu rosto redondo ainda incompleto, como se imitasse justamente a Ponte de Avignon, que, há muito, termina bem no meio do rio. Creio que o vinho e a idade me deixaram sentimental. Ou foi o cantor Charles Trenet com suas paisagens, lembranças e jogos de palavras. Os vestígios romanos estão por quase toda parte no sul da França. Montpellier era caminho para a Espanha. Na ida para Avignon, paramos na Ponte do Gard, na origem, um aqueduto romano espetacular que levava água para Nîmes. É sempre como passear dentro de um livro com imagens em tamanho natural. Melhor ainda quando os amigos conhecem muito e fazem comentários tranquilos que nos enchem de admiração.

Viajar no tempo é pegar um trem em Montpellier, passar por Nîmes, trocar em Avignon, desembarcar em Arles, quem sabe parando em cada lugar, deixando entrar o passado pela janela, sorvendo cada imagem, cada paisagem rumo à Roma antiga, parando na Idade Média.

Aznavour (Charles) – Sou fã desse francês de origem armênia. Aznavour (1924-2018). Ele foi um imenso cantor e compositor. Eu estava ansioso para ver um show de Charles Aznavour. Quando eu morava na França, não estava maduro para compreendê-lo. O mesmo aconteceu na minha vida em relação ao extraordinário escritor Georges Simenon (cf. verbete), certamente o mais complexo autor de histórias policiais. Meu amigo Décio Freitas o amava e tentava partilhar comigo o seu gosto. Eu me recusava em nome de James Joyce. Um dia aconteceu. Hoje, leio Simenon ao som de Aznavour, de Charles Trenet ou mesmo de Serge Gainsbourg. A voz de Aznavour continuava poderosa em Porto Alegre quando finalmente pude vê-lo no palco. Aznavour encantou a plateia. Ao contrário do que eu imaginava, havia pessoas de todas as idades. Sem dúvida, a chamada plateia seleta. Um acontecimento de alto nível.

Aznavour permanecia um fenômeno de voz e de domínio de palco. Tinha muita energia e fez algumas piruetas de provocar torcicolo em muito jovem. Uma lição de vida para quem costuma só endeusar a juventude. No auge da minha arrogância, eu achava Aznavour brega. Eu pensava o mesmo de Roberto Carlos. Certamente há algo de brega nos dois. Mas há também em quase todo mundo. O romantismo é tido por brega. Ninguém escapa, contudo, de grandes surtos de romantismo.

O velho Aznavour repassou os seus maiores sucessos. Para meu gosto, embora isso varie com as estações do ano, "Emmenez-moi" continua a ser especial. A plateia vibrou quando ouviu "She". Depois de comprovar a maturidade de Charles Aznavour, me preparei para ouvir a adorável Joss Stones, então com 21 anos de idade. Ter visto e ouvido Charles Aznavour me fez muito feliz. Há dias em que acordo determinado: preciso ouvir o eterno Aznavour. Então escuto "La bohème", "La mamma" e "Que c'est triste Venise". A vida me sorri.

B

Baguette – O melhor pão do mundo. Tipicamente francês, de carregar embaixo do braço. Nada a ver com o que chamamos de pão francês. Comprido, duro, denso, tem gosto, consistência e acaba com a fome. Quer fazer uma boa baguette? Simples: "É obrigatória a utilização de farinhas com teor de cinzas superior a 0,75% e teor W superior a 180".

É ou não é fácil? A baguette é tão gostosa que não faz sentido falar em comer o pão que o diabo amassou. Talvez valorize o ganhar o pão com o suor do seu rosto. Durante muito tempo, o francês médio, chamado de Senhor Dupont, foi estereotipado como um tipo baixinho, enfezado, bicudo e com uma baguette embaixo do braço. Sem muita proteção contra os agentes patógenos que nos ameaçam de toda parte.

A baguette tem uma casca dura. Talvez isso a proteja das más influências. Há quem atribua a esse pão forte e denso a personalidade dos franceses, em geral, firme, robusta, cascuda, resiliente.

Bah oui – Importante expressão francesa da vida cotidiana, muito usada por Michel Houellebecq quando ouve críticas bobas, que eu, como gaúcho de Santana do Livramento, traduzo orgulhosamente por “bá, tchê”.

Baigneuses (Les) – O Museu Picasso fica no charmoso Marais, instalado no antigo Hôtel Salé (5 Rue de Thorigny), apresentado por Bruno Foucart no descritivo da instituição como “o maior, o mais extraordinário, para não dizer extravagante, dos grandes hotéis parisienses do século XVII”. Por hotel deve-se entender uma imponente mansão destinada, muitas vezes, a mostrar a ascensão social do proprietário, no caso, Pierre Aubert de Fontenay, cobrador de impostos sobre o sal em nome do rei. Assim ele adoçava a sua vida de burguês. Para os interessados, fica um tema de casa: pesquisar sobre a “arquitetura mazarine”, que caracteriza o estilo da construção.

O prédio pertence à prefeitura de Paris. Um mês depois da morte de Picasso começou a movimentação para criar um museu na capital francesa com a obra do artista que fez dessa cidade a sua casa. País rico e apaixonado por cultura é assim: O Estado adquiriu parte do acervo; herdeiros doaram outra parte. E assim se fez um monumento. O arquiteto Roland Simounet teve seis anos (1979-1985) para arrumar a casa e fazer dela um espaço adequado a um museu de primeira linha.

Gosto de ir ao Museu Picasso para admirar o quadro *As banhistas*, pintado em Biarritz, no verão de 1918. Homem de paixões vulcânicas, o pintor estava em lua de mel com a bailarina russa Olga Khokhlova. O que me fascina nessa pintura? A sensação de vertigem. Dá para sentir a temperatura, o langor, a sensualidade, o local, a vida como ela era, o sol e o sal. Picasso teve muitas vidas. A prova disso talvez seja o seu "Autoportrait" [Autorretrato], uma tela de 1901 que mostra um homem estranho. Nem parece ele, é o que se ouve. É essa estranheza que desconcerta e encanta a cada quadro que se (re)vê.

Pode-se ver a coleção do Museu Picasso online. Faça uma visita presencial e compare. Escreva para me dizer do que gostou mais.

Baile dos bombeiros – Todo 14 de julho, dia nacional da França, lembrança da tomada da Bastilha, em 1789, tem festa, inclusive em quartéis do Corpo de Bombeiros. Há quem espere ansiosamente o baile dos bombeiros para dançar com valentes, destemidos e musculosos jovens que se dedicam a apagar fogos, mas, nessa ocasião específica, acendem fogueiras em corpos e almas. O baile pode acontecer também na noite de 13 de julho. Trata-se de uma tradição começada em 15 de agosto de 1806 para celebrar São Napoleão, no dia do aniversário do imperador. Vi muita gente passar o ano sonhando com o baile dos bombeiros.

Baiser (Le) – Se tivesse de escolher uma única escultura para ver em Paris, obrigado por um deus furioso a abdicar de todos os outros prazeres visuais da cidade-luz, seria esse beijo esculpido por Rodin. Caminharia até chegar ao Museu Rodin. Viria de Montparnasse, andaria pelo boulevard des Invalides sempre de olho na majestosa cúpula dourada do Hôtel des Invalides, onde descansam os restos mortais de Napoleão – da alma nada sei –, por fim buscaria a rua de Varenne, 77. Aí o leitor se escandaliza: Por que não o *Pensador*? Por que não a *Porto do inferno?* Por que não os *Burgueses de Calais*? Por que não tudo o que Rodin arrancou das pedras com suas mãos de deus? Eu direi, no entanto, que há no beijo da escultura uma sensualidade viva. Dá vontade de beijar. Até mais. Dizem que é uma escultura afrodisíaca.

Observem.

Olhem por uma janela e verão, dependendo do ângulo, um ar de vida na campanha, um estranho clima rural no coração da metrópole.

Balzac (Honoré de) – Onde ver Balzac nas ruas de Paris? Por toda parte, ora. Na colina Sainte-Geneviève, montanha na grandiloquência do francês, onde é possível, juro, vislumbrar o Pai Goriot nas proximidades do Panteão. Outra indicação segura é no Museu Rodin, onde o monumento esculpido pelo artista genial tem algo de grotesco, poderoso, visionário, assustador. A encomenda foi anulada. O escândalo espalhou-se como deve ser quando uma obra desconcertante aparece. Nada nela remete ao mundo da escrita. O escritor tem algo de diabólico e de monge, não só pelo vestuário, mas pela expressão. Adoro pensar que essa escultura traduz o vulcão que incendeia o grande criador.

Não fujam. Uma tarde de inverno, sozinho, saí quase correndo.

Pode-se também andar nas pegadas do escritor nos seus domínios, a rua Balzac, que vai da escandalosamente elegante Champs-Élysées a não menos altiva rua do Faubourg Saint-Honoré. Balzac viveu e morreu nessa rua que agora lhe honra com seu nome, que se chamou antes Fortunée, afortunada via que recebeu um gênio. Balzac teria adquirido uma propriedade para no lugar erguer um palácio à altura de sua amada polonesa, a condessa Hanska. O homem não se propunha a qualquer coisa que não fosse monumental. Uma vez, pensando em Balzac, mas tragado pela vida contemporânea, encontrei, na altura do número 18, dois monstros da sociedade do espetáculo, os brasileiros Galvão Bueno e Paulo Roberto Falcão. O que Balzac teria dito deles? Não sei. Dariam bons personagens certamente. De minha parte, maravilhado com uma sacada balzaquiana, "cherchez la femme", sempre que passo por ali olho as mulheres que deslizam por aqueles lugares privilegiados.

Há tanta mulher bonita, tanta passante misteriosa, que começo com Balzac e termino em Baudelaire. Diga, leitor, se não tenho razão. Pare e olhe.

Um balzaquiano raiz andará pelos lugares onde o escritor morou e escreveu desde a sua chegada do interior, quando feito seu personagem Rastignac poderia desafiar Paris, "À *nous* deux, *maintenant*!". Entre os dois, deu ele. Paris lhe deve muito. Nunca o pagará o bastante por tudo que fez. Ajudou, em parte, a difundir o mito de Paris. Jornalista e professor, releio todo ano *Ilusões perdidas*. Recomeço a viver.

Fui atrás dele no 142 da rue du Temple, no Marais, onde morou aos 15 anos, menino chegado do interior; mas também nas ruas Turenne, Lesdiguières, Visconti, Cassini, Raynouard (onde se pode visitar a casa-museu Maison Balzac, imperdível). Eu era jovem, tinha tempo livre e muita literatura na cabeça. Sonhava até em ser o novo Balzac.

Ah, parece que Balzac nunca quitou o valor do imóvel que comprou na rua que se imortalizaria com o nome desse suposto mau pagador.

Balzar (Le) – Se nunca tive dinheiro para frequentar os restaurantes estrelados do guia *Michelin*, sempre que pude fui aonde o meu desejo levava e eu podia pagar. Por exemplo, no Balzar, na rue des Écoles, pertinho da Sorbonne, onde eu estudava, e do Collège de France, onde eu seguia cursos de celebridades ruidosas como o italiano Umberto Eco, autor, entre tantos best-sellers, de *O nome da rosa*, e do murmurante Pierre Bourdieu, estrela mundial da sociologia. Eu ficava estupefato. Eles respondiam às cartas que eu lhes mandava. Tenho-as em meu arquivo. Davam longas entrevistas, que publiquei em jornais brasileiros. Eco me recebeu no seu apartamento em Milão para dizer não a uma proposta da qual eu era intermediário: 150 mil euros por uma palestra no Brasil. Saltei do prato principal para o digestivo. Só fui ao Balzar quando já não era mais estudante e podia nos oferecer um jantar em meio a jornalistas, intelectuais e escritores. O lendário Serge July, um dos criadores do jornal *Libération*, estava solitário diante de uma garrafa de vinho quando entramos pela primeira vez.

Já escrevi sobre o Balzar. Existem mitos sobre a França. Um deles diz que os pratos servidos nos restaurantes oferecem porções minúsculas. Isso pode ser coisa de lugar muito chique ou de restaurantes franceses no Brasil. No mundo real, os preços são razoáveis e as porções também. Uma refeição francesa normalmente tem entrada, prato principal e sobremesa. Salvo, talvez, os homens com apetite de lenhador, todo mundo fica satisfeito. Num bom restaurante, como o Balzar, um casal pode comer *foie gras* (fígado de pato), *escargot*, salmão e *confit de canard* (coxa de pato), regado a Beaujolais Nouveau, por preços inferiores a lugares da moda no Brasil.

Uma vez, gastamos 90 euros. Em torno, na época, de R$ 270 reais, pouco mais de 500 reais em 2024. O negócio é segurar os arrancos do dólar para viajar e comer bem. Resolvi, então, escrever sobre esse assunto vulgar – preços de restaurantes – para ajudar a derrubar lendas. Um casal almoça tranquilamente num restaurante qualquer de

Paris com menos de 50 euros. Pega uma fórmula do dia: salada ou sopa, porco ou carneiro, queijo ou sobremesa. Os viajantes com a carteira mais leve podem comer bons sanduíches por meia dúzia de euros. Na minha filosofia do cotidiano, elaborada com a pouca sabedoria dos anos, cada um deve estabelecer as suas prioridades com base no prazer, na racionalidade e na recompensa aos esforços feitos para atingir os objetivos fixados. Ir a Paris e nunca jantar no Balzar faria de mim um viajante incompleto e tristonho. Pronto, falei. Sempre acabo falando.

Bastille (Bastilha) – A cadeia não está mais lá. Mas há o monumento. Uma coluna que se ergue impávida para o céu. A Revolução Francesa de 1789 foi um levante contra o Antigo Regime, que, na época, era o sistema de parasitagem dominante. Os sans-culottes (sem-calças) revoltaram-se contra a nobreza que vivia na mamata. Os sem-calças não andavam de nádegas de fora, mas não usavam as calças coladas no corpo da aristocracia sem o que fazer. O símbolo da revolta contra a elite foi a tomada da Bastilha, prisão para onde eram enviados inimigos ou concorrentes da classe autorizada a praticar rapinagem. O jornalista Camille Desmoulins – sempre tem um jornalista na parada – alertou que se preparava uma repressão contra a plebe. A turma dos camarotes achava que havia impunidade demais, mas deixou rolar sem se coçar.

A população tomou a Bastilha em busca de armas para combater o tal Antigo Regime. Conta a lenda que a rainha Maria Antonieta teria mandado o povo comer bolo na falta de pão. Tudo isso é conhecido ou era antigamente. O Antigo Regime não acabou. Continua existindo por aí, inclusive no Brasil. Desmoulins perdeu a cabeça. Depois de insultar o Tribunal Revolucionário, foi guilhotinado, em 1794, pelo Novo Regime que ajudara a criar. O regime do Terror foi uma loucura: quem mandava guilhotinar num dia era guilhotinado no outro. Danton e Robespierre que o digam. A Bastilha permanece como um símbolo. Nos anos 1990, francesas rasgaram sutiãs na Bastilha. A coluna da Bastilha não homenageia os mortos nem os libertos da revolução de 1789. Com seus 52 metros de altura, a Coluna de Julho honra mortos da revolução de 1830. Restos mortais de combatentes jazem na cripta sob o monumento. Junto deles, por engano, segundo se conta, foram depositadas múmias trazidas do Egito pelo saqueador Napoleão.

Visitar criptas não é o meu forte. Fico pálido. Uma vez, quase desmaiei diante da múmia de Lênin, em Moscou. No alto da Coluna de Julho, um anjo pelado, com órgãos genitais salientes, carrega uma estrela na cabeça e uma tocha na mão direita. Em tempos de negacionismo, representa mais do que nunca as luzes. Uma vez, fiquei observando turistas admirarem a Coluna de Julho. Uma linda brasileira fixou-se no anjo altivo e distante. Por fim, disse para a amiga:

– Belo pau!

Fui para a linda Ópera da Bastilha ver *Madame Butterfly*.

Bateaux Mouches – Tipo de embarcação e companhia prestadora de serviços de passeios no Sena, em Paris. Subir, deixar balançar suavemente, passar pelos principais monumentos da cidade, sentir, ouvir, cheirar. Numa viagem seguinte, com fones de ouvido, passear escutando música francesa, de Renaud cantando "À la Close", em homenagem à Closerie des Lilas, até todas as músicas do *Tempo das Catedrais*, passando por Yves Montand com a sua nostálgica "Bicicleta".

Baudelaire (Charles) – Filhinho da mamãe, Charles Baudelaire nunca foi de trabalhar. Tinha coisas mais emocionantes para fazer. Passou a vida entre prostitutas, ópio, absinto (diabo verde com 53,5% de teor alcoólico) e poesias incandescentes. Em 1857, depois de publicar as suas *Flores do mal*, foi processado, no mesmo ano que Flaubert e sua *Madame Bovary*, por atentado ao pudor. A justiça mandou retirar seis poemas do pacote. Traduzi 84 das flores do mal de Charles Baudelaire (*O amor segundo Charles Baudelaire*, Sulina, 2003). Reler "A uma passante" ou "A serpente que dança" funciona melhor do que Rivotril. Dá vontade de viver. Sensualmente. Baudelaire inventou a modernidade. Contemplou as galerias de Paris. Nascido no Quartier Latin (13 rue d'Hautefeuille, no 6º arrondissement) ele perambularia por umas 40 casas. Os passos desse boêmio, contudo, andaram muito pela deliciosa Ilha de Saint-Louis, atrás da Notre-Dame de Paris, onde se divertia com sua amante Jeanne Duval, a "vênus negra". Se não encontrar rastros do poeta na ilha de Saint-Louis, o leitor pode se consolar com um sorvete no Bertillon. Há quem diga que nada pode ser melhor.

Salvo as flores do mal. Baudelaire gostava de ir ao restaurante "La tour d'argent", supostamente fundado em 1582, então situado na esquina do Quai de la Tournelle com a rua do Cardinal Lemoigne, com majestosa vista do sexto andar para o Sena e de quebra a Notre-Dame. Parece que ali ele gastou as melhores horas da sua vida e boa parte do dinheiro que lhe chegava. Hoje, o leitor endinheirado pode ir ao "Tour d'Argent" da Torre Eiffel. Conta-se que cabeças coroadas ou empoadas frequentavam o local. O todo-poderoso Richelieu, segundo a lenda, seria fã de um prato da casa, ganso com ameixas. Historiadores atrapalham a história alegando que tal restaurante nunca foi localizado em tal época. Baudelaire não teve esse problema. Era da casa num tempo em que "La Tour d'Argent" era de ouro. Hoje, tem uma estrela no guia *Michelin*. É diamante. Sempre passo na frente. Charles Baudelaire descansa no cemitério de Montparnasse, morada final de tanta celebridade que exige tempo e vida para visitar todas.

Em Paris, deve-se tomar vinho em homenagem a Baudelaire, para quem "beber vinho era beber genialidade". No seu poema "A alma do vinho" ele diz: "Uma noite a alma do vinho cantava nas garrafas".

Na França o vinho pode ser nacional mesmo. Até da casa, em jarra. Baudelaire bebia em qualquer bistrô e amava os tintos. Ele adorava os vinhos de Bordeaux e do Rhône. Passei anos em Paris sem beber álcool. Quando o fiz, bebi um "rouge" por Baudelaire no Select, em Montparnasse, em companhia do filósofo Jean Baudrillard, que de dia preferia os brancos, mas aceitou provocar minha curiosidade quando lhe perguntei se era bom o que via na carta: Castillon Côtes de Bordeaux AOP Château Beynat. Eu voltara a beber em razão de um espumante que Michel Maffesoli me enviara ao Brasil para a virada do ano 2000. Fomos bebê-la, Cláudia e eu, nas dunas de Jericoacora, no Ceará. Uma vez na vida, ao menos, é preciso fazer cantar a alma das garrafas.

Esta foi minha ode mais sentida a Baudelaire. O poeta, talvez o maior de todos, Charles Baudelaire morreu em 31 de agosto de 1867, aos 46 anos de idade. Na sua curta vida, foi longo em sensibilidade e intenso em entregas ao ópio e ao absinto. É assim que eu o sinto, um hino à beleza, um navio abandonado, um espírito atormentado, uma atmosfera nublada, um ideal inalcançável, uma certeza: a existência é uma passante em torno da qual rugem os homens em busca de um amanhecer espiritual. Por que falar de um poeta morto há 150 anos? Por que louvar um esteta que deu os seus canos? Por que revisitar os seus versos tão lindos quanto desertos? Porque sim. Porque foi grande.

Deveria bastar essa resposta aos néscios (encontrei, enfim, uso para essa palavra) destes tempos prosaicos em que o amor à poesia exige explicação e os preços no supermercado sempre superam a inflação. Mas é só pensar na serpente que dança em torno de um bastão para que sentimentos despertem e se convertam em litanias aos príncipes exilados ou em mensagens aos poetas das cidades. Quem não se vê, certos dias, sob um céu chapado, lembrando do tempo em que as estrelas coalhavam o azul? Eu já tentei reescandalizar Baudelaire, que foi processado por versos imorais, já retraduzi suas flores do mal para lhes dar um novo perfume carnal. Já lhe forneci uma nova moral.

Baudelaire não pisava no chão, mesmo sendo o solo de Paris, salvo para ir aos bordéis ou riscar calçadas com giz, não pensava racionalmente, exceto para reclamar sua pensão, não aterrissava no mundo por falta de firmamento. Vivia na imensidão do etéreo curando ressacas homéricas com maresias dantescas longe do mar, mas perto do sol ou da solidão. Quando, enfim, expressava o que sentia era para falar de olhos errantes que imitavam joias raras e belas feitas de ouro e de ferro onde nada se revelava nem de doce nem de amargo. Olhos de perdição. O que cantava esse homem para interessar à justiça?

Falava de vampiros, de prostitutas, de viagens ao inferno, de luas ofendidas, frequentemente de olhos de mulheres, de sexo, muito sexo, de alucinações, de vertigens, de corpos encalhados como navios ou de barcos como corpos à espera de um navegador destemido. Começava poemas, numa sociedade pretensamente casta, com provocações baratas sobre mulheres caras, tratadas de queridas, que esperavam nuas, vestidas apenas com suas bijuterias, seus enfeites, suas joias. Ai! Falava disso e daquilo sempre numa atmosfera brumosa com uma linguagem ardilosa capaz de fazer estremecer sob a toga um juiz na sua soga. Ui!

Ele cantava as lembranças de épocas nuas e irremediáveis. Convidava para viagens sem volta, imprevistas, irreparáveis, descobria harmonias da noite que só ele via, falava de fontes de sangue, de jatos de água, de anáguas, de horror simpático, do gosto pelo nada, da morte de pobres, de artistas, de amantes, de musas venais, de prazeres banais, de Lola de Valência, de Lesbos, de paisagens, faróis, músicas, peixes, perfumes exóticos, amores tóxicos, cachimbos, obsessões e bacanais. Não se sabe se ele sabia demais ou apenas imaginava o que dizia para enganar a passagem do tempo com uma narrativa menos lenta.

Fazia epígrafes para livros condenados, amava os gatos, esses orgulhosos solitários como ele, os boêmios, os amantes do vinho, as brumas, escumas, chuvas e fustigava os abstêmios. Via Dom Juan nos infernos, abordava crepúsculos da manhã e descrevia fantasmas, mulheres danadas, condenadas, perdidas, esquecidas, mas sempre lembradas, bastas cabeleiras, tardes em esteiras, pedintes ruivas, castigos, inimigos, cisnes, corpos femininos sob luzes lânguidas, alquimias de dores, amores, odores, destinos, sinas e certas esquinas.

Possivelmente o que mais o fascinava na arena terrena era o abismo que descrevia como um espaço silencioso, assustador e cativante. Ele tinha medo de dormir por sentir o sono como um grande buraco onde se podia morrer sem cair. Colocava no mesmo saco a rotina, a ordem e a mediocridade. Falava das poltronas esmaecidas de velhas cortesãs e de um morto alegre numa "terra farta e cheia de escargots". Baudelaire foi cometa e cometeu todos os crimes possíveis contra os costumes da sua época. Não cabia no costume que lhe haviam destinado. Parecia-lhe que seu sangue fluía feito ondas ritmadas como soluços. Retomo o que ele disse, corto, acrescento, recorto, concluo, intuo.

Certas manhãs, quando atravesso a rua, com um céu de chumbo adornando a imagem do Bom Fim, em Porto Alegre, eu penso em Baudelaire e apresso o passo para segurar a vertigem e não perder o ônibus. Se o vento sopra mais forte, abraço um braço com o outro e recito algum resto de verso no reverso do fluxo que se contorce languidamente enquanto os motoristas bocejam ou recolhem jornais. Um homem de cabelos grisalhos, entrado nos anos, que espera o sinal abrir para tomar modestos atalhos urbanos, pensando no lendário e mitológico Charles Baudelaire significa alguma coisa. Mas o quê? Ainda não sei. Será que saberei? Sei apenas que Baudelaire cura até depressão.

O padrasto havia mandado Baudelaire para a Índia com a ideia de salvá-lo de si mesmo, o que, claro, era impossível. Ele retornou possivelmente antes de chegar lá. Foi ajudado pelo mau tempo. Viveu de rendas, abaixo das suas possibilidades reais. Morreu de sífilis, em 1867. Em 1949, a justiça revisou completamente a sentença que o havia estigmatizado. Não era bonito manter condenado um dos maiores poetas de todos os tempos. Os críticos não pediram desculpas. Ninguém se lembra deles. Alguns eram poetas considerados consagrados. Nas páginas do jornal *Le Figaro*, que continua a destilar o seu conservadorismo, embora já não possa detonar poetas do passado, só do presente, Baudelaire foi chamado de louco. A sua poesia levou pauladas pela "repetição monótona e premeditada das mesmas coisas". O autor dessa frase, Gustave Bourdin, era genro do dono do jornal. Baudelaire inventou a modernidade. Ou a nomeou. A vida dele é um estímulo para os malditos. Parece dizer, não desistam, um dia o vento vira. O poeta não conheceu a fama. Mas publicou em vida os seus poemas condenados numa edição belga. Mais louco do que ele, talvez só Rimbaud, que revolucionou a poesia aos 20 anos, largou tudo e foi para a África.

Baudrillard (Jean) – Tive a honra de ser amigo de Jean Baudrillard e de ter ajudado a organizar três viagens dele a Porto Alegre. Ainda o vejo sentado na imponente sala Louis Liard, na Sorbonne, para assistir à minha defesa de tese de doutorado, cuja banca foi composta por Michel Maffesoli, o orientador, Jean Duvignaud e Edgar Morin. Baudrillard morava na rua Sainte-Beuve, que desemboca no boulevard Raspail, não longe de lugares famosos como Le Select, La Rotonde e La Coupole. Às vezes, ele me convidava para tomar um copo de vinho branco no Select. Durante alguns anos, ele bebia. Eu tomava água mineral Perrier. Depois do ano 2000, voltei a beber álcool, o que fiz até 2013.

Baudrillard foi um dos homens mais inteligentes que conheci. Traduzi dele *Tela total*. Na verdade, criamos o livro, com suas crônicas publicadas no jornal *Libération*, para a editora Sulina. Só depois é que saiu na França. Autor de *Simulacros e simulação* e de outros livros irônicos, paradoxais e desconcertantes, Baudrillard era gentil, generoso e devastador em suas análises. Um dia, quando eu me atolava numa polêmica jornalística no Brasil, ele me sugeriu: "Frontal, nunca; transversal, sempre transversal". Gosto de retornar ao Select para pedir uma taça de vinho, mesmo agora que não bebo, molhar os lábios e pensar nesse filósofo imenso que desvelava as contradições do mundo contemporâneo: os adeptos de uma seita que não praticavam sexo à espera do fim do mundo; a universidade de vanguarda onde o sexo estava fora de cogitação por medo de uma acusação de assédio. Ler *Cool Memories* ou *América*, de Jean Baudrillard, num café ou bistrô do Boulevard Montparnasse é a coisa mais chique que posso sugerir a alguém capaz de se encantar com a magia das ideias.

Numa das nossas tantas entrevistas, em que o rotulei de "apocalíptico tranquilo", abordei uma das imagens produzidas por ele com um enorme impacto sobre mim. Perguntei-lhe: o senhor [ainda era senhor para mim] afirmou em *A Transparência do Mal* que a imagem antropológica mais significativa do século XX será a de um homem, em um dia de greve, sentado diante de sua televisão fora do ar. Qual a relação real entre massa e televisão? Resposta: "A tela vazia é uma metáfora: refere-se ao circuito destituído de sentido que se estabelece. O telespectador, refratário à mensagem, neutraliza a televisão pela inércia. A televisão converte o homem, por seu turno, em observador passivo. Quanto mais as pessoas observam a virtualidade da imagem, fixadas diante do televisor, mais elas se afastam dos acontecimentos reais. Mas não tenho nenhum ressentimento em relação aos meios de comunicação de massa. Estou convencido, entretanto, que eles não podem mobilizar e direcionar as massas. É demasiado simplista responsabilizar a televisão pelos males do mundo contemporâneo. Os meios de comunicação de massa fazem parte da catástrofe atual e todo mundo os faz, de uma certa maneira, pois cada um passa diante da câmera, em um ritual de psicodrama, para contar o seu caso, a sua crise, o desespero, a pequena história pessoal. A televisão é um entre outros mecanismos de construção do simulacro do real em que estamos mergulhados. Não cabe exagerar os seus poderes".

Jean Baudrillard partiu cedo, em 2007.

Béatrice Dalle – As musas passam, os admiradores também. Fui correspondente do jornal *Zero Hora*, de Porto Alegre, em Paris. Cobri festivais de cinema de Cannes, Berlim e Veneza. Tempos bons! A musa dos meus tempos de festival foi Béatrice Dalle, que fez sucesso no filme *Betty Blue* (*37,2º le matin*), de 1986, dirigido por Jean-Jacques Beineix, com Jean-Hugues Anglade e ela, a tórrida Béatrice. Em 1995, em Cannes, eu quis entrevistá-la. A apresentação foi assim, como uma aparição: exuberante, Béatrice Dalle entrou no saguão do Hotel Gray d'Albion. Interceptei-a e pedi-lhe uma entrevista exclusiva. Riu. Manhosa e simpática, óculos na ponta do nariz, seios fartos, nádegas generosas, a atriz mítica de *37,2 le Matin (Betty Blue*) contornou os obstáculos colocados pelos assessores de imprensa e, dizendo-se seduzida pela ideia de ir um dia ao Brasil, aceitou falar. Pediu-me para ter a paciência de acompanhá-la a uma sessão de fotografias no Noga Hilton e a uma rápida entrevista para o Canal Plus no Martinez. Percursos fulminantes, com multidões de fãs nas portas e fotógrafos desesperados em todo canto. Na volta ao Albion, Béatrice, em uma gostosa e longa conversa, burilou as respostas entrecortadas que dera durante o deslocamento. Na época, era possível escrever assim.

Todas as suas respostas eram fulminantes: "Estou nas nuvens. Descubro a cada dia a grandeza do sexo com amor, do carinho compartilhado, da vontade de estar junto e de dar tudo. É uma relação nova e não sei onde terminará". Onde andará Béatrice? Como terá terminado a sua paixão? Ou não terminou? Aí o caro leitor pergunta: o que eu faço com isso agora? Nada. Ou vá a Cannes, veja *Betty Blue* ou entre numa livraria e compre o livro de Philippe Djian que inspirou o filme. De minha parte, guardo o perfume de Béatrice Blue. 37,2º graus.

De manhã.

Beaubourg – Eu sonhava com o Centro Nacional de Arte e de Cultura Georges Pompidou, carinhosamente chamado de Beaubourg. Olhava imagens em cartão-postal e me encantava. Encravado no bairro Saint-Merri, no quarto distrito de Paris, o Beaubourg ergue-se como uma usina de tubulações coloridas a céu aberto. Na primeira vez em que o vi, fui surpreendido por um artista popular que fazia uma performance na esplanada diante do prédio. Fiquei boquiaberto olhando para as entranhas expostas da construção. Sem notar, entrei na zona de atuação do ator. Muito parecido com Obélix, talvez um pouco mais robusto, ele me pespegou um forte tapa nas costelas. Quase expeli um pulmão. Mesmo assim, olhei para Cláudia, com lágrimas nos olhos, e disse: "É lindo". Cada vez que volto ao Beaubourg, observo se Obélix não está na área.

Inaugurado em 31 de janeiro de 1977, obra dos arquitetos Renzo Piano, Richard Rogers e Gianfranco Franchini, o Centro Pompidou, batizado em homenagem ao presidente francês Georges Pompidou, que tem salas de exposição, biblioteca, Museu Nacional de Arte Moderna, reina como uma provocação tipicamente parisiense ao ar livre: o absolutamente novo em meio ao antigo, as tripas ao vento numa cidade milenar, o contemporâneo colorindo a paisagem sóbria de séculos de construção. Todas as razões do mundo levam ao Beaubourg. Ali, na sua biblioteca acolhedora, num inverno gelado, eu li Gilberto Freyre em francês e me aprofundei na visão dos franceses sobre o Brasil.

Se o viajante cansado se perguntar o que mesmo deve levá-lo a mergulhar pela tubulação exposta no ventre da baleia colorida, eu respondo: ver um "ready-made" de Marcel Duchamp, "La fontaine" (A fonte), de 1917. Um mictório transformado em obra de arte. Dificilmente alguém foi mais longe do que Duchamp na arte da desconstrução. Enfim, o viajante incansável pode perder-se entre o colorido voluptuoso de Vassily Kandinsky, o traçado sinuoso de Robert Delaunay, as imagens delirantes de Marc Chagall e muito mais. Quem mesmo? Picasso, Miró, Fernand Léger, Salvador Dali, Braque, Matisse, impressões, obras-primas por toda parte. Um dia, parei diante de um quadro do Museu de Arte e me perguntei: que faço aqui? A resposta não demorou a surgir como numa bolha de história em quadrinhos: "Carrego de beleza para consumo particular o meu imaginário ao longo da caminhada da existência". Estava imóvel diante de um quadro de Joan Miró: "Baigneuse, automne" (Banhista, outono), de 1924. A profundidade infinita do azul intenso me fazia queimar como uma vela e eu sentia enorme prazer nesse encantamento quase místico. Por que não tentar?

Desde então volto sempre que posso. Beleza não cansa. No Beaubourg tem de tudo, do cinema ao vídeo, do jornal ao seu ocaso, da vida nas redes às redes vitais, da arte consagrada às disrupções. Sem contar, mas devendo fazê-lo, o ateliê Brancusi, face à "grande usina".

Vale um tapa nas costas.

Bérégovoy (Pierre) – Relembro com ajuda das minhas pastinhas de textos. Duas mortes em 1º de maio me impressionaram: a de Pierre Bérégovoy, em 1993, e a de Ayrton Senna, em 1994. Eu morava em Paris. Acreditava nos grandes destinos. Bérégovoy havia sido primeiro-ministro da França. Era um homem simples e rigoroso. Um socialista que não passara pela Escola Nacional de Administração, matriz de políticos franceses de esquerda e de direita. As elites debochavam dele. Riam dos seus "sapatos de camponês". Durante uma semana, só se falaria disso. O homem depressivo suicidou-se sob o peso de uma acusação considerada injusta, ter recebido privilégios num empréstimo para comprar um apartamento, um milhão de francos a juro zero.

A morte de Ayrton Senna me marcou ainda mais por uma razão simples: eu era correspondente na Europa e fui mandado imediatamente para a Itália cobrir o acontecimento. Segundos depois da batida, eu já estava fazendo a barba e marcando a passagem de avião. Fui um dos primeiros a chegar ao necrotério em Bolonha. Todo ano eu me lembro disso. O tempo passou, a lembrança não se apagou, a juventude ficou para trás e as imagens passam na minha cabeça como um documentário. Estávamos lá esperando pelo corpo. Só cheguei ao aeroporto, quando o cortejo saiu, porque um carro, de porta aberta, me recolheu em meio à correria da multidão alucinada. Era um colega de São Paulo. Em Paris, fiquei preso no Charles de Gaulle. Era preciso correr para casa.

Todos desapareceram e eu não localizava qualquer porta aberta. Acabei num andar deserto. Precisava pegar o trem e chegar em casa, em Montparnasse, para enviar meu texto por fax. Já não me lembro por onde saí. Sei que houve uma briga para saber se o corpo do piloto viria para o Brasil a bordo com as pessoas, num velório aéreo, ou no porão com as bagagens. Antes de voltar a Paris, estive no local do acidente. As pessoas estremeciam. Passei um dia ouvindo histórias sobre Senna. O mito estava pronto. Buscava-se uma explicação que não vinha.

Até hoje não sei o que pretendíamos encontrar. Ao longo do dia, nós, jornalistas brasileiros, começamos a nos entrevistar. Falei para uma emissora de televisão. Não eram fatos que interessavam. Só emoções. Tessa Ivascu, jornalista romena apaixonada por esportes, escreveria uma frase melancólica sobre o brasileiro: "Nunca mais leremos *Ayrton Senna, vuelta más rápida*". Por alguma razão, o espanhol curiosamente usado por ela tornava mais triste a situação. Era de chorar. Ainda em Bolonha um jornalista mexicano, cujo nome não guardei, visivelmente acabrunhado, perguntou num sopro de voz:

– Haverá um dia outro como ele?

No avião, pensei em Bérégovoy. Ele e Senna tinham em comum certo retraimento. Pensava nos dois e nas leis cruéis dos homens. Escrevi: Gerhardt Berger ainda lutava para conseguir um helicóptero que o transportasse de Imola a Bolonha quando recebeu o aviso de que era tarde demais. Conclusão: a direção da prova, os chefes de equipe e todas as autoridades da fórmula 1 esconderam a informação para manter a prova até o fim. Venceu a lei implacável do espetáculo.

É isso: no caso de Bérégovoy venceu a lei implacável da distinção social. Passaram-se décadas. Nunca mais busquei na tela:

– *Vuelta más rápida.*

Sobre Pierre Bérégovoy as notícias se acumulariam durante dias. Jean Baudrillard, em artigo para o jornal *Libération,* escreveria: "Nem todo mundo pode inocentar-se suicidando-se como Pierre Bérégovoy, absolvendo, ao mesmo tempo, toda a classe política (a política tornada profissão nobre, pois se pode morrer nela), mas lhe dando também um presente envenenado, ao sublinhar a miséria e a covardia dos que, submetidos à mesma impotência e à mesma desonra, isto é, às mesmas razões de desaparecimento, evitaram fazê-lo". Bérégovoy foi o último socialista a ocupar o cargo de primeiro-ministro durante a presidência de François Mitterrand. Ele se matou com um tiro na cabeça, em Nevers.

Jornalistas levantaram a tese de um assassinado.

Todo 1º de maio eu penso em Ayrton Senna e em Pierre Bérégovoy.

BHL (Bernard-Henri Lévy) – Filósofo, odiado por meio mundo por ser demasiado midiático, com um lado jornalístico espetaculoso, frequentemente envolvido em "coberturas" de acontecimentos graves. Algo do tipo o intelectual vai ver a guerra para dar seu testemunho em defesa da humanidade. Foi a Guantánamo, em Cuba, para ver como os norte-americanos estavam tratando os seus prisioneiros acusados de terrorismo depois do 11 de setembro de 2001. Ao contrário de Sartre que, ao voltar da União Soviética, mentiu em nome da causa socialista, BHL garante que não viu por lá uma réplica dos campos de concentração. Esteve na Bósnia, no Afeganistão, no Paquistão. Na hora de subir ao palco, veste a sua camisa branca, aberta até o peito, e solta o verbo.

A sua vida pessoal, ao lado da atriz Arielle Dombaslle, ironizada como a "Barbie francesa", também provocava muita polêmica.

Foi o principal defensor junto ao governo brasileiro da não extradição do italiano Cesare Battisti, a quem visitou na prisão, em Brasília. Entendia que deveria acontecer um novo julgamento.

Em *Inimigos públicos*, livro feito a partir de uma troca de e-mails com Michel Houellebecq, revelou jogo de cintura e senso de humor. Houellebecq cutucou: "Caro Bernard-Henri Lévy: tudo, como se diz, nos separa, com exceção de um ponto fundamental: somos, eu e o senhor, indivíduos bastante desprezíveis. Especialista em golpes fracassados e em farsas grotescas na mídia, o senhor desonra até as camisas brancas que usa. Íntimo dos poderosos, banhando-se desde a infância em uma riqueza obscena, o senhor é emblemático do que certas revistas de nível um pouco baixo, como *Marianne*, continuam chamando de 'esquerda-caviar' [...] Filósofo sem pensamento, mas não sem relações, o senhor é o autor do filme mais ridículo da história do cinema. Niilista, reacionário, cínico, racista e misógino vergonhoso, seria para mim ainda uma grande honra classificar-me na pouco atraente família dos anarquistas de direita; fundamentalmente, não passo de um francês médio e comum. Autor insosso, sem estilo, só ascendi à notoriedade literária depois de uma inacreditável falta de gosto cometida, há alguns anos, por críticos desorientados".

BHL respondeu com três pistas possíveis para um debate: "Meu caro Michel Houellebecq. Pista número 1. Bravo. Está tudo aí. Sua mediocridade. Minha nulidade. Esse nada sonoro que ocupa o lugar de nossos pensamentos. Esse gosto que temos pela comédia, quando não pela impostura. Há 30 anos me pergunto como um sujeito como eu conseguiu, e consegue, iludir. Trinta anos que, cansado de esperar o bom leitor que saberá me desmascarar, eu multiplico as autocríticas vãs, sem talento, inofensivas. E aí estamos. Graças ao senhor, com sua ajuda, talvez eu consiga. Sua vaidade e a minha. Minha imoralidade e a sua [...] Pista número 2: o senhor, está bem. Mas por que eu? Por que eu entraria, afinal, nesse exercício de autodifamação? E por que o acompanharia nesse gosto que o senhor manifesta pela autodestruição fulminante, amaldiçoante, mortificada? Eu não gosto do niilismo. Detesto o ressentimento e a melancolia que o acompanham. E penso que a literatura só serve para contrariar esse depressionismo que é, mais que nunca, a palavra-chave de nossa época”.

Numa das entrevistas que fiz com ele, cutuquei-o sobre Cesare Battisti, fazendo papel de advogado do diabo, se não haveria na opção do governo brasileiro pela não extradição, do qual fazem parte alguns ex-guerrilheiros, uma solidariedade “corporativa”. A resposta foi categórica: “Isso não tem a menor importância. É mesquinho pensar dessa maneira. Existem princípios que devem estar acima de qualquer circunstância ou ideologia. São princípios universais. Um deles, base da sociedade democrática e do estado de direito, é garantir a possibilidade de defesa a um acusado”. Esse caso deu muito pano pra manga.

Biblioteca Nacional da França – Um salto ao passado. Certas tardes suaves de domingo eu viajo no tempo relendo o que escrevi quando era correspondente internacional na Europa, baseado em Paris. Andei freneticamente por toda parte, de trem, de carro, de ônibus, de avião, de navio, de carona, em excursão, parando em hotéis caros, em pensões, casas de família. Uma pergunta me acompanhou durante esses anos em que me senti mergulhado numa espécie de vida artificial: o que teria levado aquela gente a construir tanta beleza? Eu pensava, por comparação, na beleza do Rio de Janeiro e concluía o óbvio deslumbrante: O Rio é lindo por obra da natureza. Paris é maravilhosa pelo trabalho dos que a edificaram ao longo dos séculos. Não se tratava de complexo de inferioridade, mas de dúvida mesmo.

Acompanhei o fim do governo de François Mitterrand. A oposição o acusava de megalomania. Escrevi: enganam-se os que pensam no longo reinado de François Mitterrand como um período de vazio. O monarca-republicano será lembrado, no melhor estilo faraônico, pelas monumentais construções que desde 1981 ajudaram a transformar a paisagem parisiense: grande Arco de la Défense (3,5 bilhões de francos), grande Louvre (5,7 bilhões de francos), Ópera da Bastilha (2,8 bilhões de francos), criação do Museu d'Orsay, cidade das ciências de la Villette (7,58 bilhões de francos) e a gigantesca Biblioteca Nacional da França (BNF), inaugurada em março de 1995.

Sem ter realizado uma só Copa do Mundo, Mitterrand transformou a paisagem da mais visitada cidade do planeta. Na aurora das tecnologias digitais, apostou no papel. A BNF abriga 12 milhões de livros e 350 mil periódicos, tem quatro torres de 78 metros de alturas (o projeto previa 100 metros) e ocupa um terreno de 7,5 hectares junto ao Sena, no 13° distrito de Paris, no bairro de Tolbiac. Tem jardim de 1.200 metros quadrados e uma esplanada de 60 mil metros quadrados, além de 400 quilômetros de prateleiras e 3.650 lugares para pesquisadores e leitores. Custou 7,8 bilhões de francos. Os críticos garantiram que seria um fiasco. Vencedor da concorrência, o arquiteto Dominique Perrault não tardou a desencadear a fúria de uns e outros. As famosas torres em forma de livro aberto, programadas para serem transparentes, arrancaram todos os tipos de insultos, pois a luz e o calor não poupam o papel. O criador aceitou uma proteção em madeira contra a luminosidade. O sucesso é absoluto. Paris ficou mais bela e ousada.

Sem governantes megalomaníacos não existiriam belas cidades. A megalomania tem um papel fundamental na produção da cultura. A grande beleza histórica costuma estar assentada sobre a miséria humana. Quanta vida explorada para erguer um monumento? Certa vez, diante do Arco do Triunfo, ouvi uma conversa que até hoje ecoa na minha mente:

– Um monumento desses está erguido sobre muita vida humana sacrificada. Para em pé em cima de uma montanha de cadáveres.

Era um espanhol quem falava. O seu interlocutor, um baixinho de voz aguda e ar impertinente, respondeu com certo ar de enfado:

– Uma beleza dessas vale um cemitério inteiro.

Não retiro uma linha desse texto de tantos anos. O franco foi engolido pelo euro. Bilhões sempre impressionam e, no caso, não viram centavos com a conversão. Precisei de muito latim para entrar na BNF, destinada a pesquisadores cadastrados. Ainda não era o tempo do catálogo "em linha". Como esquecer Jean Favier, diretor da BNF, esbanjando otimismo: "O Estado continua a apostar na cultura".

Eis a França que amo de A a Z.

Bois de Boulogne – Aprendi a gostar de Bois de Boulogne lendo Marcel Proust. Parece pedante. É só uma confissão. "Mas na maioria das vezes – quando não estava para ver Gilberte – como soubesse que Madame Swann caminhava quase todos os dias na alameda das Acácias, ao redor do Grande

Lago, e na Alameda da Rainha Marguerite, eu dirigia Françoise para o Bois de Boulogne". O resto nunca será tempo perdido. Tantas vezes escrevi sobre esse parque maravilhoso: Paris terá numa parte do Bois de Boulogne, um dos parques mais verdejantes da cidade, um espaço para o nudismo. A capital francesa já tem uma piscina, três vezes por semana, aberta para quem gosta de compartilhar banho pelado. A decisão das autoridades francesas de abrir um espaço naturista no Bois de Boulogne provocou polêmica. A direita conservadora dizia que se tratava de uma indecência típica da atual crise moral. Falava em atentado ao pudor, em degradação de costumes e até em crime. A extrema direita era mais sucinta: considerava a decisão como sinal do fim dos tempos. Os centristas atacavam por outro flanco: falavam em provocação: para quê? Era o não tão distante ano da graça de 2017.

Em nossa primeira ida ao Bois, em companhia do inestimável amigo Bebeto, passamos pelo vexame tradicional. Comentamos sobre algumas "tias" estendidas na grama. Uma delas gentilmente alertou:

– Cuidado que as tias são portuguesas.

O Bois de Boulogne fica no prestigioso 16º distrito de Paris. Tem 846 hectares de dimensão. Recebe quem busca a natureza e nada mais, quem vai ver tênis no saibro de Roland Garros, onde o brasileiro Guga foi campeão três vezes, quem, na sua ponta sul, quer ver o estádio Parc des Princes, casa dos príncipes do Paris Saint-Germain (PSG), clube de muitos brasileiros, o mais famoso dele certamente sendo Neymar, que pretendia ser rei, mas perdeu a coroa para Mbappé.

O que se pode fazer no Bosque de Bolonha? Caminhar, andar de bicicleta, namorar, ouvir o rumor de regatos, aproveitar as sombras generosas, no verão, contemplar cascatas artificiais, grutas... Um amigo italiano jurava que esquiava no Bois de Boulogne. É possível. Agora, ler Proust estendido na grama é mais do que possível.

Nada como as rosas dos *Jardins de Bagatelle*.

No Bois de Boulogne uma mulher me disse:

– Vai ser muito feliz.

– Sempre?

– Ora, não seja tolo – respondeu.

Magoei.

Bonaparte (Rue) – Estreita e elegante, a rua Bonaparte desemboca no Sena, junto ao Pont des Arts (Ponte das Artes), travessia de madeira que pode servir de acesso ao Louvre ou ser usada para contemplar os barcos no rio e as belezas de Paris nos dois sentidos. Gosto de sair de Saint--Germain-des-Prés, seja da frente da abadia beneditina de Saint-Germain, seja do Café *Les Deux Magots*, e caminhar pela Bonaparte até o Sena. Não é longe. Mas é tanta beleza que se pode demorar a avançar. Muito andei por ali quando buscava contato com grandes editoras para publicações de livros no Brasil. A editora Seuil ficava então na rua Jacob. A Grasset fica na Saints-Pères. A cada vez, quando chegamos ao Sena, elegantes só de ver tanta coisa bonita, temos de escolher, talvez tirar par ou ímpar: atravessar, andar pela margem do rio, olhando os livros dos "bouquinistes", aproveitar para passear na praça Dauphine, ir até a

Notre-Dame... Qualquer escolha é perfeita. Impossível ir a Paris e não repetir esse passeio. Durante muito tempo se cultivou a tradição de fechar cadeados de amor nas laterais do Pont des Arts. Interrompeu-se esse belo costume para não afetar a saúde da estrutura. Ao longo da Bonaparte, mansões se perfilam. É o coração da mitológica "rive gauche". Pode-se curtir a elegância do inverno, um verdadeiro desfile de mulheres bem-vestidas, ou a leveza do verão, com moças de bicicleta ou de patins colorindo e iluminando a cidade.

Tudo é história ali. Conforme diz numa placa (há placas de cair o queixo por toda parte em Paris), no número 6 da rua Bonaparte, o grande Balzac tomou o perfumista Jean-Vincent Bully como inspiração para o seu romance *César Birotteau*. Ainda não leu? Corra à livraria mais próxima. Há prédios que acumulam placas e histórias. No número 5 nasceu, em 1832, o revolucionário pintor Edouard Manet; o escritor Henri Troyat viveu ali de 1962 a 2002. Basta. É tanto lugar, tanta memória, tanto vivido, que cabe a cada um lembrar do que puder. Lembro-me de uma tarde de inverno em que uma cigana, que me lembrava realmente Simone de Beauvoir, me convenceu a estender-lhe a mão:

– O senhor conhecerá a felicidade – disse.

– Onde? – me apressei a perguntar.

– Por ali.

E indicou a rua Bonaparte espiralando-se. Sempre volto ali.

Por que não se hospedar no Hotel Bonaparte, um pequeno três estrelas a bom preço, em se tratando de Paris, perto de tudo que se pode amar, que se precisa ver, que não se pode ignorar?

Bordeaux – Se franceses costumam dizer com certo enfado que Paris não é a França, devo confessar que minha França tem muito de Paris, mas obviamente não tudo. O interior do país é lindo, rico em tudo, a começar pela história e por tantas histórias, e cheio de lugares inesquecíveis. No tempo em que eu assistia num mesmo dia a aulas de Emmanuel Le Roy Ladurie, Cornelius Castoriadis e Jacques Derrida, fui pela primeira vez a Bordeaux. Qual a relação entre esses dois fatos? Nenhuma. Salvo ter anotado numa agenda que pensava em frases desses monstros intelectuais enquanto experimentava o conforto do TGV, o Trem de Grande Velocidade, popularmente conhecido no Brasil por trem-bala. Foram anos de muito movimento. Na agenda, num 7 de março, anotei: "Manhã: ligar para George Duby. Ligar para Béatrice Dalle". Em 8 de março, "11 horas, encontro com Claude Lefort, 105, Bouvelard Raspail". Num 9 de dezembro, "14h30, Ayrton Senna na FIA, 8, Place de la Concorde". Num 8 de julho, "Olodum (La Villette)". E Bordeaux nisso tudo? Bordeaux surgia diante de mim como num filme luminoso e ganhador de prêmios de fotografia. Surge assim até hoje. Uma maravilhosa cidade debruçada em grande parte sobre a margem esquerda do Garonne.

Bordeaux celta, romana, normanda, portuária, atlântica (a 50 quilômetros do oceano), capital da Nova Aquitânia, situada no departamento da Gironda, capital do vinho, dos grandes vinhos de Bordeaux, desses vinhos que se pode pedir por meio de uma figura de linguagem: "Um Bordeaux, por favor". Bordeaux de tantos monumentos, seriam 400, como o dos Girondinos, da "Porte Cailhau", que data do século XV, da "Place de la Victoire" (Praça da Vitória), da Catedral Saint-André, do Jardim Botânico de 1755, de museus e da pulsação cotidiana intensa. Cidade de magníficos vinhedos, de uma grande universidade, de arquitetura clássica e neoclássica e de figuras míticas como Jacques Chaban-Delmas (1915-2000), jornalista, general, herói da resistência ao nazismo, primeiro-ministro da França de 1969 a 1972, prefeito de Bordeaux durante inacreditáveis 48 anos. Bordeaux de caminhadas ao léu pensando em frases como esta, da atriz Carole Bouquet, colhida como repórter num distante Festival de Cinema de Cannes: "Eu amo que as pessoas me amem". Outro Bordeaux, por favor.

Bouillon Racine (Le) – Jornalista, professor universitário e escritor sem best-seller, não frequento os estrelados restaurantes franceses. No modesto mundo gastronômico de classe média, tenho meus gostos e hábitos, entre eles almoçar no "Bouillon Racine" (3 rue Racine), no sempre acolhedor Quartier Latin, em Paris, grudado no boulevard Saint-Michel e próximo do Odéon. Fundado em 1906, em estilo Art Nouveau, o lugar já tem o selo de "monumento histórico". A sensação é de estar num cenário de filme ou de quadro, entre extravagância e generosidade para os olhos. A experiência é, ao mesmo tempo, visual e gastronômica.

Come-se bem por preços honestos. Por exemplo, um pavê de esturjão de Aquitânia. Para os adeptos dos pratos mais tradicionais de um país, sai um "confit de canard" (coxa de pato). O viajante indeciso pode socorrer-se com uma das "fórmulas" da casa: entrada ("pour commencer"), prato principal ("les choses sérieuses"), "les fromages" (queijos), "les desserts" (sobremesas), "café gourmand". Franceses costumam ser cartesianos, salvo quando são dadaístas, surrealistas ou revolucionários de qualquer nova tendência: não misturam as coisas como nós, brasileiros antropofágicos. Tudo tem uma ordem, do lugar de cada um na mesa, num jantar em casa, de modo a promover a melhor interação, entre as quais uma boa polêmica, aos pratos. Nada de colocar a salada em cima de tudo. Nada de comer o queijo como aperitivo. Dito isso, toda experimentação ousada é possível.

No Bouillon Racine a "fórmula midi" (almoço) sai por 19,50 euros (no final de 2023). Não fica mais caro do que em muito restaurante mediano brasileiro. Não boto minha língua no fogo por ninguém, nem acredito nos que juram ter comido, em algum lugar, o melhor isto ou aquilo do país ou do mundo. Fico com a sensação de que falta termo de comparação mais rigoroso. Como, porém, não rejeito as liberdades poéticas e culinárias, recomendo o "filet de dorade royale". E o vinho? Escolha com base em três critérios certeiros: conhecimento de causa, sorteio ou preço. Nunca falha. Na França, todo vinho nacional é bom, inclusive o da casa, de jarra, de copo, de ocasião. É mágico.

Exagero? Possivelmente. O ambiente ornado do Bouillon Racine me deixa de alma leve e mente aberta. Ao sair, dou uma volta na livraria Gibert Joseph para fazer a digestão e alimentar meu pobre espírito.

Boulevard du Montparnasse – Já andei tanto por essa imponente rua, das imediações de Port-Royal até o metrô Duroc, ao longo do traçado suntuoso dos grandes cafés, bistrôs, restaurantes, onde sentaram, comeram, beberam, discutiram arte e prepararam obras-primas aqueles homens e mulheres que seriam chamados de "geração maldita", geração perdida de norte-americanos e outros, Ernest Hemingway e Francis Scott Fitzgerald à frente, mas tantos outros também, esse bando de loucos geniais dos anos 1920 e depois, do pós-primeira guerra mundial, em busca de sensações profundas, fugindo de ambientes medíocres, apostando tudo na arte e nos desejos dos corpos e das mentes: Henry Miller, Zelda Fitzgerald, Gertrude Stein, Djuna Barnes, Natalie Barnes, Sylvia Beach, René Crevel, Harry Crosby. Cummnings, John dos Passos, Eliot, Ford Madox Ford, John Glassco, Mary Jayne Gold, Peggy Guggenheim, James Joyce, Sinclair Lewis, Anais Nïn, Ezra Pound (o fascista da turma), Man Ray, Edith Wharton, William Carlos William, Thomas Wolfe e outros tantos que se faria um livro enumerando-os.

Ao longo do Boulevard du Montparnasse estão esses lugares míticos: "La Closerie des Lilas", "La Rotonde", "Le Dôme", "Le Select", "La Coupole", onde fiz entrevistas com grandes intelectuais, Paul Virilio, Jean Baudrillard, François Furet. Já me vi em caminhadas de quatro estações por essa longa via pública. Já assisti, instalado em cafés, ao movimento incessante do formigueiro humano junto à Torre de

Montparnasse e às Galerias Lafayette. Já vi do meio da multidão a rainha da Inglaterra passar em carro aberto, homenagens de Estado aos 50 anos da Libertação de Paris ao final da Segunda Guerra Mundial. Vi François Sagan, a autora de *Bom dia, tristeza*, escrito quando ela tinha 18 anos, bebendo sozinha no grandioso "La Coupole" e me limitei a cumprimentá-la com uma reverência. Não havia celular na época.

Quantas vezes desci o Boulevard du Montparnasse, saindo da rua de Vaugirard à esquerda para caminhar rumo à Torre Eiffel e ao dourado majestoso da cúpula do Hôtel des Invalides, onde repousam os restos de quem acabou com o repouso das monarquias europeias, o temível Napoleão? Quando repito essas andanças sou capaz de fazer ressuscitar velhas emoções, sentimentos, surpresas, novidades. Uma vez, cruzei com Catherine Deneuve no trajeto. Outra vez, com Paul Auster. Quantas vezes fiquei apenas olhando de um ponto privilegiado de observação pessoas surgirem das ruas laterais que deságuam no grande leito do bulevar, vindas do velho Montparnasse, onde ainda vicejam bares, teatros, creperias, pequenos hotéis, paredes com placas de moradores ilustres, rastros do tempo e da obra de criadores? Não peço muito, apenas uma manhã de sol, num final de maio ou começo de junho, para fluir como um barco soprado pela brisa da primavera.

Bourdelle (Museu) – Fomos vizinhos de parede do Museu Bourdelle durante muito tempo. Na primeira vez, de 1991 a 1995. Antoine Bourdelle (1861-1929) foi um escultor francês. Costuma ser apresentado como um dos "mais importantes da *belle époque*". O Museu Bourdelle está instalado no lugar onde o artista morou de 1885 até morrer. Inaugurado em 1949, o Museu reúne mais de quinhentas obras do artista. A entrada fica na rua Antoine Bourdelle, 18. Os fundos, porém, dão para a Villa do Mont-Tonnerre, antigo Impasse du Mont-Tonnerre, durante muito tempo um beco acessível pela rua de Vaugirard, à sombra da gigantesca Torre de Montparnasse e, por alguns anos, a poucos metros da redação envidraçada do poderoso jornal Le Monde, encravado na pacata rua Falguière, a um pulinho da bela pracinha Camille Claudel. Nessa época, eu me sentava colado ao vidro de uma lavanderia self-service, enquanto as roupas giravam nas máquinas, para observar o movimento na sede de um dos mais prestigiosos jornais do mundo. Via-se pouca coisa.

Uma tarde, vi a figura imensa de Gérard Depardieu. Uma manhã, o deputado Edouard Balladur, que seria primeiro-ministro de 1993 a 1995, no chamado sistema de coabitação, entre, no caso, um presidente de esquerda, François Mitterrand, e um primeiro-ministro de direita. Os jornalistas pareciam esgueirar-se. A roupa ficava pronta. Eu teria mais o que fazer ao me tornar correspondente do jornal *Zero Hora*, de Porto Alegre, em Paris. Por exemplo, correr atrás de Fidel Castro na Unesco, ou de Salman Rushdie, condenado à morte pelo regime dos aiatolás iranianos, no Salão do Livro da Porta de Versalhes. Ou cobrir festivais de cinema, Cannes, Berlim, Veneza. O jornal se mudaria. Ficamos nós e o Museu Bourdelle. Era preciso conhecê-lo por dentro.

Um museu-ateliê. Tem jardim, uma peça intacta do apartamento onde Bourdelle morou, esculturas em mármore, bronze e madeira. As duas obras mais famosas de Antoine Bourdelle, que trabalhou com Rodin, são "O monumento aos mortos de Montauban", onde o escultor nasceu, homenagem a vítimas da guerra de 1870, e o "Monumento de Mickiewicz" ou "Monumento à defesa nacional polonesa". Mickiewicz é tido como "pai da literatura moderna polonesa". Ele foi também um patriota movido por um civismo de cunho religioso e professor do Collège de France, posto que perdeu ao se tornar discípulo de um místico, André Towianski, visto como pouco recomendável para um funcionário do iluminismo.

E assim vivemos anos, Bourdelle e nós, separados por tão pouco: o tempo, a escultura e as paredes. Há quem veja nele um começo da modernidade. Sempre o vi como um vizinho cuja casa passou por reformas entre nossas idas e voltas até se tornar a mais confortável possível.

Bourdieu (Pierre) – Segui seu curso no Collège de France. Ele conseguia falar mais baixo do que Jacques Derrida (ver adiante). Famoso, não negou entrevista a um jovem correspondente estrangeiro. Título da entrevista: "O sociólogo contra o Estado". Breve apresentação: "Polêmico, amado e odiado, professor do Collège de France e célebre internacionalmente, o sociólogo Pierre Bourdieu, nascido em 1930, movimentou o universo intelectual francês em 1994 com um novo livro: *Razões Práticas*. Filósofo de formação, sociólogo por escolha metodológica, autor de *A Re-*

produção, A Distinção, A Nobreza de Estado e *As Regras da Arte*, entre outras obras, passa por irreverente, contestador da ordem, das elites, das instituições e do conformismo intelectual. Referência para uma boa parte dos sociólogos brasileiros, Bourdieu aborda a competição individual e coletiva, o papel do Estado na reprodução das estruturas lógicas e sociais, a sociologia na prática e afirma a sua confiança em Fernando Henrique Cardoso".

FHC estava no auge. A um estudante que lhe perguntava sobre o lugar da subjetividade individual no cotidiano, o professor Bourdieu responderia impiedosamente: "Coisa de pequeno burguês". Para pergunta espirituosa, resposta irônica: a sociologia não seria uma atualização do romance naturalista e o senhor um sucessor de Zola? Bourdieu: "É possível. Imagino que seja mais do que isso, mas posso estar enganado". Pierre Bourdieu faleceu em 2002. O viajante voraz pode ler em deslocamento seu panfleto *Sobre a televisão* (Jorge Zahar, 1997). O último capítulo tem um título bastante atual: "Os jogos olímpicos".

Bourdieu em aula: "A matematização da sociologia é insustentável [...] O mercado perfeito do liberalismo supõe a informação perfeita e a concorrência perfeita". *A vida, felizmente, é imperfeita.*

Bourgogne – Vinho ou região? Antes de tudo, uma realidade geográfica. Quatro departamentos (Yonne, Côte d'Or, Nièvre, Saône-et-Loire). Em 2016 foi criada a região Bourgogne – Franche-Comté. É vinho, queijo, mostarda, montanha, clube de futebol, cidades, esportes de inverno, paisagens, culturas, modos de vida, lugares únicos: Auxerre, Nevers, Dijon, Mâcon, Vesoul, Belfort, Besançon e o frio cortante das alturas do Jura. De certo modo, franceses podem ser divididos em Bordeaux e Bourgogne. Para os vinhos. De minha parte, fico com o queijo Comté, originário do Jura, a mostarda de Dijon e algum vinho das cinco regiões vinícolas da Borgonha. Qualquer site informa o seguinte: "O mapa da Borgonha e das suas cinco regiões, de Norte a Sul, os vinhedos de Chablis e Grand Auxerrois, Côte de Nuits, Hautes Côtes de Nuits e os Châtillonnais. A Côte de Beaune e as Hautes Côtes de Beaune, a Côte Chalonnaise e os Couchois e, finalmente, o vinhedo do Mâconnais". Em Dijon, tive, pela primeira vez na vida, coragem de comer escargot, com um tinto esplendido. Peguei gosto. Gasta-se uma fortuna para tomar um bom vinho de Borgonha? Não. Um *Domaine de Montille, bourgogne 2017* sai por 29 euros (menos de 150 reais). Dá para encarar, não? Passamos uma virada de ano nas montanhas do Jura. Todo mundo esquiava. A gente congelava só de colocar o nariz do lado de fora. Só restava aproveitar os vinhos e as comidas da terra. Eis um passeio que se deve fazer, especialmente, para os oriundos de regiões tropicais, antes da idade do gelo, que começa para muitos por volta dos sessenta anos de idade.

Bruckner (Pascal) – Ensaísta e romancista francês, nascido em 15 de dezembro de 1948, é um escritor consagrado, com duas dezenas de livros importantes publicados e traduzidos em vários países. Analista de temas de impacto no cotidiano das sociedades pós-modernas, hipermodernas ou da modernidade tardia, fez parte do chamado grupo dos "novos filósofos", junto com Alain Finkielkraut, Bernard-Henri Lévy e André Glucksmann, uma turma de pensadores, "filhos de maio de 1968", que atacou o marxismo, o estruturalismo e os totalitarismos de esquerda e de direita num tempo em que as ditas utopias revolucionárias ainda incendiavam a imaginação de estudantes e de intelectuais dispostos a mudar o mundo por bem ou por mal.

Um dos seus temas mais relevantes é o do culto à felicidade. Em *A euforia perpétua, ensaio sobre o dever da felicidade* (2002), ele investiu contra um dos pilares do senso comum pós-1968: o imperativo categórico, a obrigação de ser feliz, um imaginário que gera frustração e depressão, perspectiva também sustentada por Gilles Lipovetsky em *A sociedade da decepção* (2008) e por Michel Houellebecq em *Extensão do domínio da luta* (2002). Bruckner está em sintonia com o seu tempo e com a sua cultura. Se antes de 1968 as noções de dever e de sacrifício determinavam os comportamentos e produziam infelicidade, depois das revoltas estudantis que abalaram o mundo impôs-se uma espécie de liberação total e de obrigação de satisfazer todos os desejos. A mídia passou a ter papel determinante na produção e consolidação dessa visão de mundo. Não ser feliz, conforme os padrões dominantes, tornou-se sinônimo de fracasso e de crise existencial.

Bruckner usa a ficção e o ensaio para pensar sobre problemas contemporâneos. Não teme fazer uma ficção ensaística. Já ganhou importantes prêmios literários franceses como o Médicis (1995) e o Renaudot (1997). O que é a felicidade? Como encontrá-la? O que fazer com ela? Pascal Bruckner indica que as pessoas têm dificuldade para definir felicidade, o que as deixa confusas em relação ao que buscar, ficam apáticas depois de conquistar alguma das supostas marcas da felicidade e desenvolvem temores de todo tipo, tornando-se frágeis por medo de perder, de não estar à altura das expectativas sociais e por comparação com outras pessoas pretensamente mais felizes. A felicidade teria passado a ser um atestado de êxito na sociedade. Não ser feliz equivaleria a não ser bem-sucedido, a ser um fracassado.

Outro tema recorrente de Pascal Bruckner é o amor. Em *O Paradoxo Amoroso – Ensaio Sobre As Metamorfoses da Experiência Amorosa* (2011), ele sustenta que os amantes de hoje sofrem por excesso e não por falta. Quando tudo se torna possível e permitido, diariamente estimulado, a rotina e o tédio espreitam cada romance. Como renovar a experiência afetiva num universo de esgotamento das relações pela banalização dos rituais, dos limites e dos sonhos? Fica a dica.

Eu o conheci e entrevistei em Porto Alegre.

Bus 96 – Se há algo barato e imperdível em Paris é o passeio no ônibus da linha 96, que parte da frente da estação de trens Montparnasse (Gare Montparnasse) e atravessa a cidade, passando pelo Odéon, por Châtelet, margeando o Sena, atravessando o Marais, até alcançar os bairros populares do leste da capital. Nunca esquecerei das tantas vezes que o tomei, saltando em Saint-Fargeau, para belas "soirées" com nosso amigo Olivier Cathus. O trajeto é tão rico que basta citar algumas paradas para indicar a dimensão da viagem: Rennes (três pontos na belíssima rua que vai de Montparnasse a Saint-Germain), Igreja Saint-Sulpice, um dos lugares mais charmosos da *rive gauche* (margem esquerda do Sena), onde mora Catherine Deneuve, Bonaparte-Saint-Germain, Saint-Germain–Odéon, Saint--Michel, Cité-Palais de Justice, Hôtel de Ville (prefeitura), Place des Vosges, uma das mais belas praças de Paris, no Marais, Parmentier-République, Belleville-Ménilmontant, onde Edgar Morin foi menino e cuja riqueza popular é cantada por Charles Trenet numa das suas mais belas canções, "Ménilmontant", Saint-Fargeau, até a parada final na Porte de Lilas (Porta de Lilas), na saída de Paris. Se o metrô é muito prático, o ônibus é um prazer. Só fica ruim quando enfrenta um engarrafamento.

No caminho do 96, o observador atento, e até o desatento, pode ver a Notre-Dame de Paris, restaurada depois do incêndio de 2019, os dois braços do Sena, a Sainte-Chapellle, a Conciergerie, onde Maria Antonieta ficou presa antes de ser guilhotinada; se estiver focado, a Torre Eiffel, ao fundo, à esquerda, se o céu estiver límpido, quando o ônibus atravessar para a margem direita do rio, no Châtelet, onde dois teatros suntuosos, um de cada lado, no espaço sobre a estação de metrô, reinam absolutos: Théâtre du Châtelet e Théâtre de la Ville. Neste último, onde vimos uma inesquecível apresentação de Pina Bausch. O flâneur (passeador) descansado pode descer do 96 para tomar um

“Kir Royal” no café Sarah Bernhardt (2 Place du Châtelet), feito com licor de creme de cassis, champanha e frutas vermelhas para enfeitar a taça. Segundo a lenda, trata-se de uma invenção de um padre desejoso de sensações delicadas e suavemente inebriantes para quebrar uma rotina casta.

Na França é importante prestar atenção aos garçons nos bares, cafés, bistrôs e restaurantes: são eles que comandam. Nada de pedir uma taça de vinho e, ao recebê-la, pedir outra coisa e assim sucessivamente. Eles se enfurecem e dão sermão. Nada também de sentar onde achar melhor. É o garçom que instala o cliente. Há mesas reservadas para almoço, café, jantar, aperitivo, etc. No Brasil o garçom é escravo do cliente. Na França, quase o oposto. Uma vez, ouvi um garçom, no Danton, no Odéon, explicar: “Aqui não é a sua casa. Nós é que acomodamos as pessoas segundo as regras da casa”. Xixi geral.

Se eu tivesse só um passeio a fazer em Paris, por imposição de um desses gênios da lâmpada, como lembrança dos anos deliciosos que lá vivi ou para mostrar num só lance a cidade a um visitante apressado, seria o do trajeto de ônibus linha 96. Na primavera, é um festival de cores, de tons, de flores nas ruas, um quadro impressionista em tamanho natural sendo pintado também pelo observador. Imperdível.

C

Cabanne (Pierre) – Autor de *O Século de Picasso*. Fiz uma longa entrevista com Pierre Cabanne (1921-2007) sobre o pintor catalão. Era um homem de imensa cultura e gosto pelo diálogo. Lembro dele com uma enorme echarpe amarela, como se fosse personagem de um quadro. Via Picasso como um extraterrestre. Entendia a arte como uma forma de superação da mediocridade existencial. Pesquisava como historiador e jornalista, levantando os menores detalhes. Como sempre em minhas entrevistas, aprendi com ele algo sobre o ofício de pesquisador: "Corra atrás da diferença", ele me disse. "Não despreze o detalhe".

Café de Flore – Lugar mitificado pelo existencialismo de Jean-Paul Sartre, Simone de Beauvoir e companhia, situado em Saint-Germain-des-Près (172 boulevard Saint-Germain), com parte das mesas na calçada, com uma cobertura, o que os franceses chamam de *terrasse*, o Café de Flore, fundado em 1887, é uma instituição parisiense. Conta-se que foi frequentado por Albert Camus, Pablo Picasso, Guillaume Apollinaire, Georges Bataille, André Breton, Louis Aragon, Cioran, Ionesco, mas, antes, e certamente depois, também pela direita, com Charles Maurras em primeiro lugar. Aliás, A Ação Francesa, movimento de extrema direita, defensora do "nacionalismo integral", criada por Maurras e seus amigos, teria nascido nas mesas do Café de Flore. Enfim, o estabelecimento seria o *point* de uns e de outros, nacionalistas, existencialistas, dadaístas, surrealistas, mestres do absurdo, poetas, escritores de todo tipo, jazzistas, pintores, cantores, as vanguardas, quando ser vanguardista era uma obrigação, as retaguardas, com decadentes buscando a sombra da fama perdida ou os rastros de um amor estrangeiro vivido décadas antes. Atualmente, mesmo pujante, o Café de Flore é acima de tudo um ponto central de atração turística.

O escritor Yves Simon, na época em que traduzi para o Brasil o seu belo romance *O próximo amor* (Sulina), me convidou para dois encontros no Café de Flore, onde eu havia estado outras vezes em companhia de um jovem candidato a romancista, Pierre Lefort, que sumiu no mundo não me deixando saber seu verdadeiro nome, pois julgo que usava um pseudônimo. Simon vestia-se todo de preto, estava no auge da sua carreira, conhecia todo mundo – levou-nos uma vez a uma festa de comemoração do Nobel de literatura de Gao Xingjian, com o laureado presente –, esbanjava simpatia, morava na linda praça Dauphine e andava por Paris como se flutuasse. No Café de Flore, Simon pediu uma garrafa de champanha e mostrou toda a sua paixão pela icônica Lou Andréas-Salomé, que enfeitiçou Nietzsche, Freud e Rilke. Falou dela como que se contasse uma história de família. Durante uma hora. Eu olhava o rótulo: POMMERY Brut Royal. Tudo fazia sentido. A vida era bela. Paris era, como sabia Ernest Hemingway, uma festa.

Certa época, eu pegava livros que eu amava, como *A idade da razão*, de Jean-Paul Sartre, ou *O mito de Sísifo*, de Albert Camus, sentava numa mesinha da *terrasse* do Café de Flore, pedia um cafezinho, e lia como se fosse um existencialista até me sentir realmente indesejado. Isso custava acontecer. O preço mínimo garante o assento.

Em 1994, o agitado e agitador Frédéric Beigbeder e Carole Chrétiennot criaram o Prêmio Flore de literatura, que consagra uma revelação. Citado em prosa e verso, o Café de Flore aparece em canções. No inverno, o chocolate quente traz a felicidade momentânea. Por vezes, naquela passarela, uma poesia de Baudelaire se impõe:

La rue assourdissante autour de moi hurlait.
Longue, mince, en grand deuil, douleur majestueuse,
Une femme passa, d'une main fastueuse
Soulevant, balançant le feston et l'ourlet.

Beleza, charme e tristeza que traduzi livremente assim:
A rua ensurdecedora num alarido rugia em torno.
Alta, magra, toda de luto, dor majestosa,
Passou uma mulher, com a sua mão suntuosa
Levantando, balançando do vestido seu contorno.

Toda tradução é recriação, recreação, subversão. Ainda mais quando a passante veste roupas coloridas e sorri antes de desaparecer. O Café de Flore é um bom ponto de vista para ver a vida passar e as ilusões morrerem. Se bem que, posso garantir, sempre ressuscitam.

Café Léon (Montpellier) – Montpellier é uma cidade iluminada e luminosa. Em setembro de 2023, quando estivemos lá para eu receber o título de Doutor Honoris Causa da Universidade Paul Valéry, queríamos muito comer um *confit de canard* (coxa de pato), depois *do foie gras* (fígado de ganso) como entrada. Como sobremesa, *crème brûlée* (creme de leite, ovos, açúcar, baunilha e cobertura de caramelo queimado). Não era o bom momento. Procuramos bastante. Ficamos sabendo que no Café Léon (12 rue du Plan d'Agde) seria possível matar nosso desejo. Fomos, Cláudia, eu, minha colega Cristiane Freitas e Renata Resende, professora da Universidade Federal Fluminense. O primeiro garçom que encontramos nos derrubou do cavalo: naquele dia não serviam *confit de canard*. A decepção foi grande. Dava para ver em nossos olhos.

Foi aí que apareceu uma senhora, com jeito de ser a "patronne", como dizem os franceses, e interessou-se por nossa aflição. Perguntou o que queríamos. Confirmamos o nosso desejo de comer o prato típico. Ela se apiedou de nós: "Vamos fazer especialmente para vocês". O almoço daquele sábado foi maravilhoso, regado a vinho da casa, água mineral com gás (as águas minerais francesas "pétillantes" [borbulhantes] são ótimas, a começar pela clássica Perrier), e um ambiente delicioso.

Anotei: sempre que for a Montpellier, almoçar no Café Léon.

Camille Claudel (Place) – Moramos anos ali. Nosso beco, Mont-Tonnerre, tinha saída para a Vaugirard, a rua mais longa de Paris. A praça Camille Claudel situa-se, como um triângulo, entre a Falguière, a Vaugirard e a Cherche-Midi. Passar ali para entrar no metrô Falguière fazia, por vezes, pensar na vida trágica dessa escultora talentosa e na sua relação com o dominador Rodin. Camille Claudel (1864-1943) teve a infelicidade de ser mulher numa época machista ao extremo. Irmã do poeta e diplomata Paul Claudel, aluna e amante de Rodin, ela veria o mundo dos homens atropelar seus sonhos de reconhecimento. Acabaria internada com um diagnóstico de psicose paranoide. As suas obras, como “A valsa” e “A idade madura”, mostram a extrema sensibilidade da artista. É puro movimento, sensação, graça, leveza ou sofrimento.

Uma pracinha tão pacífica, quase um traço interiorano na pulsação de Paris, homenageia essa mulher de vida atormentada. Quem pisa na praça Camille Claudel não pode deixar de ir ao Museu Camille Claudel (Nogent-sur-Seine, a uma hora de trem de Paris) e ao Museu Rodin para ver o legado extraordinário que ela deixou. Caminhar da Praça Camille Claudel até o Museu Rodin ativa reflexões sobre a vida, a arte, as relações de gênero, a doença mental, as hierarquias sociais, os valores de cada época e a crueza da luta pelo reconhecimento. O ônibus linha 89 passa na frente da pracinha Camille Claudel. Pode-se pegá-lo para um passeio que passará pelo Jardim de Luxemburgo e pelo Panteão. Eu o pegava para estudar na Paris V.

Camus (Albert) – Sempre preferi Albert Camus a Jean-Paul Sartre, o revoltado ao filósofo que omitiu os crimes do stalinismo depois de uma viagem à Rússia. Destacarei um Camus menos conhecido. Em 1995, a França passou alguns dias sob o signo da publicação pela editora Gallimard do manuscrito inacabado, *Le Premier Homme* (*O Primeiro homem*), de Camus, prêmio Nobel da literatura de 1957. Camus foi vítima de um banal acidente de automóvel, em 1960, que lhe custou a vida.

Nascido na Argélia, Camus atravessou uma infância triste e uma adolescência atormentada pela doença; a tuberculose atingiu-o quando ele tinha 16 anos. Conhecedor dos segredos e misérias da periferia de Paris, dividido entre o jornalismo, a filosofia e a literatura, cedo foi identificado com o existencialismo. *O primeiro homem*, espécie de autobiografia romanceada, representa uma luz sobre o lugar em que o autor se situava enquanto tudo desmoronava. Autor de clássicos da ficção contemporânea, como O *Estrangeiro* (1942), *Calígula* (1945), A *Peste* (1947) e de obras de ideias exuberantes, *O Mito de Sísifo* (1942) e *O Homem Revoltado* (1951), declarou inúmeras vezes que classificá-lo entre os existencialistas era um mal-entendido. Para ele, o existencialismo de Soren Kierkegaard e Karl Jaspers terminava no culto de Deus; o de Husserl, Heidegger e Sartre, no endeusamento da História. Camus não acreditava em nenhum desses absolutos.

Durante muito tempo, a família de Albert Camus impediu a publicação de *O Primeiro homem* em função das críticas que o escritor sofreu pouco antes de morrer. Afirmava-se que o fôlego do criador acabara. Passado o medo e vencido o desejo de proteção, Catherine Camus, filha do irmão-inimigo de Sartre, autorizou a edição. Todo Camus está lá. Por que ele não era um existencialista no sentido da filosofia sartreana? Para Sartre, o absurdo, por exemplo, era uma contingência universal, um componente injustificado, mas intrínseco à condição humana; para Camus, ao contrário, o absurdo nascia das relações entre o homem e o mundo irracional. Fustigado por todos os lados (o stalinista

Jean Kanapa escreveu que *O Mito de Sísifo* traduzia perfeitamente o fascismo do liberal Raymond Aron), Camus sofreu. Seu último livro passa pelo ajuste de contas, a revanche e a demonstração de que o artesão genial da palavra a dominava ainda como um mestre.

O *Primeiro homem* (Nova Fronteira) é o último Camus.

Canard Enchaîné (Le) – Literalmente O Pato Acorrentado. Jornal satírico fundado em 1915. Sai toda quarta-feira. Com quase 500 mil exemplares de tiragem, pode rir do número de exemplares dos diários parisienses. Pratica o melhor jornalismo analítico, crítico e investigativo que se possa desejar. Enlouquece os políticos com a sua falta de reverência aos poderosos. Riso certo, informação correta.

Canícula – Caminho pelas ruas de Paris ao cair da noite. A temperatura beira os 40 graus. É o que os franceses chamam de canícula. O termo é assustador. Remete a milhares de mortes de pessoas idosas. O país prepara-se para enfrentar as temperaturas extremas com o zelo de quem sabe os perigos de uma catástrofe climática. Parques são autorizados a abrir durante as noites, vaporizadores são instalados nas ruas, áreas de frescor são indicadas às pessoas. Falta ar-condicionado gelado na maioria das linhas de metrô. A vida nos subterrâneos passa da penumbra ao suor que brilha e do brilho do suor ao multiculturismo universal.

Ando por estas ruas que conheço há 30 anos e sinto prazer em ver, como na letra de uma famosa canção, "les filles à bicyclette". Agora, charme dos novos tempos, as meninas andam juntas num mesmo patinete. Ou correm com seus namorados, deslizando entre monumentos, cabelos esvoaçantes, com seus vestidinhos coloridos de uma sofisticação simples como a sofisticação costuma ser. Nos cafés e nos restaurantes há tanta gente aparentando felicidade que reclamar do calor soa como uma desfeita. O dia só vai desaparecer pelas dez da noite. A cidade-luz esparrama a sua luminosidade natural até tarde.

O Sena exibe a placidez das suas águas como que posando para mais um quadro impressionista ou complacentemente para mais uma *selfie* com um turista vindo de perto ou de longe. A noite de verão não aceita tristeza nem melancolia. Cobra o seu preço em alegria. Quer pessoas dispostas a comemorar o bom tempo, os belos dias, a estação que todos esperam e temem com suas temperaturas impiedosas e seus amores inesquecíveis. Só o valor do euro, para os brasileiros, é mais implacável. Quem se importa quando tudo pulsa? O tempo é senhor dos dias e também das noites, especialmente das noites de verão, quando muitos são tomados de uma vontade frenética de viver ou de ver viver.

Deus nos deu o Brasil prontinho. Rio de Janeiro é uma cidade esculpida por mão divina. Paris se contenta com a obra de homens. Paris, 40 graus, a capital francesa sempre queima. Não é melhor do que outras. É diferente. Faz questão de exibir-se em noites escaldantes.

A canícula, viajante de verão, é uma realidade francesa.

Cannes – Situada no departamento Alpes-Marítimos, Cannes, uma das pérolas da *Côte d'Azur* francesa, é conhecida mundialmente pelo seu Festival Internacional do Cinema, onde estive três vezes fazendo cobertura jornalística. Impactado pelo charme do evento, escrevi:

Ninguém se contenta com pouco sob o sol da primavera francesa. 0 47° Festival de Cinema de Cannes começa hoje, com a exibição de *The Hudsucker Proxy* (O Grande Salto), filme norte-americano dos irmãos Joel e Ethan Coen, os mesmos de Barton Fink, e irá até o próximo dia 23, quando outra obra americana, fora de competição, *Serial Mother*, de John Waters, fará o encerramento. Espera-se, como sempre, um desfile de estrelas charmosas e um delírio de elegância e talento. A cerimônia de abertura, transmitida para os franceses pelo Canal Plus, será apresentada por Jeanne Moreau. A França jogará todas as esperanças já nesta sexta-feira, com *A Rainha Margot*, de Patrice Chéreau, interpretado por Isabelle Adjani, Daniel Auteuil (Henrique de Navarra), Jean-Hugues Anglade (o louco Charles IX) e Vincent Perez (La Mole, o amante de Margot). Uma epopeia de paixão, poder e sensualidade. A qualidade dos filmes não basta para satisfazer o público que se interessa pelo grande evento europeu do cinema. É preciso que um pouco de extravagância, de inesperado e de uma loucura elegantemente estudada complete o quadro. Algo como Cary Grant e Lana Turner, em 1959, brincando de polícia e ladrão nos corredores do Hotel Carlton. A lista das saudosas excentricidades é célebre: Gary Cooper aproveitou as suas primeiras 24 horas em Cannes sem sair da cama em companhia de muito gelo.

Jean-Paul Sartre adorava mostrar, na praia, as suas pernas magras e brancas. O maestro Fellini, em 1960, encomendou espaguete para os seus convidados em uma banheira. Depois, puseram-se a pescar, com varas de verdade, garrafas de *chianti*, o excelente vinho tinto italiano da região de Siena, na piscina. Os tempos atuais são mais moderados, mas a expectativa permanece. Uma das últimas surpresas foi a subida ritual dos degraus do Palácio do Festival de Cicciolina [quem ainda lembra dela?] quase nua.

Que fazem estas memórias aqui? Este é um dicionário afetivo. Eu terminava assim: o 47° Festival de Cannes homenageia através do cartaz oficial Federico Fellini e Giulietta Masina. Isabelle Adjani é tida como favorita para reinar neste ano em Cannes. Clint Eastwood e Catherine Deneuve, presidente e vice-presidente do júri, composto ainda por Marie-Françoise Leclère, Pupi Avati, Guillermo Cabrera Infante, Kazuo Ishiguro, Alexandre Kaïdanovski, Lalo Schifrin, Shin, Sang Okk e Alain Terzian, controlarão a chave do sucesso. A festa seduz, mas buscar obsessivamente a vitória é a lei. Lei do sucesso.

Passados tantos anos, Cannes e seu festival continuam seduzindo. A cidade, com seus grandes hotéis, dos quais a imponente imagem do Carlton nunca me sai da cabeça, é um tapete azul à espera do turista.

Anotei nos meus espantos: limusines descarregavam tripulantes orgulhosos para a cerimônia de abertura no teatro *des Lumières*. A massa chegou cedo para mimar os ídolos: gritos, aplausos, perfumada histeria. Vestidos transparentes, calcinhas minúsculas perdidas entre nádegas generosas.

Corpos esguios, entre as fãs, saídos da praia, com sal na pele, direto para a tietagem. O fenômeno, dizem os especialistas, renova-se a cada ano. Cannes serve para ver e ser visto. Não faltaram, apesar dos 26 graus, os pesados casacos de pele. A noite, depois do filme dos irmãos Coen, terminou em festa no Noga Hilton. Eastwood, Jeanne e Catherine passaram para acenar aos convivas. O forte da festa ficou para os boêmios. E dizem que as festas acabaram em Cannes. Há sempre um assessor de imprensa gentil para deslizar um convite. A pompa nasce da improvisação. Na sala da Câmara de Ouro, vários fotógrafos trocaram o jeans pelo smoking.

Outra anotação de correspondente interessado por todos os efeitos do acontecimento: enquanto Giuseppe Tornatori experimenta as delícias e as agruras do efeito causado por seu filme *Uma Pura Formalidade*, amado e odiado, Clint Eastwood faz belas festas e Bernard-Henri Lévy milita. Os críticos do diretor italiano acusam-no de esbanjar clichês e de ter feito um filme reacionário em que o escritor torturado agradece ao comissário violento e elogia-o pelo bom trabalho. Tornatori justifica-se: era um falso policial e o personagem já estava morto. A investigação era metafórica; os métodos, replicam os insatisfeitos, continuam lá: a verdade extraída na porrada.

Mais tranquilos são os dias de Eastwood. Em companhia de Catherine Deneuve e de Gilles Jacob, o poderoso chefão do Festival, além de outros convidados, o ator comemorou o 41° aniversário da esposa e o 4° ano da filha. Rolou Coca-Cola e whisky. Lugar da festa: o Eden Roc, fortaleza das estrelas na ponta do paradisíaco *Cap d'An-*

tibes. Um refúgio contra curiosos. Quatro jornalistas são selecionados para, a cada dia, encontrarem lá alguns monstros do cinema.

Cannes é sempre um pouco disso tudo e muito mais. Às vezes, sonho que Cannes é uma ficção do cinema, uma miragem, um cenário. Em 2024, Cannes viverá a 77ª edição do seu maior espetáculo, a melhor imagem da sua imagem de marca, o festival com sua "palma de ouro".

O resto é mar, ambições, cotidiano e imaginário. Desafio o viajante de espírito aberto a não se imaginar nessa máquina de sonhos.

Carcassone – Um dos pontos turísticos mais importantes e belos do sul da França, a 95 quilômetros de Toulouse. Um passeio à Idade Média. Situada na margem direita do rio Aude, a "Cidade Medieval" não parece real de tão real que é como testemunho do passado. Andar pela "Bastille Saint-Louis", do século XIII, é dar um passo na história. O resto é clima, atmosfera, imaginário, lendas e paisagens do "midi", o sul. O Pont Vieux (Ponte Velha) não brinca com seu nome: tem pedras de dois mil anos. Pérola rugosa dos Pirineus, majestosa em seu altar rochoso, entre Cidade Alta e Cidade Baixa, com sua Basílica Saint-Nazaire, começada no inimaginavelmente longínquo ano de 925, o castelo Comtal, do século XII, as portas Narbonnaise, de 1280, e Aude, vinhedos, Canal do Midi, mais de mil anos de história e paixão.

Alain Robbe-Grillet me disse: "Vá a Carcassone para sentir o perfume da história". Digo o mesmo ao viajante com senso de história.

Carrère (Emmanuel) – Amigo de Michel Houellebecq, filho da especialista em Rússia e membro da Academia Francesa, Hélène Carrère d'Encausse, Emmanuel Carrère tornou-se um dos mais importantes escritores europeus da atualidade. Ele conta o que vive, sente, pensa, imagina. Escreve "eu" o tempo inteiro, como reconhece e ironiza em *Ioga* (Alfaguara). Já convidei Emmanuel Carrère para vir ao Brasil. Foi no auge da crise que o levou a ser diagnosticado como bipolar. Na época, eu não sabia disso. Ele recusou com franqueza: "Recebi seu e-mail, desculpe por não ter respondido antes. A sua proposta é muito atraente, mas estou atravessando um período que me dificulta fazer planos para o futuro e, em vez de correr o risco de desistir, penso que seria mais prudente, hoje, recusar. Não me culpe e boa sorte". Ele vai bem, graças ao lítio, como conta em *Ioga*. O princípio da autoficção para ele é não mentir sobre si mesmo, ser autêntico.

Ioga começa com um assunto, isca para pegar o leitor, como se tornou comum atualmente, depois passa a outro, os sofrimentos do autor a partir dos ataques terroristas ao jornal *Charlie Hebdo*. Por fim, pula para um tema de grande relevância mundial, a saga de refugiados. Tudo isso sem uma intriga, com muito de reportagem e bastante ficção, confessada ao final. Escritor não é necessariamente que inventa um mundo. Pode ser aquele que conta o seu mundo. O reconhecimento são outros quinhentos. Portanto, dois eixos andam em paralelo: autor e escritor. Autor é todo aquele que publica um livro. Escritor é quem obtém reconhecimento pela sua autoria. Carrère fez do "eu" um "ele".

Emmanuel Carrère finge contar a sua história. Finge tão bem que se inventa como personagem, por trás do escritor, o que não está ao alcance de todos. O autor não sabe fingir. É isso que o diferencia do escritor. Na época do "seja quem você é", Carrère se mostra inteiro.

Cassis (creme de) – Sejamos econômicos neste verbete: um licor divino feito de groselha preta, muito tradicional na Borgonha, que pode servir de aperitivo, digestivo ou acompanhamento para doces ou sorvetes. Faz parte do elegante Kir Royal (conferir verbete).

Castoriadis (Cornelius) – Polímata, saca? Bem, saca é difícil para leitores mais jovens. Trata-se de uma gíria de antigamente. Já polímata é barbada (outra gíria de outrora): conhecedor de inúmeros assuntos. Edgar Morin o comparou a Pico della Mirandola. Quando eu seguia o seu curso na EHESS de Paris, leitor que era do seu livro *A instituição imaginária da sociedade*, perguntei-lhe se imaginário era algo concreto. Respondeu com um sorriso generoso: "Tem a solidez das coisas mais duras de quebrar: as ideias". Até hoje aplico o seu método das "aproximações sucessivas" na busca do conhecimento. Numa aula, um aluno chinês disse que a filosofia podia ser tão complexa que chegava a não saber por onde começar. Castoriadis orientou: "Comece pelos pensadores chineses". Tive de cumprimentá-lo ao final. Abraçou-me.

Lição de Castoriadis em aula: "Uma mesa nunca é simplesmente uma mesa, mas sempre um processo". Longa explanação esclarecedora. Como esquecer uma aula que provocava, fundamentava e iluminava? Castoriadis não temia falar que o marxismo se tornara uma ideologia, uma forma de justificativa e encobrimento da realidade, e que a teoria, tão louvada por intelectuais, não passava de um sistema abstrato de ideias pretensamente capaz de explicar o passado, o presente e o futuro da humanidade brandido como a verdade absoluta a ser aceita e observada.

Céline (Louis Ferdinand) – Marcel Proust e Louis-Ferdinand Céline são certamente os dois maiores escritores franceses do século XX. Se Proust eternizou-se com *Em busca do tempo perdido* e um texto vertiginoso, Céline foi mais prolífico, multiplicando obras-primas, com sua extraordinária capacidade de reproduzir a oralidade das falas populares e cotidianas. *Viagem ao fim da noite* e *Morte a crédito* são uma revolução estética. O homem, o médico Louis-Ferdinand Detousche, porém, passaria a história como simpatizante do nazismo, autor de alguns panfletos racistas que, embora não estejam proibidos, circulam clandestinamente na França. Ganhei um deles, *Les beaux draps* (*Em maus lençóis*), de um amigo, sabedor da minha curiosidade pelo lado podre do escritor. Pude constatar o grau de abjeção atingido por Céline.

As suas obras-primas, contudo, não são rejeitadas sob qualquer acusação de preconceito, figurando sempre entre o que de melhor se produziu na história da literatura francesa e mundial. Em *O Método 6*, Edgar Morin observa: "*Féerie pour une autre fois* [Foguetórios de outrora], de Louis-Ferdinand Céline é um testemunho extraordinário de uma autojustificação frenética, da incapacidade de se autoanalisar e autocriticar, de raciocínio paranoico". Céline conta nessa narrativa controvertida o que teria vivido ou sofrido durante um suposto bombardeio dos aliados a Montmartre, em Paris. Leitura obrigatória para os apaixonados por grande literatura, Céline passou a ser constantemente assunto dos novos tempos: deve-se ou não cancelar a sua obra por causa dos seus posicionamentos e convicções? Por enquanto, seria como cancelar o *foie gras* pela forma como é produzido. Ou seja, para uns é heresia e para outros, ainda minoritários, uma necessidade.

Os panfletos de Céline não saem em edições comerciais normais. *Mea Culpa* (1936), *Bagatelles pour un Massacre* (1937), *L'École des Cadavres* (1938) e *Les Beaux Draps* (1941) aparecem em edições vendidas a preços exorbitantes. Céline é uma espécie de negativo de Marcel Proust: o antropólogo genial do cotidiano dos desesperados, dos miseráveis e dos marginais. *Les Beaux Draps* exala a podridão do racismo atroz impulsionado pelo talento excepcional do criador. Poucas vezes uma causa hedionda encontrou um panfletário tão competente. Explosão do discurso popular, de sentenças e fórmulas violentas. O autor desses panfletos raivosos não se parece com o romancista.

Anticomunista ferrenho, Louis-Ferdinand Céline associava marxismo e judaísmo. Trotsky e Lenin teriam sido financiados por banqueiros judeus norte-americanos para derrubar o czarismo russo. Nada mais do que um negócio. O povo, ironizava, não tem ideais, apenas necessidades, e cada trabalhador sonha em ser funcionário público, com aposentadoria garantida, comida e atendimento médico. Há em Céline uma face anarquista que o faz investir contra a burguesia medíocre e sempre disposta a enviar os pobres a morrerem pela pátria. Escarra sobre as elites. Assinala que somente os privilegiados escrevem ensaios para elogiar o mal. Céline odiava a escola reprodutora de valores sociais hipócritas e, perdido em paradoxos abomináveis, gerava falsos culpados para descarregar sobre eles a indignação diante do absurdo existencial e da estupidez dos indivíduos e classes. *Les Beaux Draps* revela a evidência: a França metera-se em lamentáveis lençóis. Céline, porém, não via nos ingleses e na resistência de Charles de Gaulle a salvação.

A inteligência nunca é total. Um escritor genial pode conceber também o pior. O magnífico Céline, mestre da forma suja e vital, simplificou as equações sócio-históricas de sua época e descambou para o indigno. Será que acabará expulso do panteão dos grandes?

Champo (Le) – Cinema de arte na esquina da rue des Écoles com a Champollion, a dois passos da praça da Sorbonne. Ideal para quem curte filmes sofisticados e de grande qualidade estética. Bom para ver obras-primas da Nouvelle Vague. Registrado no catálogo dos Monumentos Históricos desde o ano 2000. Muito frequentado pelo maior cinéfilo brasileiro que conheci, meu querido amigo paraibano Cláudio Paiva.

Champs-Élysées – A avenida dos Champs-Élysées (avenida dos Campos Elísios) é talvez a mais imponente do mundo. Para os franceses, apenas a mais bela do mundo. Com cerca de dois quilômetros e 71 metros de largura, vai do monumental Arco do Triunfo à majestosa Place de la Concorde. Tudo nela exige adjetivos e superlativos. Alia grandiosidade com luxo, pompa, circunstância e história. Nela se pode comprar em lojas de marca (Guerlain, Louis Vuitton, Tiffany, Cartier, Mauboussin) ou comer e beber instalado numa das suas largas calçadas. Os famosos *macarons* do Ladurée são docinhos icônicos coloridos e redondos feitos com farinha de amêndoa. Passar por ali e não comer alguns é como ir a um jogo do Mbappé e, por distração, não o ver em campo.

Tem também cinema, teatro (Rond-Point), desfile militar no dia da pátria francesa ao som da Marselhesa (14 de julho), virada de ano enlouquecida com fogos de artifício e mais de um milhão de pessoas estourando champanha, pedestais de mármore como portal de entrada, fileiras de olmos, discretas entradas de metrô e prédios onde se abrigam escritórios de poderosas entidades como a Federação Francesa de Futebol, onde fui certa vez entrevistar um mito, Michel Platini, um dos grandes jogadores da história do futebol francês, que copresidia o comitê de organização da Copa do Mundo de 1998, a primeira a ser ganha pela França, em cima do Brasil, quem não se lembra daquele desastre? Num gabinete exuberante ele me recebeu com simplicidade e ensinou: “O futebol não é um esporte individual, mas coletivo. Trata-se de um quebra-cabeça. A montagem correta das peças determina o fim”.

Uma brincadeira deliciosa é ir ao Arco do Carrossel, junto ao Louvre, para ver como ele se encaixa com o Arco do Triunfo e com o Grande Arco de La Défense. Uma dezena de quilômetros formando o eixo histórico de Paris, da Via Real, do passado napoleônico, dos grandes momentos bélicos e monárquicos ao presente financeiro e tecnológico. Detalhe importante. Em francês: *arche du Carrousel, Arc du Triomphe et Grande Arche de La Défense*. Dois femininos e um masculino. O que isso significa? Que as línguas são ricas em sutilezas e formas.

A Champs-Élysées impressiona.

Dizer que um dia tudo aquilo era um grande banhado, natureza em estado de incontinência brutal. Para os brasileiros expatriados em Paris, saudosos de nossas façanhas e trêmulos de saudades, especialmente numa época em que a internet e os celulares ainda não eram tão familiares quanto uma carta dentro de um envelope, a Champs-Élysées foi durante muito tempo apenas a rua da Varig.

Chanel n° 5 – O perfume da França.

Charcuterie – Palavra que designa uma paixão francesa: iguarias feitas com as entranhas de animais, especialmente de porco, aquilo que, no Brasil, em algumas regiões, é chamado de miúdos. Entram nessa categoria, que apaixona muitos e provoca engulhos em outros, embutidos, patês, presuntos e por aí vai. A Nova Cozinha e os novos parâmetros de saúde costumam rejeitar a sedução da charcuterie e suas salsichas, morcilhas, queijos de porco e outras peças do gênero. Exemplos franceses destacados pelo *Figaro*: salsicha de Montbélliar, presunto de Bayonne, patê de Mans, andouille (uma espécie de linguiça feita com tripas de porco) de Vire ou Guémené. A charcuterie gosta de porco, javali, peru, perdiz, pato, lebre e outros animais de caça. Há quem coloque a charcuterie ideologicamente à direita e até à extrema direita. Se for assim, possivelmente é o espectro dominante na França profunda e em muitos bairros de Paris. As minhas observações meticulosas numa loja da rua de Vaugirard, junto ao Mont-Tonnerre, me permitem sugerir que a charcuterie está aquém ou além de todos os partidos e ideologias, sendo um denominador comum nacional. Sugestão ao viajante sem restrições alimentares: andouille bretã. Atole-se.

Charlie Hebdo – Sou fã de carteirinha da mais famosa publicação satírica francesa, fundada em 1970. Em 7 de janeiro de 2015, a França viveu um dia sangrento. Fanáticos religiosos mascarados invadiram a sede da *Charlie Hebdo* aos gritos de "vamos vingar o profeta". Doze pessoas morreram. *Charlie Hebdo* é uma publicação de humor. Não perdoa radicalismo religioso. Segue a tradição de Voltaire: ataca sem cessar a ignorância e a superstição. Em 2011, foi atingida por um coquetel Molotov por ter publicado charges de Maomé. Vinha sendo ameaçada desde então por causa de sua "Charia Hebdo". O ataque de 2014 coincidiu com o lançamento altamente polêmico do romance de Michel Houellebecq, *Submissão*, que aborda a tomada do poder na França por um partido muçulmano. O Estado Islâmico ordenou, em outubro de 2014, que todo alvo civil francês hostil ao islamismo fosse atacado.

Charlie Hebdo havia tirado o pé do acelerador para evitar um ataque. Não foi suficiente. A França foi sacudida em 2014 pelo lançamento do livro do ultraconservador Éric Zemmour intitulado *O suicídio francês*. O autor denunciava o perigo da islamização da Europa, especialmente da França, e pedia a deportação de todos os muçulmanos. A liberdade de imprensa foi, mais uma vez, vítima do terrorismo. Esperava-se que depois da vitória do iluminismo sobre o obscurantismo do Antigo Regime, com a revolução de 1789, o passado estivesse enterrado. A história, ao contrário do que pretendia Francis Fukuyama, nunca termina. O Ocidente cerrou fileiras com *Charlie*.

A capa de *Charlie Hebdo* daquela semana fatídica não poderia ser mais sintomática: "As previsões do mago Houellebecq". Em países como a França, livros, ideias e controvérsias ainda podem se encontrar com os fatos. Numa sociedade laica, o extremismo religioso enfia o pé na porta. O que fazer? Reinventar o iluminismo? Reencarnar Voltaire?

Quatro chargistas conhecidos perderam a vida no atentado: Cabu, Charb, Wolinslin e Tignous. *Charlie Hebdo* vive apesar de tudo.

Châtelet – Na primeira vez que pisei em Paris, em 1991, hospedei-me no Hôtel du Palais, no Quai de la Mégisserie. O hotel era de quinta, como o meu bolso. A vista, ao abrir as janelas, de primeira: de um lado, o Teatro de la Ville. Na frente, o Sena. Do outro lado do rio, a Conciergerie.

Em diagonal, a Notre-Dame. Ao fundo, ao longe, a Torre Eiffel. Durante algum tempo, mesmo com as finanças melhores, eu queria aquele hotel. O Châtelet, contudo, para mim se tornou sinônimo da sua imensa estação de metrô. Um mundo subterrâneo cheio de linhas, correspondências (conexões), músicos e gente, muita gente, multidões, nos horários de pico, suando, reclamando, avançando, pegando uma esteira lenta e que me parecia interminável. Aprendi a fazer qualquer coisa para evitar mudar de trem nas entranhas do Châtelet. O meu horror aumentaria com uma aventura na qual Cláudia e eu nos metemos.

Compramos uma mesa preta na Conforama do Pont Neuf. Era para instalar meu primeiro computador pessoal, um Classic monobloco da Apple, no qual escreveria minha tese de doutorado, sob a orientação de Michel Maffesoli, na Universidade René Descartes, Paris V, Sorbonne. Arrastamos a mesa até o metrô Châtelet. Morávamos em Montparnasse. Haveria uma troca de linha no caminho. A mesa era mais pesada do que pensávamos. A fita que a amarrava, desmontada, sob uma cobertura de cartão, cortava as mãos. Chegamos à esteira esbaforidos. Fazia muito frio no lado de fora. A estação superaquecida soltava um bafo. Pensei em desistir da mesa, do doutorado, da França e daquele esforço. Na França, em escada rolante ou esteira, é imperativo respeitar a mão do fluxo. Cartazes avisam: “Tenez votre droite” (fique na direita). Quem não respeita a regra acaba xingado pelos apressados. É mico puro.

A mesa ocupava a largura da esteira. Trancava o trânsito. Uma senhora francesa começou a gritar. Resolvemos retomar o fardo e caminhar com ele sobre a esteira na esperança de ir mais rápido. Um menino de uns seis anos nos viu exaustos e puxou a manga do casaco da mãe, uma francesa elegante, alta, muito magra, com olhar severo.

– *Ils sont fatigués, maman* – ele disse.

Repetiu:

– *Maman, ils sont fatigués.*

Estranhamente aquela vozinha nos encorajou. Vencemos a esteira, subimos escadas, pegamos o trem, enfrentamos o frio até o nosso beco, escalamos a estreita escada do nosso edifício até o quarto andar, quase sótão, desabamos. No dia seguinte, montei a mesa. Sobraram parafusos. Recomecei. Ao terminar, entendi melhor as conquistas de Napoleão. Ao passar pelo Châtelet ainda ouço voz fininha, mas firme como um martelo, repetindo com desolação e uma doce empatia:

– *Maman, ils sont fatigués.*

Em compensação, uma noite, ouvi um africano interpretar uma cantata de Bach ao violino com tal beleza e melancolia que passei a ter certa simpatia por aquele mundo particular do Châtelet.

Recomendo a visita, especialmente em fim de tarde de dia útil.

A estação subterrânea Châtelet-Les Halles, um conjunto monumental com direito a shopping center embaixo da terra, prova de que a mercadoria viceja em qualquer ambiente, chega a 25 metros de profundidade. Considerada a maior do mundo no seu gênero, com 16 entradas e sete plataformas de embarque, disponibiliza cinco linhas de metrô e três de RER (trem de periferia). Tudo começou em 6 de agosto de 1900, quando Châtelet foi aberta aos passageiros. Naquelas paragens todas, ao tempo do sombrio Antigo Regime, existiu uma prisão e um tribunal. Talvez fantasmas acorrentados despertem quando passo ali.

Closerie des Lilas (la) – Centenário café parisiense (171 boulevard du Montparnasse), foi um dos principais palcos da boemia de Ernest Hemingway e Francis Scott Fitzgerald. Frequentada por simbolistas, dadaístas, patafísicos e outros de natureza semelhante, viu passar de Guillaume Appolinaire a Alfred Jarry e Jean Baudrillard. Desde 2007 atribuiu o Prêmio da Closerie des Lilas à literatura escrita por mulheres. Um lugar para quem gosta de ostras e de salmão defumado.

Cluny-Sorbonne (Hôtel) – Localizado num dos pontos mais emblemáticos de Paris (8 rue Victor Cousin), fica de frente para a Sorbonne. Mas de frente mesmo. É atravessar a rua estreita e bater de cara nas sólidas paredes da universidade do Quartier Latin. Com a sua fachada verde e seus 23 pequenos quartos, o Cluny-Sorbonne orgulha-se de ter sido moradia do mais poético de todos os poetas, Jean-Arthur Rimbaud. Uma placa assinada pelos amigos do poeta, datada de junho de 1872, inscreve na pedra uma declaração do jovem rebelde: "En ce moment, j'ai une chambre jolie". Rimbaud vibrava com seu quartinho bonito. Quantas vezes, na minha dimensão prosaica, mas romântica e feliz, senti a mesma coisa! O modesto Cluny-Sorbonne tem sido o nosso hotel mais recorrente em Paris. Tem o nosso jeito: simples, no lugar que mais gostamos, colado no templo do saber, a Sorbonne, e habitado pelo fantasma de Rimbaud. Um fantasma que brinca com a cor das vogais. Pode ser uma boa parada quando se está voltando da China ou indo para a Rússia. Enfim, é ótimo quando se quer ficar alguns dias em Paris.

Collège de France (desde 1530) – Direi apenas isto: onde segui, entre outros, os cursos de Umberto Eco, Pierre Bourdieu e Georges Duby. Instituição destinada a acolher pesquisadores do mais alto nível. Não atribui diploma, não tem inscrições, não faz chamadas, recebe quem aparecer, obedecendo a um só parâmetro: o tamanho das salas. Eco, ao final do seu curso sobre a procura de uma língua perfeita, assinou preciosos certificados para quem acompanhou seus quatro meses de aulas. Ouço o maestro repetir: "O problema da tradução, ou seja, a traduzibilidade, ultrapassa o contexto das línguas diferentes. Mesmo dentro de uma língua não há univocidade, mas há comunicação. Logo, entre as línguas também se dá o mesmo". Traduzir é possível, a comunicação também. Eu bebia e anotava cada palavra. O Collège de France é o paraíso do conhecimento livre a dois passos da Sorbonne.

Compiègne (floresta de) – Com mais de 14 mil hectares, essa floresta de carvalhos e de faias, povoada por cervos e javalis, boa para passeios a pé, a cavalo ou até de bicicleta, onde a caça ainda é praticada, fica a 80 quilômetros ao norte de Paris (uma hora e meia de trem). Foi a primeira floresta europeia que eu conheci, em pleno inverno. Fazia tanto frio que não dava para ler Marcel Proust falando de Odette, um amor de Swann: "Às vezes ela ficava ausente por vários dias, os Verdurin levavam-na para ver os túmulos de Dreux, ou a Compiègne para admirar, a conselho do pintor, o pôr do sol na floresta e se ia até o castelo de Pierrefonds". Em 1918 e 1940, na Clareira do Armistício, no coração da floresta de Compiègne, alemães, franceses e aliados assinaram capitulações. Na primeira data, na madrugada de 11 de novembro, a Alemanha entregou-se. Na segunda, num 22 de junho, o exército francês capitulou diante de Hitler no vagão de trem 2419D.

O Memorial do Armistício está lá para ninguém esquecer do que foi vivido. Edgar Morin, nascido em 1921, que fez parte da resistência clandestina ao ocupante nazista, me disse sobre a floresta de Compiègne: "A história sempre passou por ali". Senti um arrepio.

Comte (Auguste) – Nenhum filósofo certamente teve mais influência sobre o Brasil do que o francês Auguste Comte (1798-1857), nascido em Montpellier. Chamado de pai do positivismo, filosofia que valoriza a educação, a ciência, o conhecimento, Comte foi o guru dos homens que implantaram a república no Brasil. No Rio Grande do Sul, a influência dele foi de Júlio de Castilhos a, em menor grau, Getúlio Vargas. A república velha positivista gaúcha durou quase trinta anos e só começou a acabar com a guerra civil de 1923, que selou o fim das reeleições do cacique Borges de Medeiros. Para Comte a humanidade avançava do estado teológico ao positivo, passando pelo metafísico.

Se Comte era um pacifista defensor da transparência, os positivistas gaúchos o adaptaram às necessidades locais, recorrendo à degola para eliminar sem gastar pólvora os seus inimigos. Da mesma forma, pregaram "viver às claras", conforme recomendação do mestre, salvo em questões eleitorais, resolvidas com o uso imoderado das fraudes. Em Porto Alegre, Rio de Janeiro e Santiago do Chile ainda existem templos positivistas. Afinal, Comte precisou inventar a sua religião da humanidade para colocar sua amada platonicamente Clotilde de Vaux no lugar da Virgem Maria. O ano de 1845, em que conheceu a sua deusa, foi batizado por ele de "ano sem par", sobre o qual escreveu: "Apenas a ti, minha santa Clotilde, estou reconhecido por não sair desta vida sem ter experimentado as melhores emoções da natureza humana. Um ano incomparável fez surgir espontaneamente o único amor, puro e profundo, que me era destinado. A excelência do ser adorado permite-me, na maturidade, mais favorecida do que a minha juventude, vislumbrar em toda a sua plenitude a verdadeira felicidade humana".

Pode-se visitar em Paris (10 rue Monsieur Le Prince) a casa onde Auguste Comte viveu, no Quartier Latin, de 1841 a 1857, que é agora o Museu Auguste Comte, onde ele escreveu sua obra máxima, *Curso de Filosofia Positiva*, e recebia visitas de sua musa Clotilde, abandonada pelo marido, o endividado Amedée de Vaux, que se mandou para a Bélgica depois de se endividar no jogo. As regras da época impediam a infeliz mulher de divorciar-se e dizer "vida que segue". Por sua vez, Comte havia deixado a sua mulher, como ele mesmo escreveria na época do seu testamento, “a mulher indigna de quem me separei irrevogavelmente em 5 de agosto de 1842, após 17 anos de sofrimento íntimo”. Comte viveu em mais onze lugares em Paris. O visitante positivo ou positivista precisa saber que existe uma Chapelle de l’Humanité (Capela da Humanidade) em Paris (5 rue Payenne), em cuja fachada se lê “O amor por princípio e a ordem por base, o progresso por fim”. Na bandeira brasileira, nossos positivistas castos ou romanticamente constrangidos cortaram o amor. A Igreja Positivista do Brasil comprou o prédio mais tarde, por iniciativa do influente Teixeira Mendes, para o culto imaginado por Comte. Clotilde teria alugado um apartamento, em 1846, nesse edifício. Há controvérsia. Auguste teria morado no número 7 de mesma rua, onde almocei com Armand e Michelle Mattelart. Sites, inclusive a Wikipédia, descrevem a capela com seus 14 arcos góticos, sendo o último dedicado a Heloísa, a musa de Abelardo. Tudo a ver.

A paixão de Auguste por Clotilde foi tão grande que ele pedira aos seus discípulos que, depois da sua morte, venerassem a poltrona vermelha onde ela se sentava quando o visitava, um “altar doméstico”[1]. Comte incluiu no testamento um aditivo secreto relativo à esposa, que, mesmo lhe legando uma pensão, queria manter longe dos seus bens. A moça era prostituta na época em que se encontraram. Ela

---

[1] O viajante curioso pode ler o artigo de Bruno Gentil, “La maison d’Auguste Comte, témoin de l’histoire du positivisme” em https://journals.openedition.org/sabix/341#tocto1n1.

lutaria pelos seus direitos de viúva acusando o marido de ter enlouquecido no final da vida, pois, sendo ateu, fundara uma religião um tanto esquisita.

O apartamento do Quartier Latin, que era alugado, Comte legaria em testamento para sua empregada Sophie Thomas, que adotaria como filha, com a seguinte condição: "Esta eminente proletária manterá, para meu sucessor, no seu estado atual, às custas da Igreja Universal, o santo domicílio onde surge e se realiza a evolução religiosa do positivismo, cujos ritos sagrados continuarão a ser ali celebrados até ao advento de um templo especial". O engenheiro químico brasileiro Paulo Carneiro seria quem, nos anos 1940, salvaria a propriedade sagrada de Comte de escapar do controle dos positivistas por falta de recursos. Uma brasileira, nascida no Rio Grande do Norte, a intelectual Nísia Floresta, também teria mexido com o espírito de Comte. Um busto de Auguste Comte reina solitário na Praça da Sorbonne, hoje chamada de Sorbonne Velha, no Quartier Latin, por onde passam sem parar estudantes, turistas e obviamente brasileiros positivistas.

A influência do positivismo junto aos gaúchos foi tão grande que um personagem do escritor Luiz Antônio de Assis Brasil decide cortar de vez o laço e vai a Paris mijar na parede da casa do filósofo. Comte havia aconselhado Napoleão III a instituir a ditadura positivista. Júlio de Castilhos, conforme o historiador Décio Freitas, a implantou no Brasil, uma ditadura constitucional na qual o legislativo só se reunia para aprovar o orçamento anual. Há muito que se ver em Paris.

Auguste Comte está enterrado no Père-Lachaise, em Paris, para quem gosta de visitar cemitérios cheios de celebridades eternas.

Comté – Digo e repito: é o melhor queijo francês, entre os mais de trezentos tipos que o país se orgulha de produzir. Digo e repito sem ter experimentado todos, especialmente sem ter comido aqueles que se precisa guardar, no inverno, pelo lado de fora da janela para que o cheiro não torne o sono impossível. O comté é cheiroso, durinho, fácil de comer, agradável, embora forte, feito de leite cru selecionado de vacas Montbéliarde ou Simmental, delicioso. É típico das terras altas do Jura e de Doubs, na região da Bourgogne Franche-Comté e Ain. Segue as rigorosas regras de produção fixadas e controladas pelas autoridades, tem selo de qualidade (AOC) e atinge o seu melhor momento de consumo entre agosto e março. Trocando em português, é bom demais. Especialistas recomendam que seja acompanhado de um vinho frutado, tipo beaujolais, não necessariamente o famoso beaujolais nouveau, vinho de estação. Também vai bem com alguns brancos e principalmente com um vinho amarelo, os dourados do Jura, Arbois, Château-Chalon, Côtes-du-Jura, L'Étoile, feito da uva Savagnin, que dorme mais de seis anos em caves antes do consumo, sendo rotulado nas melhores narrativas de "vinho do mistério", assim como o queijo comté, manjar divino que não fica pronto para consumo antes de 120 dias, podendo chegar a dois longos, lentos e certeiros anos de preparação. Só pode ser bom.

Sem fazer literatura de vinhos e queijos, com aromas de pinheiro na primavera e aveludados de toda ordem, tenho a dizer que o comté, com suas vacas de raças escolhidas, garante o sucesso de qualquer *happy hour*, que para os franceses será sempre uma *soirée*, o que, nos tempos de Machado de Assis, era um sarau ou, nos dias que correm, os de hoje, e como correm, voam, aceleram, um encontro bacana sem a necessidade de prato principal e das formalidades da mesa posta.

Recebíamos amigos em fim de tarde em nosso *studio* de 25 metros quadrados, em Montparnasse, com as paredes cobertas por um carpete roxo – a simpática proprietária Florence fora jovem nos psicodélicos anos 1960. Servíamos comté e um chardonnay. O espaço se ampliava.

Abriam-se algumas janelas da percepção.

Concorde (Place de la) – Para mim, que prezo detalhes e certa imponência para fotografia, a Praça da Concórdia é um dos melhores cartões-postais de Paris, entre o Louvre, o Jardim das Tulherias e a Champs-Élysées, com acesso para a Igreja da Madeleine, Assembleia Nacional e para o Grand Palais, palco de passeios românticos e de mortandades pelo método ecológico da guilhotina. Ali rolaram as cabeças de Danton e Robespierre, numa época em que quem guilhotinava num dia era guilhotinado no outro, e de Maria Antonieta e do seu real marido Luís XVI. Maria Antonieta teria sem querer pisado no pé do carrasco e dito: “Perdão, senhor”. Essas seriam as suas últimas palavras. O rei, porém, teria bem preparado o seu discurso final: “Morro inocente de todos os crimes que me são atribuídos. Perdoo os autores da minha morte. Rezo a Deus para que o sangue que vocês vão derramar nunca caia sobre a França". Não foi atendido. Já a cabeça de Robespierre foi mostrada ao povo, que delirava e aplaudia.

A Palma de Ouro poderia ser concedida a Danton, que morreria desafiando o carrasco e seus inimigos: "Mostre minha cabeça ao povo, ela vale a pena". A guilhotina conheceu outros lugares: Praça do Carrossel, Bastilha, Nação. Na atual Concórdia foram 1.119 guilhotinados, inclusive Lavoisier, aquele da frase clássica, nada se perde, tudo se transforma, transformado em cadáver diante de todos.

Inaugurada em 1772, batizada como Praça da Concórdia em 1795 para simbolizar uma reconciliação impossível, depois da fase do terror, tem no centro, desde 1836, onde um dia reinou a estátua de Luís XVI, o Obelisco de Luxour, de 22 metros de altura e 3.300 anos de existência, feito da rocha rosa sienita, com 230 toneladas. É a peça em exposição mais antiga de Paris, vista hoje, no auge dos estudos decoloniais, por muitos como a prova a céu aberto dos saques dos colonizadores por onde passavam, no caso, o Egito, embora tenha sido presente do vice-rei Méhémet Ali a Carlos X. Em 1998, como símbolo dos novos tempos, recebeu uma touca de ouro financiada pela Fundação Pierre Berge-Yves Saint Laurent. Vasta, com 7,56 hectares, a Place de la Concorde foi chamada no momento certo de Praça da Revolução. Hoje, tem roda-gigante, ar pacífico, atmosfera sofisticada e turistas apaixonados disposto a filmar tudo o que já foi filmado. O viajante obstinado pode tentar decifrar os hieróglifos do obelisco de Luxour.

Estrela de cinema, o cinéfilo pode ver a Concorde, antes ou depois de partir, até em *Star Trek* e, claro, em filmes sobre tudo que aconteceu a partir de 1789. Ela aparece com frequência na obra-prima de Marcel Proust, *Em busca do tempo perdido*. Afinal, o narrador era um personagem dos Champs-Élysées: "Françoise estava com muito frio para ficar parada, fomos até a Ponte da Concórdia para ver o Sena tomado, do qual cada um, até as crianças, se aproximou sem medo, como de uma imensa baleia encalhada, indefesa, prestes a ser esquartejada".

Uma vez, convenci François Furet, historiador da Revolução Francesa de 1789, a ir até a Praça da Concórdia comigo para uma aula *in loco*. Fazia muito calor. Batemos em retirada para um café. Com ele aprendi que o passado de uma ilusão, título de um dos seus livros, é uma utopia sem futuro. A roda-gigante girava. O sol parecia fixo.

Confit de canard – Nenhum prato francês me satisfaz mais do que a tradicional coxa de pato. Conhecido desde a Idade Média, ou mesmo da antiguidade, forte no sudoeste da França, o *confit de canard* tem suas regras de preparação: cortado em pedaços, marinado durante doze horas, cozinhado lentamente na sua própria gordura, finalizado em forno ou frigideira, a coxa de pato fica crocante e dourada. Jovens podem achar esse prato "ringard" (cafona), as novas gastronomias podem considerá-lo gorduroso, ambientalistas e vegetarianos condenam o destino dos pobres patos, reservas e ressalvas não faltam. Existem diversas maneiras de prepará-lo e de temperá-lo com diferentes ervas. O sal fino é o que melhor serve. Sou fã do modo mais tradicional possível. Cada vez que retornamos ao Brasil, não deixamos de comprar no aeroporto mesmo latas de coxas de pato em conserva para comer em casa. Capaz de parecer contrabando! Vai bem com um vinho Tannat, comum no Uruguai, e menos comum na França. Entre os tintos do sudoeste da França aconselhados para acompanhar o *confit de canard* são citados, por quem entende do riscado, Gaillac, Buzet, Cahors e os Bordeaux: Lussac-Saint-Emilion, Graves, Médoc, Haut-Médoc e Saint--Emillion. Duro é escolher. Os tintos gaúchos não fazem feio com coxa de pato, inclusive os produzidos nos lindos campos da minha Palomas, em Santana do Livramento, no coração do pampa, a 20 quilômetros do Uruguai.

O viajante meticuloso deve ir ao sudoeste da França para comer *confit de canard* no seu ecossistema natural: a cidade de Bordeaux é perfeita para isso. Toulouse, a cidade rosa, não deixa por menos. Em Bordeaux já me fartei no *Chez Dupont*. Em Toulouse, no *Colombier*. Em Paris, um lugar para bolsos e cartões de classe média é o *Polidor* (14 rue Monsieur Le Prince), próximo da casa de Auguste Comte. O resto fica por conta de cada um. Na época que atuava como correspondente internacional e aproveitava viagens para solitariamente matar minha vontade de repetir delícias locais, como muita coxa de pato nas boas casas do ramo pelo interior da França. Tradicional, nesse sentido, ao extremo, como *confit de canard* escutando clássicos de Charles Trenet. Dado que este dicionário amoroso não é um guia de viagem, nem sou um gourmet, falo mais de minhas sensações, lembranças e gostos pessoais.

Uma vez, levei um carioca para comer *confit de canard* no Le Select. Era um empresário moderno. Só falava em novidades tecnológicas. Desconfiava dessas comidas do "antigo regime", como ironizava. Insisti. Gostou tanto que se disse pronto para voltar ao Brasil, interrompendo uma viagem que deveria durar mais uma semana.

– Que houve? – perguntei.

– Preciso começar imediatamente uma criação de patos no Brasil.

Conquista do presente (A) – Publicado no Brasil pela editora Rocco (1984), tendo sido lançado na França pela PUF (1979), *A conquista do presente* tem a assinatura de um dos mais importantes sociólogos franceses da atualidade, Michel Maffesoli. Em certo sentido, todos os temas do pensador estão contidos nesse que é um dos seus primeiros livros. Em 1985, recém-formado em história e em jornalismo, entrei numa livraria da universidade e me deparei com um volume de capa azul com o título em questão. Saturado do futurismo dos meus amigos marxistas e cansado do passadismo de muitos autores, folheei o livro com muita curiosidade. Ao ler, já na abertura, que era possível pensar sem projetar a "verdadeira vida, a sociedade perfeita, o paraíso ou o amanhã que canta", eu me disse: "Esse é o cara". O livro mudaria a minha vida. Eu viria a conhecer o autor e a fazer doutorado e pós-doutorado com ele em Paris. Hoje, Maffesoli é mestre e amigo.

Coquelicots – Um dos mais famosos e belos quadros de Claude Monet, exposto no Museu d'Orsay, pintura a óleo de 1873. Ao viajante sensível, sugiro que tire meia hora para ficar diante dessa tela. Ou, se vier a morar em Paris, faça como eu: vá uma vez por mês apreciá-la. Monet conseguiu resolver o problema da quadratura do círculo. Fez um quadro que une alta sofisticação e simplicidade absoluta: uma mulher (sua esposa Camille) com sua sombrinha azul de lado e uma criança (seu filho Jean) num campo de *coquelicots* (papoulas), essas flores vermelhas de beleza luminosa, realçadas pelo talento do impressionista, em contraste com o azul, o verde, o restante. Foi nossa amiga Suzanne quem me ensinou o gosto por Monet. A última vez que a encontrei, em Saint-Germain-des-Prés, pouco antes da sua morte, ela, que já vivia mais tempo na rua, custou a me reconhecer. Briguei com um garçom para que ela pudesse tomar um café comigo. Finalmente, saindo de algum abismo da memória, ela me perguntou com um fio de voz: "Monsieur Machado, o senhor já foi ver *Coquelicots*, não foi?"

Cumpri a promessa.

Corinto (Os últimos dias de) – Traduzi esse belo livro de Alain Robbe-Grillet, apelidado de o "papa do Novo Romance", um estilo literário que dominou a França certa época. Na apresentação do livro, escrevi: "Uma lingerie ensanguentada, um sapato azul de baile na areia da praia, uma adolescente bronzeada negociada com um estranho personagem saído dos subterrâneos da Europa. Um crime. História policial envolvente e sofisticada, mescla a vida de um caçador de exotismo, numa aventura plena de enigmas no sul do Brasil, passando por Santa Catarina e pelo Rio Grande do Sul, com reflexões sobre a morte, a guerra, a solidão e a literatura. No livro, tudo é mistério, tudo é paixão, tudo é perigo". Releio e percebo o frescor da narrativa.

Mestre das palavras, Alain Robbe-Grillet não se contentou em ajudar a inventar o Novo Romance – a última grande experiência literária europeia com repercussão mundial –, decidiu criar também uma Nova Autobiografia, na qual passeia o homem Grillet, figura o acerto de contas com os «amigos» do Novo Romance (Duras, Simon, etc.) e, acima de tudo, desfilam histórias memoráveis. Sobrou lugar de coadjuvante até mesmo para D. Pedro II. Nas páginas policiais de *O Globo*, lido em permanência por *Corinto*, Michel Foucault é citado em função de um caso com um ascensorista do hotel Leme, no Rio de Janeiro. Com Foucault e Roland Barthes, de resto, Robbe-Grillet faz suas primeiras incursões pelas salas de strip-tease de Hamburgo e de Pigalle. Entre a narrativa autobiográfica, a retomada de fragmentos da própria obra e a instalação de um novo cenário ficcional, o livro mostra-se atravessado pela angústia da duplicação. É literatura pura, na veia, transbordando de sutileza e de elegância nas frases inacreditavelmente belas. Uma organização clandestina, um complô internacional, nazistas em fuga, belas prostitutas a serviço da polícia, um homem que encontra o seu duplo e perde a si mesmo.

Elogio das ruínas, *Os últimos dias de Corinto* (Sulina), libelo contra a coerência reducionista, estética dos estilhaços, vertigem de sonhos e delírios, eis um texto que apaixona na sua clareza irrefutável e derruba os clichês a respeito do obscurantismo dos protagonistas do Novo Romance. Enquanto prende pela aventura, conta uma parte fundamental da história editorial francesa do século XX, com suas lutas fratricidas. Literatura com sabor de existência. Está valendo para quem queira penetrar no delicioso mundo cultural francês.

Coubertin (Pierre) – Nascido em Paris, em 1º de janeiro de 1863, o inventor dos jogos olímpicos modernos morreu em Genebra, em 2 de setembro de 1937. O cronista brasileiro Machado de Assis foi contra a ideia de Coubertin de reeditar os jogos olímpicos da velha Grécia. Em 17 de março de 1895, Machado de Assis escreveu: “Também a arqueologia é ciência, mas há de ser com a condição de estudar as coisas mortas, não ressuscitá-las. Se quereis ver a diferença de uma e outra ciência, comparai as alegrias vivas do nosso Jardim Zoológico com o projeto de ressuscitar em Atenas, após dois mil anos, os jogos olímpicos”.

Machado de Assis era um crítico enfático e duro: “Realmente, é preciso ter grande amor a essa ciência de farrapos para ir desenterrar tais jogos. Pois é do que trata agora uma comissão, que já dispõe de fundos e boa vontade. Está marcado o espetáculo para abril de 1896. Não há lá burros nem cavalos; há só homens e homens. Corridas a pé, luta corporal, exercícios ginásticos, corridas náuticas, natação, jogos atléticos, tudo o que possa esfalfar um homem sem nenhuma vantagem dos espectadores, porque não há apostas. Os prêmios são para os vencedores e honoríficos. Toda a metafísica de Aristóteles. Parece que há ideia de repetir tais jogos em Paris, no fim do século, e nos Estados Unidos em 1904. Se tal acontecer, adeus, América! Não valia a pena descobri-la há quatro séculos, para fazê-la recuar vinte".

Coubertin, por seu turno, achava que o papel das mulheres nos jogos olímpicos devia se restringir a "coroar os vencedores". Várias vezes ele se manifestou sobre o assunto: "impraticável, desinteressante, antiestético, e não hesitamos em acrescentar: incorreto, tal seria, em nossa opinião, uma olimpíada feminina". Em 1928, confessou: "Quanto à participação das mulheres nos Jogos, continuo hostil a ela. Foi contra a minha vontade que elas foram admitidas a um número crescente de testes". Em 1935, cravou: "O verdadeiro herói olímpico é, aos meus olhos, o homem adulto individual". Coubertin, nesse quesito, era um homem do seu tempo, ou seja, atrasado, não estando, visionário que era, à frente dele.

Historiador e pedagogo, o barão Pierre de Coubertin era de família rica e nobre. No campo das lutas, atuou como árbitro de rugby.

Coupole (La) – Entrevistei Paul Virilio no célebre La Coupole, inaugurado em 20 de dezembro de 1927, com pista de dança a partir de 1928. No auge dos belos anos, a casa recebia gente como Pablo Picasso, Marc Chagall, Jean-Paul

Sartre, Simone de Beauvoir, Edith Piaf, André Malraux, Ernest Hemingway e Marlene Dietrich. A cada década o seu quinhão de nomes que se eternizariam no céu das artes, dos dias de Josephine Baker e Man Ray aos novos tempos. Para o viajante voraz, Paris é uma festa, de Hemingway, é a leitura certa para entrar no ambiente do Coupole, onde ainda em 2023 comi um dos melhores suprême de volaille à la crème de morilles (aves com creme de cogumelos morel) por razoáveis 22,50 euros. Como sobremesa, crème brûlée ou île flottante (ilha flutuante): amêndoas em flocos, caramelo com manteiga e sal. A carta de vinhos é um desafio à parte. Não se deve ter pressa.

Meu encontro com Virilio deu-se pouco depois do atentado de 11 de setembro de 2001, nos Estados Unidos, que chocou o mundo. Diante de um cálice de vinho branco, o pensador falou de sua "teoria do acidente", inventou o navio, inventou o naufrágio, do terrorismo que derrubara as Torres Gêmeas de Nova York e do que chamava de "bomba informática": "O acidente integral da internet está ligado ao desenvolvimento da internet. Mais uma vez, o que me interessa são os fatos, não as teorias. Por isso, vamos ao exemplo. Admitamos que amanhã o mundo inteiro, ao menos o desenvolvido, pois não me refiro aqui ao Terceiro Mundo, esteja conectado. De outra maneira: somos seis bilhões no Planeta; digamos que dentro de uma geração, ou seja, uns 20 anos, existam quatro bilhões de internautas, que o mundo inteiro, grosso modo, esteja na rede. É evidente que, nesse estágio, o menor acontecimento na internet, acidental, diz respeito ao mundo inteiro, no mesmo instante. O que é a interatividade? Eu disse, em *A Bomba informática*, que a interatividade está para a informação assim como a radioatividade está para a energia. A interatividade é a base da cibernética da internet. Mesmo se, neste instante, ainda não estamos no limite, a rapidez dos contatos entre os indivíduos, os portais, os motores de busca, tudo isso ainda é lento, mas a tentação, isto é, o objetivo da internet é de atingir a interatividade máxima. Isso significa desenvolver a bomba informática; em outras palavras, se o acidente é positivo, ele é multiplicador; se é negativo, ele é multiplicador e finalizador ao mesmo tempo. A única imagem aproximada desse fenômeno é o crack econômico, pois a economia consiste em informação". Paul Virilio fundia-se com a atmosfera do lugar.

Inesquecível para mim, mesmo tendo voltado ali com outros intelectuais. Talvez o impacto do 11 de setembro condicionasse a minha percepção, unindo pontos desconexos, Estados Unidos, guerra, arte, crise, grandes nomes do pensamento e da arte, tecnologia e medo.

Ainda hoje me pergunto: qual é o acidente da internet? A desinformação, as *fake news*? No Coupole, eu só via o passado.

Crème Brûlée – Terra de gastronomia e de restaurantes estrelados por Michelin, a França brilha na velha e na nova cozinha (*nouvelle cuisine*). Há pratos para todos os gostos e desgostos, assim como lugares acessíveis somente aos estratosfericamente ricos. Eu falo do mundo das pessoas reais, que viajam em classe econômica, pegam metrô, contentam-se com um hotel três estrelas, e olhe lá, gastam no cartão moderadamente (antigamente levavam o dinheiro escondido na cintura) e adoram uma *selfie* com um monumento ao fundo, especialmente a Torre Eiffel. Portanto, sou fã incondicional de *crème brûlée* (creme queimado). Gosto da suavidade, da crosta caramelada crocante, do aroma sutil e de quando entra em contato com a língua, com o céu da boca, enfim. Por alguma razão técnica ou mágica, acredito que nem mesmo franceses conseguem fazer, longe da França, essa sobremesa com o mesmo nível de qualidade. É como se ela só ficasse perfeita em seu habitat natural, no seu ambiente, mergulhada na atmosfera da França.

Conta-se que espanhóis juram ser os inventores desse doce espetacular, em francês, *a creme queimada*. Se foram, perderam a mão ou acabaram ultrapassados pelos vizinhos. Existem receitas inovadoras, modernas, sofisticadas. Como sempre, a tradicional é a que me pega: quatro ovos, 12 cl de leite, 35 cl de creme líquido, 70 g de açúcar refinado para o creme, 60 g de açúcar para caramelizar, uma colher de chá de extrato de baunilha. Nossa vizinha, que chamávamos inadequadamente de Madame Suzanne, quando pela etiqueta francesa deveria ser Madame X, ou Mademoiselle X, pelo sobrenome, pois havia envelhecido solteira, considerava, embora já não cozinhasse, ou talvez nunca o tivesse feito, vivendo entre seus jornais e livros, que para fazer *crème brûlée* no ponto certo era preciso ter a cultura francesa na alma. Como intelectual poliglota, irmã de diplomata e típica idosa solitária, com hábitos de acumuladora, ela tinha convicções inabaláveis e arroubos de três minutos. Detestava frases nominais em literatura, não fazia questão de dizer seu sobrenome, embora o soubéssemos pela caixa de correspondência, e amava *crème brûlée*, Balzac, Charles de Gaulle, a primavera e cartões-postais. Podia falar horas sobre as diferenças conceituais entre civilização e cultura.

Como misturar os ingredientes citados? Vá à França, entre num restaurante, deixe-se instalar confortavelmente pelo garçom implacável, mas eficaz, e, na hora da sobremesa, não hesite. Essa é a melhor receita. Ou seja, a melhor maneira de executá-la.

Cujas (rue) – Conhecida dos brasileiros, principalmente pelo hotel Cujas, durante muito tempo um modesto e cumpridor uma estrela barato e bem situado, serpenteando no coração do Quartier Latin, passando na lateral da Sorbonne e desaguando no boulevard Saint-Michel. Na esquina da Cujas com a Victor Cousin, no Hôtel des Trois Collèges, Gabriel García Márquez consumou uma das suas obras-primas. Na placa, lê-se: "Foi nesse hotel em 1957, que o escritor colombiano Gabriel García Márquez, Prêmio Nobel de Literatura em 1982, escreveu seu romance *Ninguém Escreve ao Coronel*". Como não querer passar uma noite ali?

Quando fui professor visitante na Universidade Paris IV, passamos uma temporada hospedados no hotel Cujas. Tenho afeição por essa rua. Era por ela que eu saía do anfiteatro Durkheim, onde Michel Maffesoli dava as suas aulas magistrais sobre imaginário e pós-modernidade. Eu saía cheio de ideias e ia encontrar colegas e amigos nos bares da rua Soufflot ou, principalmente, da praça da Sorbonne. Na época, onde hoje está o café Les Patios, no centro da esplanada, reinava o Escholier, onde um garçom parecido com Obélix nos recebia com perguntas invariáveis sobre o futebol brasileiro e nos oferecia a saideira de graça se estivesse nos seus dias de grande bom humor. Em 2023, numa noite agradável de junho, jantamos com Michel Maffesoli e Hélène Strohl ali. Era o retorno depois dos anos tristes da pandemia.

Jacques Cujas foi um jurista. A faculdade de direito está logo ali. Hoje, como parece só acontecer na França, o hotel Cujas se chama *French Theory* (18 rue Cujas). Apresenta-se como um lugar moderno, tendência, esse é o termo usado como argumento de venda. Como não querer passar por uma imersão teórica em seus quartos tão próximos do Jardim de Luxemburgo, da Sorbonne e do Panteão? Ao longo dos anos, vi muito figurão brasileiro hospedado na Cujas vagando por ali. Como a cabeça de Danton, valia a pena. Alguns até sonhavam com o Nobel.

Cuscuz "Mayie" com toque "Clélia" à moda de Montpellier (presente do meu amigo Philippe Joron) – Receita de cuscuz árabe (marroquino) transmitida à minha mãe Mayie (nome basco significando Maria) pela vizinha dela, Latifa, nos anos 1970. Aprendi com a minha mãe e adaptei, com algumas heresias.

Receita tradicional marroquina, à moda de Latifa (Marrocos):

Ingredientes:

1. Legumes: cenoura; cebola; tomates sem pele; extrato de tomate; abobrinha; beringela; salsão; repolho; nabos; grão de bico; grão de uvas secas.
2. Carnes: pescoço de cordeiro em fatias (a carne de carneiro é muito forte e firme). Mas é possível utilizar outras partes do cordeiro.
3. Acompanhamento: sêmola "árabe" (feita com trigo), tamanho médio ou fino.
4. Condimentos: molho Harissa (pimenta vermelha seca, alho, azeite, coentro e cominho). Condimentos em pó do "cuscuz árabe" (cominho, coentro, páprica, gengibre, canela e pimenta). É possível também acrescentar cardamomo, cúrcuma ou noz-moscada.

Receita amelhorada ou adaptada, à moda de Mayie (País basco): acrescentar pimentão vermelho, batata e pimenta basca (piment d'Espelette).

Receita amelhorada ou adaptada, à moda de Clélia (Nordeste do Brasil): acrescentar abóbora, salsichas defumadas (tipo calabresa, portuguesa, de Morteau ou de Montbelliard); preparar no final um pirão com o molho e farinha de Mandioca).

Modo de preparar:

- Refogar num caldeirão a cebola picada com as carnes, no azeite, durante 5 minutos. Acrescentar os tomates e o extrato. Depois de 3 minutos, mexendo, acrescentar 3 litros de água com uma colher de chá de Harissa e uma boa colher de sopa ou duas de condimentos em pó "cuscuz árabe". Deixar cozinhar durante 40 minutos, até as carnes começarem a ficar macias.

- Acrescentar os legumes em pedaços grandes, em função do tempo de cozimento deles (começar pelas cenouras e o repolho…). Deixar cozinhar 10/15 minutos. Tirar os legumes pouco a pouco, em função do cozimento (os legumes devem ficar meio firmes).
- Preparação da sêmola "árabe": tradicionalmente o modo de preparar é longo, numa peneira em cima do caldeirão, durante todo o cozimento. Mas tem o modo muito mais fácil e rápido: colocar numa vasilha o equivalente de 2 ou 3 taças grandes de sêmola. Acrescentar 2 colheres de sopa de azeite. Misturar bem com a mão. Molhar com uma taça de caldo e misturar ainda. Colocar a vasilha no micro-ondas durante 3 minutos. Depois, esfarelar com um garfo.
- Preparação do pirão: molho de cuscuz com farinha de mandioca, conforme o modo brasileiro.

Obs.: Sem perder de vista as origens, o sincretismo culinário esta à prova da "mocotoização" da vida. Adaptações e heresias. No País basco, fala-se de amelhorações ("recettes améliorées"). No caso das salsichas defumadas de porco, é preciso adapta a receita em função dos convites. Por exemplo, quando tiverem amigos de cultura árabe-muçulmana, é possível cozinhar as salsichas em pedaços num caldo separado. É ainda possível preparar na brasa "Merguez" (salsichas finas com carne de cordeiro e pimenta).

D

Dantec (Maurice) – Traduzi de Maurice Dantec (1959-2016) o seu monumental *Raízes do mal* (Sulina). Era um homem estranho, complexo, talvez nebuloso. Amigo de Michel Houellebecq, que fez a ponte entre nós dois, era gentil, embora aparentemente de poucas palavras. Morreu no Canadá, para onde se retirou depois do sucesso retumbante do *Raízes do mal*, história de um *serial-killer*. Escrevi sobre ele. Perguntei a jornalistas franceses o que pensavam dele. Tentei saber quem era.

Para escrever *Raízes do mal*, tal o esforço exigido para contar uma história de *serial-killers*, ele dizia ter feito um pacto com o diabo. Escritor de engajamentos e ideias, grande leitor de Gilles Deleuze, foi escolhido pela prestigiosa Gallimard como autor símbolo nas comemorações dos 50 anos da "Noire", famosa coleção de romances policiais em estilo vanguardista. Durante a guerra da Bósnia, Dantec foi ao teatro das operações para testemunhar os horrores do genocídio comunista. Defendeu os católicos croatas e os muçulmanos. Quando brigou com a Gallimard, que recusou um dos seus livros mais polêmicos, foi convidado pela Flammarion, que tentou censurar parte do texto. Dantec saiu batendo a porta para uma melhor. Não se dobrava.

A revista *Paris-Match* (uma Caras francesa) comentou: "Dantec é uma granada pronta para explodir disputada por todas as editoras". Antoine Gallimard, lamentando a perda, referiu-se a Dantec como "um dos maiores escritores atuais". A revista *Lire* concordou: "Maurice Dantec é um dos mais importantes escritores de língua francesa depois de 1945. A sua obra é fulgurante, visionária e polêmica, o que faz dele o mais admirado e o mais odiado dos escritores pela mídia". Patrick Raynal, ex-diretor literário da Gallimard, foi mais longe: "As pessoas ainda não compreenderam que Dantec é o maior escritor do século, de todo o século". Roqueiro, admirador da cultura norte-americana, o escritor fez de tudo par construir a sua mitologia.

Os seus livros passaram a ser estudados nas mais importantes universidades dos Estados Unidos. *Babylon Babies*, seu terceiro romance, foi adaptado para o cinema de Hollywood pela "XXth Century Fox" ao custo de 60 milhões de euros, com direção de Mathieu Kassovitz. Os seus livros saíam nos Estados Unidos pela Random House, cujo editor via nele "o maior escritor europeu atual e o herdeiro de Philip K. Dick". Em pouco tempo, Dantec vendeu mais de dois milhões de exemplares. Como era a literatura desse cara? Segue o começo de *Raízes do mal* como tira-gosto, aperitivo, exemplo, enfim, provocação.

"Andreas Schaltzmann começou a matar porque seu estômago estava apodrecendo. Não era um fenômeno isolado, muito ao contrário. Fazia algum tempo que as ondas cósmicas emitidas pelos aliens mudavam os seus órgãos de lugar. O cérebro dele foi submetido a um bombardeio de radiações com o objetivo de transformá-lo, como todos os outros, num robô sem consciência a serviço de uma maquinaria inumana."

Mais: "Havia alguns anos que os nazistas e os habitantes de Vega estavam instalados no seu bairro. Era certo que eles não ficavam só ali. Por toda parte, inclusive nos mais altos escalões do Estado, o complô das Criaturas do Espaço estendia as suas ramificações destrutivas. Andreas dava-se conta disso a cada dia olhando os programas de televisão. O apresentador de um jogo conspirava contra o Papa e contra o primeiro-ministro Balladur, tudo levando a crer que transformava as pessoas em bonecos. Nessa época, Andreas já havia raspado a cabeça para 'controlar o osso do crânio que mudava de forma', mas fazia algum tempo que usava um boné de beisebol para se proteger dos raios psíquicos. Naquela manhã, Andreas percebeu que seu estômago estava apodrecendo quando o tubo de pasta de dente começou a brilhar antes de se transformar em carne morta. Uma lama sanguinolenta com cheiro de esgoto escorreu entre os seus dedos formando um turbilhão em torno do ralo e fazendo um barulho incrível de sucção. Olhou-se no espelho e viu o espetáculo de um monte de carne viva rasgando-se em vários pedaços até se espalhar pelo chão."

Não resisto a um pouco mais: "Ele, que não dormia sem o boné havia vários meses, retorceu o pano desbotado e sujo repetindo a 'fórmula de proteção'. Por fim, fugiu, abandonando a casa. Passou o dia rodando pelas estradas e, ao cair da noite, deixou a A86 e pegou a nacional 305, no limite entre Choisy-le-Roi e Vitry. Ali perto a nacional se chamava Avenida Rouget-le-Lisle, mas, um pouco mais longe, ele sabia que entraria numa zona controlada pelas criaturas de Vega. Existiam campos de concentração por ali disfarçados de blocos residenciais para estrangeiros em trânsito ou de grandes HLM, esses alojamentos de interesse social e aluguel moderado, cujas iniciais significavam realmente 'Horizontaux Logements Mortels', segundo a nomenclatura secreta dos ministérios aliens: eram as grandes barras horizontais formadas pelos edifícios dos conjuntos residenciais de Balzac, Marroniers, Couzy e da Comuna de Paris. Schaltzmann sabia bem que se tratava de campos de morte lenta onde se apodrecia sem sair do lugar. Algumas vezes, perguntou-se quando os detentos se revoltariam de uma vez por todas como em Mauthausen ou em Sobibor."

Por fim: "Nessa noite, a senhora Dussolier abriu seu guarda-chuva ao sair de casa, no boulevard de Stalingrad. Um chuvisco, típico do final de setembro, começava a molhar o universo. Andreas rodava suavemente, meio derrubado pelos barbitúricos, mas de olho atento, à espreita, quando a viu nitidamente abrir a sua antena. Toda a avenida estava infestada de nazistas, de aliens e de muitas criaturas disfarçadas de seres humanos para espioná-lo tranquilamente. Os nazistas haviam devorado muita gente em Stalingrado e também tinham perdido muitos dos seus. Ali sempre fora uma das suas fortalezas. A mulher estava em comunicação com os satélites, uma armada de satélites lançada a cada ano pela conspiração das estrelas. Essa cadela de espiã o localizara e transmitia informações para os esquadrões encarregados de capturá-lo, se possível, vivo, a fim de enviá-lo diretamente para o inferno orbital onde sua carne serviria de alimento aos aliens antropófagos. Andreas guinou o volante e enfiou o pé no acelerador. A carroça velha deu um salto e um guincho de dor quando atingiu a calçada. A espiã só teve tempo de se virar e de abrir a boca. O choque produziu um ruído de saco de batatas. Ela voou de encontro ao para-brisa, a cabeça na frente, enquanto o corpo realizava um salto carpado para o alto. O rosto revelava uma incredulidade total antes de bater no vidro e no metal. Ouviu-se um splash e o corpo se espatifou contra o teto, dança efêmera de duas pernas grossas cheias de varizes socadas dentro de meias de seda marrom sob um vestido florido coberto de sangue. Um baque surdo acima da cabeça. Uma massa disforme caindo na calçada vista pelo retrovisor. O vidro ficou levemente trincado junto ao ponto de impacto, coberto por uma matéria vermelho-escuro que se misturava com a água da chuva expulsa pelo limpador de para-brisa. Imediatamente o carro atropelou as caixas expostas na frente de um mercadinho árabe. Ouviu-se um forte barulho de madeira molhada."

Um último parágrafo: "Um dilúvio de frutas e legumes derramou-se sobre o para-brisa e o capô: cenouras, pimentões, alfaces, maçãs, uvas, pêssegos e bananas. Era como se os tesouros de uma cornucópia generosa santificassem o seu ato. Andreas retirou-se da calçada vinte metros adiante e enfiou o pé no acelerador, passando um sinal amarelo bem maduro e deixando para trás um rastro vegetal. O comerciante árabe só teve tempo de correr do fundo do mercadinho para verificar os estragos e ver sumir um 'carro verde, ou marrom, modelo perua', ao final da longa reta que se estende junto aos armazéns laranja e azul da 'Foir Fouille'. O sinal estava aberto. O carro pegou à direita, para o lado da pista de patinação. Geneviève Dussoulier morreu ao dar entrada no hospital, em 22 de setembro de 1993, às 20h15."

Danton (Le) – Pode não ser o melhor restaurante de Paris, mas é bom, muito bem situado, de frente para a estação de metrô Odéon, pertinho do Jardim de Luxemburgo, da Sorbonne e de tantos lugares icônicos de Paris. A estátua do revolucionário Danton está bem ali para justificar o nome do lugar. As mesas, tanto na calçada quanto no interior, são bem apertadinhas, coladas umas nas outras como é costumeiro na França. Cada milímetro deve ser ocupado. Curioso é que a gente quase não ouve as conversas dos franceses. Eles falam muito baixo. Quando voltei ao Brasil, depois de dois anos sem vir, entrei num restaurante e achei que tinha uma manifestação ou comício dentro dele. Na França, não. O bom do Danton é o ponto de observação. O mundo passa por aquela esquina, em todas as direções, inclusive Saint-Germain-des-Prés. Na primavera, com a luz natural mais linda que se possa imaginar, é um quadro.

Um quadro impressionista. Pode-se comer bem por preços justos no Danton. Serve-se pão, como é costume, generosamente, o que atrai estudantes em viagem de iniciação. Pode-se escolher do *steak tartare*, para quem tem estômago forte – comi pela primeira vez em Colônia, na Alemanha, e nunca mais me atrevi, tendo ido a um show de Miles Davis com a sensação de ser o último para mim – a entrecôte com batatas fritas ou cozidas. Na falta de imaginação, depois de alguns dias, é sempre um lugar seguro. Muito o frequentei com minha amiga Fraga Tomazi, que me ajudou a preparar o original de meu primeiro livro publicado na França, *Brésil, pays du présent* (Desclée de Brouwer). Ela gostava do Danton, que achava prático, e marcava muitos encontros ali. Mesmo quando me recebia no seu apartamento na Avenida do Maine por uma semana, acabava fixando algum “rendez-vous” no Danton. Um dia gelado, quando eu deixava o tempo passar antes de ir para o aeroporto Charles de Gaulle, ela olhou a multidão passando e disse: “É como um rio”.

Já estava doente. Régis Debray, que mora perto, na rua do Odéon, também aparece por ali. Eu gosto de comer salsichas de Frankfurt no Danton. O mais fácil é escolher uma das fórmulas oferecidas e relaxar. Despretensioso, simples, movimentado, o Danton parece dizer: se está cansado de caminhar por Paris, espere Paris aqui.

Dauphine (Place) – Paris tem várias cidades dentro dela: europeias, africanas, asiáticas, modernas, tradicionais, até pequenas. Às vezes, num bairro, tem-se a sensação de estar na campanha. Passado e presente articulam-se espontânea ou calculadamente. Cada um diz bom dia e boa tarde ao vizinho, embora procure não se intrometer na vida do outro. Quando isso acontece, é guerra. De resto, reina a discrição. Tudo isso para dizer que a praça Dauphine, atrás da Sainte-Chapelle e do Palais de Justice, é quase indescritível de tão linda: sofisticada e simples, tranquila e fervilhante, linda e discreta, habitada por celebridades e frequentada por quem quiser, até com jogo de petanca em domingo.

Qualquer site dirá que ela é triangular, fica entre o Pont Neuf (Ponte Nova) e o Palácio de Justiça, na Ilha da Cidade (Île de la Cité), com 102 metros de comprimento e 67 de largura, diante da estátua de Henrique IV. Turistas muito ricos preferem a praça Vendôme. Outros, pelas dimensões, ficam com a Place des Vosges. Os grandiloquentes apaixonam-se pela Place de la Concorde. Menos gente se encanta com a Place des Victoires. Todas reais, todas majestosas. Eu me ajoelho diante da Place Dauphine. Se ficasse rico por ordem divina ou por pura sorte, mesmo se Deus não joga dados, comprava um apartamento ali. Nela, vi o já velho ator Jean-Paul Belmondo acariciando os cabelos de sua filhinha. Tive a grandeza de não atrapalhar. Como me arrependo! Não, nem tanto. Comer escargot no Le Caveau du Palais é bom demais. Dá uma sensação de tranquilidade.

Já escrevi várias declarações de amor a esse lugar, ia dizer lugarzinho charmoso: na Place Dauphine, incrivelmente, eu me sinto em Palomas. O sol brinca com as folhas muito verdes das árvores. Um vulto surge, todo de preto, na calçada oposta. É meu amigo Yves Simon, cantor e escritor famoso na França. Atravesso correndo para abraçá-lo.

É um momento de emoção. Yves adivinha:

– Aposto que vieste comer um *confit de canard*.

– Com escargots de entrada – digo.

– Sem foie gras?

– Estou numa fase escargot – explico, enquanto Yves desvia-se das mesas para abraçar minha mulher, Cláudia.

Falamos de literatura. Traduzi para o Brasil um dos seus melhores romances, *O próximo amor* (Sulina). Vai me enviar seu novo livro. Afasta-se lentamente. Ficamos falando dele por alguns minutos. Depois, os cheiros, os temperos e os sons dominam nossos sentidos. A menina corre atrás da cadela, que rosna. A voz de Belmondo ruge:

– *Corail, Corail*!

A Place Dauphine fica, então, no centro de Palomas.

Ah! Já ia esquecendo: a menina é Stella, filha de Belmondo, nascida em 13 de agosto de 2003, quando o autor tinha 70 anos de idade. Corail é sua fiel amiga de longa data, presente de Brigitte Bardot. Que mundo pequeno. Nada mais do que uma aldeia com muitos bichos de estimação. Se tivesse lua, eu teria cantado um pouco.

Place Dauphine, je t'aime. Louvado seja o delfim, Luís XIII.

Faço associações livres: Place Dauphine, Belmondo, cinema. Recomendo rever *O Acossado*, de Jean-Luc Godard, obra-prima da *Nouvelle Vague*. Falando assim, pareço muito cabeça. Sou apenas um passante.

Debord (Guy) – O mais importante teórico da comunicação da história sem nunca ter pensado nessa possibilidade. Autor de *A sociedade do espetáculo* (1967), livro com 221 teses, fragmentos cortantes e certeiros como o número 4: "O espetáculo não é o conjunto de imagens, mas uma relação social entre pessoas *midiada* por imagens" ou o 12, onde crava: "O espetáculo não diz nada além de, o que é bom aparece, o que aparece é bom". Criador de uma Internacional Situacionista (1957), marxista com laivos anarquistas, cineasta até de filme sem imagens, *Uivos em favor de Sade*, influenciou o movimento de maio de 1968 e continua me influenciando todos os dias. Suicidou-se em 1994. Crítico da midiatização da vida e da conversão de tudo em mercadoria, teve sua morte, homenagem ao grande intelectual que foi, altamente midiatizada. Não tive coragem de interromper a sua reflexão num café de Montparnasse. Eis o maior arrependimento de minha vida inteira.

O viajante de fino trato não pode deixar de ler Debord.

Debray (Régis) – Personagem mítico, autor de dezenas de livros, nome de proa da chamada "teoria do foco" usada por guerrilheiros na América Latina, Régis Debray é um homem simpático e de conversa agradável e amena. Consegui que fosse palestrante em Porto Alegre no final dos anos 1990. Correu o boato de ameaça de bomba. Num mês de maio mais recente fomos visitá-lo no seu apartamento, passados vinte anos de nosso primeiro encontro. Ele nos recebeu com alegria e bonomia.

Sintetizei ao retornar ao hotel: Debray passa a maior parte do tempo na sua casa de campo, a 60 quilômetros da capital francesa, no caminho para a Normandia. Tornou-se bem-humorado, cético, com deliciosas tiradas cínicas e um olhar mais relativista e generoso sobre as coisas. Amigo de Fidel Castro, precursor de aventura de Ernesto Che Guevara na Bolívia, onde caiu prisioneiro em 1967, criador da teoria do foco revolucionário, pela qual um grupo minúsculo de guerrilheiros convictos poderia incendiar e tomar um país, está na fase do inventário pessoal em tom literário, gênero em que é mestre.

Ele tinha acabado de lançar *Balancete de falência* (Gallimard), um pequeno livro dedicado a aconselhar o filho Antoine, então com 16 anos, nas suas escolhas profissionais e de vida. Na verdade, um pretexto para se declarar incompatível com a vida moderna, admitir seus erros e rir das suas utopias. Aproveitei para questioná-lo sobre o seu passado revolucionário. De quem esteve mais próximo, de Fidel ou de Che? Resposta direta: "Do Fidel. Fui amigo dele. Convivemos muitos anos. Fui para a Bolívia procurar um lugar para a guerrilha do Che por incumbência do Fidel". Ainda pensa em Cuba? "É página virada. Encerrei esse capítulo. As revoluções envelhecem mal. A causa é sempre boa, o élan, maravilhoso, o regime nem tanto". No seu livro, Debray lamenta que o lugar escolhido por ele no norte da Bolívia para a instalação da base de Che Guevara tenha sido preterido por outro, ao sul.

Dessa experiência radical ele diz ter aprendido que não se deve meter o nariz na vida alheia e que o estrangeiro será sempre estranho e invasor nas revoluções e metamorfoses, mesmo necessárias, dos outros. Guardou a cicatriz de ter sido declarado *persona non grata* quando criticou o regime dos antigos amigos. Debray foi guerrilheiro, filósofo, escritor, conselheiro de François Mitterrand, intelectual, celebridade de tamanho médio, criador de uma disciplina, a midiologia, e consultor. Só queria ser romancista. Ensinaria: "Só comunica bem quem usa transporte público". Recordaria: "Do que Che me pediu para dizer a Fidel não me lembro. Só me recordo que me pediu um exemplar de *Ascensão e queda do império romano,* de Edward Gibbon, que eu não conhecia nem sabia onde encontrar. Na França, quando pensamos nesse assunto, pensamos em Montesquieu. A prisão me liberou da tarefa".

A tarde avançava na primavera de Paris e eu não queria ir embora. Cláudia me alertou para o horário. A nossa conversa espiralava-se como uma serpente que dança. Perguntei-lhe o que pensava de maio de 68. Sorriu. Parece viajar no tempo. Teria gostado de estar em Paris naqueles dias de revolta. Mas a sua revolução era mais grave, de armas na mão, na América do Sul, onde seria salvo da morte por um desconhecido, um certo capitão Ruben Sanchez. Em 1978, chegou a rotular maio de 68 de burguês. Depois, ficou mais indulgente. Havia alegria e sonho na aventura que não viveu. Que utopias carrega esse homem que tanto viveu? Nenhuma. Considera o governo de Emmanuel Macron um melancólico e insosso projeto de direita. Lamentava a chegada de Donald Trump ao poder. Citava Claude Lévi-Strauss para se definir: "Sou, como disse Lévi-Strauss, feito certas cidades brasileiras que passam do estágio de canteiro de obra ao de ruínas sem ficar prontas. Passei da adolescência à obsolescência sem passar pela maturidade".

Intelectual para Debray é aquele que acusa, denuncia, aponta o dedo, como fez um dia o escritor Émile Zola, no célebre "eu acuso", para denunciar a armação contra o oficial judeu Dreyfus, acusado de traição. Sem querer se impor, Debray acusa a "sociedade do espetáculo", expressão de Guy Debord que não usa, prefere falar em "Estado espetáculo", de sufocar pensadores, intelectuais e promover jogadores de futebol e artistas à condição de influenciadores do novo mundo. Vê o livro se converter em objeto de coleção, a cultura se transformar em lazer, os desejos de 68 se tornarem produtos. Perguntei o que restava daquele espírito de insubordinação? Soltou outra gargalhada: "O capitalismo. O triunfo do desejo como mercadoria".

Entre quadros e livros, o ex-guerrilheiro já pensava na volta para a campanha, onde curte a natureza, as velhas leituras e os antigos amigos. A velhice, ensinaria, diminui as ligações telefônicas a atender, extermina os pedidos governamentais de relatórios que não serão lidos pelos ministros, interessados apenas na foto durante o evento de entrega do material, e liberta das conveniências sociais. Dá para se vestir livremente, dormir até mais tarde, adiar a conclusão de um texto, abandonar uma ideia e parar tudo para ouvir um velho disco.

Balanço suave e espirituoso: "Apaixonado demais pelo romanesco para ser deputado; desejoso demais de ação para ser intelectual; excessivamente reflexivo para ser artista". Poderia ter sido diplomata? Resposta, como no seu livro, citando Clémenceau: "Para ser embaixador não basta ser idiota, é preciso também ser polido". Quando esteve em Cuba pela última vez? Em 1989. Silêncio. Acompanha a situação atual da Ilha? Pelos jornais. Manteve contato com Fidel até o fim? Por intermédio de amigos. A União Europeia é a última utopia? A utopia possível? Sorriso amarelo: "Se for, o despertar será ruim".

O velho cansado de guerrilha aplaude o filho adolescente por ter escolhido as ciências duras, terreno onde a "história não gagueja e cada mérito merece esse nome e cada descoberta é uma lenda", e não a imprecisão das ciências sociais ou os desafios impiedosos da literatura ou da filosofia. Impregnado por seu livro, que chama de "mon petit livre", Régis Debray falava com simplicidade, retomando o que vinha dizendo para jornalistas, rindo das boas fórmulas salpicadas em seus escritos, ele que adora os jogos de palavras, os trocadilhos e as frases inteligentes, contando anedotas. Já não se interessava por viagens longas, sofre com fuso horário. Despede-se gentilmente:

– Sempre me mande notícias da América Latina.

A meia quadra do edifício do agora pacato e reflexivo Régis Debray, brilhando na tarde ensolarada de maio, um cartaz provocava:

– Façamos a revolução!

Sempre que passo na rua do Odéon confiro o número do seu edifício. Lembro-me da primeira vez em que entrei ali. Régis Debray, com uma bela camisa azul, me disse: "Obrigado por ter vindo". Intitulei aquela entrevista "O guerrilheiro tranquilo". Modesto, afirmou: "Eu nada tenho a dizer sobre a América Latina". Ele havia participado de uma polêmica com o peruano Mario Vargas Llosa. Perguntei como ia o papel do Estado. "O Estado é capital. Ele nos protege da ditadura do mercado. O grande problema é de saber como se beneficiar da dinâmica do mercado sem ficar entregue à sua tirania, ou seja, a destruição de todos os núcleos de solidariedade e de desinteresse que dão à vida um sentido. Vargas Llosa defendia a ideia de que o mercado é o seu próprio fim e que se todo mundo quer ver filmes americanos é preciso aceitar. Os filmes franceses e outros não são competitivos. O papel do Estado é de estabelecer cotas, subvencionar e estimular a criatividade gerando condições à expressão das diferenças. A exceção cultural significa a exceção republicana. Evidentemente que o Estado não pode dizer o que um autor deve fazer. O Estado representa a solidariedade, a redistribuição, a igualdade diante da lei, a cidadania fundada sobre o direito do solo e um obstáculo à barbárie". Grande, Régis Debray.

Défense (La) – Centro financeiro, bairro pós ou hipermoderno, La Défense, com seus grandes blocos de vidro e aço, foi construída a partir dos anos 1960 e nunca parou de sofrer mutações ou acomodamentos tectônicos, caso essa imagem seja aceita. Situada a oeste de Paris, é o coração pulsante dos negócios, do dinheiro, das grandes empresas e do luxo ostentatório. Passear nas suas entranhas dá uma sensação de viagem ao espaço. Chega-se de metrô, mas quando se está no seu âmago tudo parece ter uma consistência especial, algo entre atmosfera de shopping center total e de bolsa de valores gigantesca, de mundo corporativo em escala montanhosa, de paraíso empresarial em dimensão sobrenatural. Atrai turistas como se fosse um museu importante.

Cada vez que vou até lá tenho a impressão de embarcar numa expedição antropológica ou arqueológica invertida, escavando o futuro, ou, ao menos, um tipo de futuro planejado algum tempo atrás. Não deixa de ser bonito, com essa beleza fria dos grandes edifícios reluzentes. Todos os números sobre La Défense são gigantescos: elevadores, escadas rolantes, empregados de terno e gravata, crachás, torres, escritórios, consumo de energia, líquidos consumidos e eliminados, enfim, tudo o que diz respeito à vida burocrática. La Défense é imperdível como distopia climatizada. O turista destemido não pode perder a Torre First, também chamada de CB31, o que já revela toda a sua poesia, com seus 2.312 metros de altura. Em 2025 ela perderá o título de torre mais alta para um imóvel de nome ainda mais poético, o edifício Link.

Déjeuner sur l'herbe (Le) – Por alguma razão que ainda não desvendei, considero Claude Monet como Chico Buarque. Já Édouard Manet, também impressionista, pintor desse *Almoço na relva*, eu vejo como Caetano Veloso. Resumo da provocação: uma mulher nua fazendo piquenique no bosque entre dois homens jovens bem vestidos. Todas as hipóteses são permitidas: golpe de Estado da modernidade contra a tradição? Chapeuzinho Vermelho comeu o lobo e foi passear na floresta com os amigos? Atenção, perigo: quando elogiei a bunda do David de Michelangelo tive as orelhas puxadas por pessoas sérias e refinadas.

Exposto em 1863 no Salão dos Recusados e logo retirado, provocou escândalo sempre que foi visto. A época era propícia para isso. Se, em 1857, Charles Baudelaire e Gustave Flaubert foram processados por atentados ao pudor respectivamente por *As Flores do mal* e *Madame Bovary*, Manet talvez tenha levado ao extremo uma expressão francesa: épater le bourgeois. Chocar o burguês. Não deu outra. A sociedade conservadora, conformista e moralista acusou o golpe. Manet, de certo modo, inaugurou o modernismo em pintura mesclando realismo, crítica social, impressionismo e um olhar muito singular. O academicismo sangrou até morrer. Ir ao Museu d'Orsay para ver esta grande tela de Manet é uma obrigação do viajante, seja qual for o objetivo da sua viagem. Mesmo os jogadores de futebol deveriam fazer a visita antes de estrear no PSG ou em qualquer outro clube francês. É desbundante.

Deleuze (Gilles) – Um dos maiores filósofos da história contemporânea da França. Jogou-se pela janela um dia antes da entrevista que havia aceitado me conceder. Imperativo ler dele *Diferença e repetição.*

Delon (Alain) – Quando soube que o ator Alain Delon queria morrer, aos 86 anos de idade, tomei um choque. Aquele que foi um dos homens mais bonitos do mundo (na minha opinião o mais bonito do seu tempo) gostaria de sofrer uma eutanásia, na Suíça, onde mora e a prática é legal. Jovem jornalista, correspondente na Europa, corri atrás dele. Nunca corri tanto atrás de alguém. Era o Festival de Cinema de Berlim. Um fevereiro de muita neve e frio. A Casa das Culturas do Mundo, no Tiergarten, o belo parque berlinense, parecia um cartão-postal de pontas embranquecidas. Andei atrás de Delon num pequeno cinema onde passavam todos os filmes em que havia atuado, depois no portão de Brandemburgo e no hotel onde ele estava hospedado, enfim.

Penso nele agora assim como penso em Brigitte Bardot. Ambos foram lindos. Tornaram-se um tanto amargos. Cobri muitas edições de festivais de cinema (Berlim, Cannes, Veneza). Havia trocado o esporte pela cultura. Buscava algo que me enchesse de esperança no jornalismo e no futuro. Corria atrás das celebridades do cinema e tentava agarrar a alma delas em poucos e consistentes minutos. Esse era o jogo. Em Veneza, entrevistando Geraldine Chaplin, senti que ela era uma mulher feliz, algo quase contagiante. Aquilo me veio como uma poderosa intuição. Disse isso a ela, que riu e falou com suavidade: "Estou serena, agora". Em seguida, ainda em Veneza, entrevistando Mario Vargas Llosa, contei-lhe da minha impressão da filha de Charles Chaplin. O grande escritor observou: "Há uma luz no rosto dela".

Delon parecia acossado pela enorme fama da qual continuava a desfrutar passados os seus belos anos. Leio agora entrevistas dele onde fala do seu desejo de morrer e sinto que está sereno. Pode, contudo, estar sereno um homem que se prepara para morrer? Falo de tudo isso e me lembro de uma crônica que escrevi há alguns anos.

Um rapaz – palavra de outro tempo – havia perguntado:

– Quem é esse Belchior que o senhor citou outro dia?

Aí, sei lá o que me deu na cabeça, falei de Marlene Dietrich, Greta Garbo, Vivien Leigh, Claudia Cardinale e Marilyn Monroe. Participei de uma coletiva com Sophia Loren. Queria muito ter entrevistado Claudia Cardinale, tão bela, no auge, quanto Alain Delon.

Em Cannes, quando entrevistei Béatrice Dalle, perguntei-lhe, já terminada a gravação, o que achava de mitos como Alain Delon. Respondeu com um muxoxo: "Um grande mistério". Há um enigma inicial: o sucesso. Alain Delon e Marlon Brando foram além do provável: sabiam atuar, fascinar e chocar. Só Deus pode roubar o último ato de Delon.

Deneuve (Catherine) – Deusa eterna do cinema francês, Catherine Deneuve mora na praça Saint-Sulpice, um dos cenários mais cinematográficos de Paris. Cada vez que passo ali, todo ano, faço de conta que vamos encontrá-la. Em quantos grandes filmes ela já atuou? Para mim o maior sempre será *Bela da tarde* (*Belle du jour*), de 1967, dirigido por Luís Buñuel, com Deneuve, a burguesa enfastiada que trabalha de tarde num bordel para se divertir, Jean Sorel, Michel Piccoli, Genenième Page e Pierre Clémenti. Adaptação do livro de Joseph Kassel pelo roteirista Jean-Claude Carrière. Filme inesquecível, robusto, envolvente, desses que marcam época e mentes.

Pude ver Catherine Deneuve pessoalmente no Festival de Cannes em que ela era vice-presidente do júri. Fiquei impactado pelo seu charme e por sua firmeza. As suas respostas pareciam sempre perfurar o centro do alvo: "Não acredito em fronteiras para a arte, mas tampouco sou favorável à homogeneização. O melhor para todos é a pluralidade. Precisamos, pela saúde do cinema, de circulação real e livre de filmes os mais diversos e vindos de todas as nações". Pergunta: depois de papéis extraordinários como em *A Bela da Tarde* e *Tristana*, a senhora, com mais de 60 filmes na bagagem, ainda encontra desafios realmente tentadores? Catherine Deneuve, a bela de sempre, didática: "Cada papel possui encantos e dificuldades profundas. A prova de que continuo a receber verdadeiros presentes como atriz é a minha participação em *Indochina*, de Régis Wargnier. Aprendi muito sobre um universo fascinante e redescobri a cada cena a alegria de ser atriz".

Boa de polêmica, Catherine Deneuve e sua turma, em 2018, saíram em defesa da paquera e da sedução num manifesto contrariando as estrelas americanas lideradas por Oprah Winfrey que, na cerimônia do *Globo de Ouro*, subiram o tom contra o assédio sexual e todas as formas masculinas de constrangimento. No popular, defenderam o direito à cantada malsucedida. Danuza Leão fez eco no Brasil ao coro das francesas. Muitos conservadores aplaudiram Deneuve na base do "esse politicamente correto está demais, não se pode brincar com cor ou sexo que alguém se ofende". Ela tratou de separar os tipos de queijos: "Aos conservadores, racistas e tradicionalistas que estrategicamente me deram apoio, saibam que vocês não terão nem minha gratidão, nem minha amizade, ao contrário". Mais: "Sou e vou continuar a ser uma mulher livre. Meu cumprimento fraterno vai para todas as vítimas de atos odiosos que puderam ter se sentido agredidas pela carta publicada no jornal *Le Monde*. É somente a elas que apresento minhas desculpas".

Derrida (Jacques) – Durante dois anos e meio acompanhei as aulas do filósofo Jacques Derrida na Escola de Altos Estudos em Ciências Sociais (EHESS), no boulevard Raspail. Ele falava baixo, o microfone funcionava mal (quase uma tradição francesa), a sala ficava repleta de gente, a calefação no ponto máximo produzia um ambiente pesado. Mesmo assim, eu não faltava uma semana. No meio desse aprendizado incomum consegui uma entrevista com o mestre, que aconteceu no seu gabinete no prédio principal da EHESS. Derrida tinha cabelos muito brancos algodoados, fumava cachimbo (tenho uma foto dele soltando baforadas entre uma resposta e outra) e não sonegava tempo ao entrevistador. Cada resposta era pensada e soprada minuciosamente. Ao final, pediu que fossemos mostrar-lhe a transcrição (em português) e as fotos tiradas por Cláudia. Escolheu uma delas e perguntou: "Estou bem nesta?"

Eram tempos de fotos em filmes, reveladas em laboratório. As escolhas eram limitadas: 36 fotos. Ele havia lançado um livro importante, *Espectros de Marx,* que eu trazia na ponta da língua. A influência dele era enorme, com grande força nos Estados Unidos. Por toda parte ele era o pensador da desconstrução e do multiculturalismo.

A entrevista saiu em *Zero Hora*, de Porto Alegre, com este título: "Jacques Derrida e as visões de Marx". Apresentação: nascido na Argélia, em 1930, Jacques Derrida é o pensador francês mais traduzido mundialmente. Autor de livros célebres como *A Escritura e a Diferença* e *A Gramatologia* (ambos de 1967), criou uma terminologia particular para fixar novas relações entre a literatura e a filosofia, atacou a hegemonia do discurso racional na cena intelectual eurocêntrica, buscou temáticas ditas marginais, com destaque para a polissemia, e inventou um método que denominou "desconstrução", através do qual desmontou os cânones da análise cartesiana e da metafísica ocidental. Idolatrado nas universidades norte-americanas, Jacques Derrida desferiu novo golpe contra o conformismo político e cultural ao publicar *Espectros de Marx*, denúncia do neoliberalismo, das ideologias que proclamam o fim da história e da pressa em enterrar o marxismo. Em nome da justiça social, o homem sofisticado insurge-se e continua a "desconstruir" os dogmas, jogando à contracorrente.

De todas as suas respostas a que mais impressionou foi a que deu a esta pergunta: Habermas, com quem o senhor polemizou, classificou-o entre os "jovens conservadores" em luta contra a modernidade. Qual o significado hoje dessa discussão? Jacques Derrida – "Resposta curta: as acusações de Habermas provam que ele não lê. Jürgen Habermas atacou-me sem ler o que escrevi. O meu imperativo é ler o que pretendo analisar. Habermas não me leu. Interpretou-me a partir de leituras de textos americanos sobre mim. O imperativo da justiça determina que se deve escutar o Outro e tentar compreendê-lo. Quem fala sem ter escutado, ou lido, é injusto, deixa de ser democrata, torna-se ideologicamente suspeito e não respeita o primado das Luzes".

Precisa ter bala na agulha para falar assim. A prova de que Jacques Derrida marcou seu tempo é uma homenagem que lhe foi concedida pelo Conselho de Paris em 2019: uma alameda para pedestres com seu nome, no boulevard Raspail, entre as ruas de Rennes e Fleurus, nas proximidades da Escola de Altos Estudos em Ciências Sociais, onde o mestre monstro ensinava. Impossível esquecer as tantas quartas-feiras em que sorvi suas palavras difíceis de escutar, no anfiteatro sufocante, sobre temas como do "segredo ao testemunho". Na primeira vez em que vi a placa, "Allée Jacques Derrida", com data de nascimento e morte, além de uma sóbria apresentação, "filósofo", eu me lembrei de suas aulas, de sua voz e das baforadas do seu cachimbo.

E desta frase na entrevista que me concedeu: "O mínimo que se deve dizer é que o mundo vai mal". Não lhe bastava pensar o mundo, queria mudá-lo.

Os fantasmas de Marx estavam bem vivos. Aula de Jacques Derrida: "Benjamin era um amante das unicidades, com o orgulho e o zelo fetichista dos colecionadores, preocupado em preservar a aura, o insubstituível, o testemunho e a transmissão da coisa pela coisa mesma. Mas a reprodutibilidade técnica tem também o seu espectro e a sua aura. A obra de arte tem um estatuto particular, o que a caracteriza é, antes de tudo, a singularidade. Em que momento a coisa pode ser vista como obra de arte? O estatuto artístico não está inserido na coisa mesma. É a projeção simbólica contextual que funda esse estatuto". Paris não era uma festa. Era uma grande aula.

Deschamps (Didier) – Só ele, Franz Beckembauer e o brasileiro Mário Jorge Lobo Zagallo, falecido em 2023, realizaram a proeza de ganhar a Copa do Mundo de futebol como jogadores e como treinadores. Embora não demonstre ser um inovador tático, como Pep Guardiola, ou um inspirado, como Johan Cruyff, revelou-se um pragmático e um homem de sorte por contar com uma nova geração de jogadores extraordinários, entre os quais Kyllian Mbappé. Bom jogador, combativo e disciplinado taticamente, sem ser um craque, parece repetir como treinador o mesmo modelo de atuação. E assim está no mesmo emprego desde 2012.

Douce France – Sou fã de Charles Trenet. Jovens franceses o acham brega. Um Roberto Carlos, dizia um brasileiro áspero. Eu gosto de cada uma das suas canções, especialmente *Ménilmontant*, *Que reste-t-il de nos amours* e *Douce France*. Trenet esteve em Porto Alegre, em 1953. Deveria cantar pela última vez, num domingo de manhã, no cinema Imperial, no centro da cidade. Ao ver que a enorme sala não estava cheia, indignou-se e disparou: "Je ne chante pas". E não cantou. Saiu preso, carregado por dois policiais, um pegando nos seus braços, outro nas suas pernas. Na polícia, alegou estar doente. A manchete do jornal *Folha da Tarde* de 25 de maio de 1953 é, no mínimo, divertida: "Charles Trenet envolvido com a polícia". Segundo o jornal, "o povo quis linchar o artista" no momento em que foi conduzido à viatura policial. Ele levava na lapela uma grande rosa vermelha. Torcia o chapéu.

Douce France, concebida em 1943, em parceria com Léo Chauliac, tem algo de hino romântico, declaração de amor ao país e à infância, fotografia amarelada de um tempo e de um lugar inesquecíveis: "Douce France/Cher pays de mon enfance/Bercée de tendre insouciance/Je t'ai gardée dans mon cœur!Mon village au clocher aux maisons sages/Où les enfants de mon âge/Ont partagé mon bonheur/Oui je t'aime/Et je te donne ce poème... (literalmente: "Doce França/Querido país da minha infância/Embalado em terna despreocupação/Guardei-te no meu coração! Minha aldeia com seu campanário e casas sábias/Onde as crianças da minha idade/Compartilharam a minha felicidade/ Sim, eu te amo/E eu te dou esse poema..."). Eu acho lindo. Ouço em viagens pela França.

Tanto parece ser um hino que, segundo a lenda, teria sido interpretada numa cerimônia no Canadá, em lugar da *Marselhesa*, com o presidente Charles de Gaulle em posição de sentido. Tem a força de identificação de *Aquarela do Brasil* para gerações de brasileiros.

Duby (Georges) – Um dos maiores historiadores do mundo, o medievalista francês Georges Duby, professor do Collège de France, era acima de tudo um gentleman. Mandei-lhe uma carta propondo uma entrevista. Um dia, o telefone tocou em meu microapartamento lilás. Era ele. Fiquei encantado com a sua simplicidade. "Aprendi a ser simples viajando".

Essa foi a sua explicação para o meu comentário sobre o fato de ele nem sequer ter solicitado a uma secretária para fazer a ligação. Pedi que me dissesse mais sobre essa sua percepção das viagens: "Quando estamos fora de casa, sozinhos, perdemos a pompa e temos de nos virar". Era como eu me sentia em Paris ainda que a pompa nunca tivesse feito parte da minha vida. De qualquer maneira, eu tinha de me virar ainda mais do que em casa. Quando encontrei Duby, ele me deu um livro seu e me indicou um capítulo intitulado "Viagens". Releio: "Pois estou convencido que o historiador ganha em não se manter fechado".

Duby coordenou a espetacular coleção em cinco volumes *História da vida privada*. Sempre que viajo para lugares que ainda não conheço, penso em Duby e em nossa conversa naquela tarde dos anos 1990. Um historiador que citava Alexandre Dumas! Ele riu suavemente quando lhe falei disso. A história está em todos os lugares, ensinou. Por exemplo, na vida cotidiana, na maneira de comer, de vestir-se, de separar público e privado, de arrumar a casa, de trabalhar e de ocupar o tempo livre. Esta observação dele guardo no bolso para as despesas mais imediatas de conversação: "O senhor sabe? Não podemos julgar o passado pelos valores do presente, mas temos de saber se, de fato, os valores do presente já não existiam também no passado". Não sabia.

Ele me contou esta história que faz pensar. Dois asnos encontram-se pela metade da Idade Média.

"– O que é a inteligência? – pergunta o mais velho.

– A capacidade de dar respostas – diz o mais novo.

– Não seria a de perguntar? – insiste o primeiro.

– Ora, quem pergunta não sabe – responde o novato.

– O fato de saber que não se sabe e por isso perguntar já não é uma demonstração de inteligência, meu amigo?

– O fato de saber dar a resposta não é mais sábio ainda?

– Como sabe que a sua resposta é uma boa resposta?

– Eu sei porque tenho cultura – diz o jovem.

– Como sabe que a sua cultura é suficiente?

– Porque não sou burro."

Fiz com Georges Duby uma entrevista, "As asas da história", para o jornal *Folha de S. Paulo*. Não esqueço uma resposta categórica dele ainda não descoberta por muita gente: "Não existem leis históricas".

Ao passar diante do Collège de France ou da Academia Francesa, o viajante culto deve tirar o chapéu, se usar um, ou fazer uma reverência a homens como Georges Duby. Ele soube honrar essas duas instituições com sua sabedoria, gentileza e soberana tranquilidade.

Duras (Marguerite) – Maravilhosa escritora francesa, Marguerite Duras (1914-1996) escreveu obras literárias incontornáveis. *O Amante* é impressionante pela força narrativa. Ela e seu marido Dionys Mascolo foram muito amigos de Edgar Morin. Participaram de lutas comuns. Fui visitá-la no seu endereço, 5 rue Saint-Benoît. Doente, não pôde me receber. Eu queria entrevistá-la. Guardo como relíquia uma mensagem com a letra dela para mim: "Não foi, infelizmente, possível [...] Bem amigavelmente a você e ao Brasil". Não insisti mais. Não queria dizimar a intelectual francesa (ver Deleuze, Guattari e Lyotard).

Cada vez que releio *O Amante,* escrevo uma nova crônica. Minha crônica-verbete repete obsessões: havia sempre um perfume de cedro queimando ao anoitecer. Escrevi muitas vezes isso. Essa imagem é como um fogo que nunca se apaga. Que triste sina a de passar a vida alimentando labaredas que não aquecem. A primeira e única vez que a vi foi no Parque Internacional, a praça que une Santana do Livramento e Rivera, o Brasil e o Uruguai, dois mundos, dois imaginários, uma só abstração feita de espantos. A lua exibia uma frieza de cristal. A brisa soprava com a maciez do amanhecer. Mas era tarde. Ou cedo para a luz do dia transpirar. A cidade se recortava com traços finos de jornal. Só faltava gritar a sua manchete com voz de guri magrelo e descalço. Havia uma suavidade no ar que se confundia com o silêncio. Depois, eu parti. Trouxe comigo a imagem dessas noites que retornam.

Não havia poesia nesse quadro que se repetia como o uivo de um cão na esquina onde se elevava um ipê. Nessa época, os poetas já eram malditos e se recolhiam aos bares mais sórdidos para esconder a tristeza ou se fanavam vendo telenovelas. Quer destino mais cruel: não ter religião, não ter partido político, não ter ideologia, não ter uma causa pela qual viver e morrer, só ter a literatura e ser um poeta medíocre? Só havia a crueza da noite escoando como um rio diminuindo a cada ano com a morte consumindo-o pelo caminho numa longa viagem sem volta. Pessoas perseguidas por suas sombras na calçada atravessavam o campo do meu olhar e sumiam no estrangeiro. Soube, anos depois, que buscavam o infinito como quem imagina poder sumir por trás das casas esboçadas num quadro *naif* de uma aldeia. Havia literatura no ar.

Homens produziam metáforas pobres que se esvaíam ao final das suas falas como se fossem engolidas por desfiladeiros. Eles sempre recomeçavam. Às vezes, jogavam cartas para dissimular. Outras vezes, fumavam só para ver a brasa se avermelhar. Falavam de rios e de assoreamento, de passantes e de epopeias, de lembranças e de utopias, da infância e da morte, do futuro tão próximo e tão distante, do passado que não passava, de luas congeladas nos céus de verão e de amores perdidos em invernos chuvosos, quando o aguaceiro tudo arrastava, tudo, menos o peso de ser o que se era, o que se é, o que nunca se deixará de ser.

Mesmo morto. As melhores e as piores metáforas morriam na mesma noite tragadas pela vertigem do efêmero.

Certa hora, o silêncio se espalhava como uma enchente. A noite descansava. Homens se arrastavam para casa. Por toda parte, sonhava-se. Não havia navios. Nem cabos de guerra. Eu sonhava com rios gigantescos cujas bocas se abriam para engolir travessias. Jovens violentos duelavam com velhos perversos. A verdade era uma arma afiada usada para matar. Guardo a imagem daquela mulher, quase uma menina, que só vi uma vez. Era linda, claro. Não a amei. Nem a conheci.

Somente a vi por uns segundos. Havia sempre um perfume de cedro queimando ao anoitecer. Eu me orgulhava dessa imagem. Achava que tinha sido criada por mim. Fui reler *O amante*, de Marguerite Duras. Encontrei: “Havia um odor de incenso, sempre queimando ao crepúsculo”. Tudo sempre tem uma origem, a algaravia dos pássaros ao amanhecer, o barulho da chuva sobre o zinco, a água pingando do capim e abrindo um sulco atrás dos casebres na campanha, o barro vermelho luzindo no alto como uma pintura melancólica, as figuras humanas misturando-se nas camadas do tempo como vestígios num sítio arqueológico, a vida indo e vindo num infindável jogo de luz e sombras, com mais sombras do que luzes e mais nuvens do que pontos de fuga e de fulgurâncias.

A quem podem interessar estas confissões? Elas fazem parte de um mito, o do amor às palavras, às imagens, às metáforas, como modo de desvelamento, aquilo que produz descobrimento, que tira o véu para nos mostrar o escondido por trás da banalidade das coisas, essas coisas que se calam na impotência dos discursos. Havia um fogo ardendo sempre ao amanhecer. Uma chama como símbolo de uma confraria fundamental, a Sociedade dos Poetas Medíocres, esses poetas que não morrem nem devem morrer, pois graças a eles, a nós, o culto à metáfora se perpetua.

Mesmo quando nenhuma imagem faz viver a beleza perdida, aquela que veio e se foi como uma miragem sob a lua. Havia uma imagem do passado queimando a cada anoitecer. Essa imagem arde em cada um de nós sem precisar de manifestação. Talvez falemos dela para preencher a solidão das terapias. Partia-se de charrete ou na carroceria de um caminhão ou de uma camionete para tentar a sorte na vida. Levava-se na bagagem do coração uma saudade antecipada que para sempre queimaria ao crepúsculo acendendo memórias e apagando certezas. Por um tempo, haveria com quem compartilhar essa saudade. Depois, restariam os cronistas. Por fim, a pureza da lembrança sem palavras: a passante desaparecendo do outro lado da rua. Homens guerreiam por palavras enquanto as imagens atravessam a fronteira para nunca mais voltar. Fica um rastro perfumando a memória como um cedro queimando ao cair da noite. Até quando? Até ler *O Amante*: “Muito cedo na minha vida ficou tarde demais. Quando eu tinha dezoito anos já era tarde demais. Entre dezoito e vinte e cinco anos meu rosto tomou uma direção imprevista. Aos dezoito anos envelheci. Não sei se é assim com todos”.

O viajante não etarista compreenderá. Tenho certeza.

Durkheim (Anfiteatro) – Auditório com ar solene, na Sorbonne, Paris V, acessível pela rua Cujas, onde assisti às mais belas aulas de Michel Maffesoli sobre imaginário, pós-modernidade e vitalismo. Com uma porta na frente, junto à mesa do professor e ao quadro de escrever, e outra ao fundo, ao final do último degrau das escadas rangentes, sempre foi para nós um monumento dos cursos magistrais. Com seus bancos de madeira, seu tom espartano, ainda me faz pensar nas aulas de metodologia, dadas por inúmeros e severos professores, conforme o tópico em discussão, por exemplo, análise fatorial. Inesquecível.

E

Eiffel (Torre) – Certamente o maior ícone de Paris. Construída para a Exposição Universal de 1889 por Gustave Eiffel, então com 312 metros de altura, pesa cerca de dez mil toneladas. Fontes de informação sobre ela não faltam. Conta-se que alguns só a descobrem quanto voltam para casa, pois, na era da *selfie*, fotografam-se de costas para ela e partem, como todo viajante apressado, para riscar o próximo ponto imperdível do caderninho. Na primeira viagem a Paris, chegamos com uma atriz gaúcha e uma jornalista baiana, cujo sonho era conhecer a Torre Eiffel. Tocamos para lá sem perda de tempo. Nossa amiga baiana, diante do objeto dos seus desejos, resvalou num meio-fio baixinho e quebrou o pé. Saímos dali direto para um hospital perto do nosso hotel, que revelou outra surpresa para a nossa acidentada amiga: o Hôtel Dieu que fica em diagonal a uma igreja, certa Notre-Dame de Paris.

Jornalista instalado em Paris, eu recebia muitos visitantes. Alguns, totalmente desconhecidos. Volta e meia, estava na Torre Eiffel com algum velho ou novo amigo. Bati muita foto "glocal": no fundo o global, a Torre Eiffel, na frente o local, o visitante com alguma marca da sua aldeia: gaúchos com cuias de chimarrão era muito comum. Franceses são construtores obstinados. Fazem o impossível. Enquanto reformavam o Grand Palais, ergueram um Grand Palais Ephémère (Grande palácio provisório) no Campo de Março, diante da Torre Eiffel, que pode se ver refletida no temporário. Em muita cidade brasileira, o efêmero seria definitivo. A Torre Eiffel também era efêmera. Depois de 20 anos, deveria ter sido desmontada. Algo deu errado nesse plano.

Elysée (Palais de l') – Residência do presidente da República (55 rue du Faubourg-Saint-Honoré) e sede do poder, construído em 1720, antigo Palácio Bourbon, passou por várias mãos, pertenceu até a Joaquim Murat, marido de Caroline, irmã de Napoleão Bonaparte. Antes também foi propriedade da Madame de Pompadour, amante favorita de Luís XV. Depois da revolução de 1789 teve o tempo de café-concerto e outras alegrias noturnas. Tive vontade de frequentá-lo na época de François Mitterrand, mas ninguém se lembrou de me convidar para tanto. Meu amigo Michel Houellebecq foi condecorado cavaleiro da Legião de Honra por Emmanuel Macron nas dependências desse palácio. Imagino quantas crônicas deliciosas circulam na cabeça de Houellebecq sobre o lugar.

Enfim, é muito bom de passar na frente.

Escola de Altos Estudos em Ciências Sociais (EHESS) – A Sorbonne tem certamente mais fama. No seu campo, porém, a Escola de Altos Estudos em Ciências Sociais (EHESS) é uma potência. Criada em 1975, reina nos seus prédios do boulevard Raspail. Antes do advento da internet, publicava um livrinho anual com os nomes dos professores, os títulos dos seus seminários e os resumos dos cursos que seriam ministrados naquele ano escolar. A lista deixava qualquer um boquiaberto: Jacques Derrida, Cornelius Castoriadis, Paul Veyne e mais uma barca de nomes equivalentes podiam dar aulas no mesmo período. Palestrantes brasileiros eram Celso Furtado e outros do mesmo nível. A EHESS continua poderosa. Pesquisa e difusão de conhecimento nela são o dia a dia, a rotina, o quinhão que lhe toca no saber. Hoje, obviamente, a lista de curso está no site da instituição. O que o viajante acha de conferir o curso de Thomas Piketty sobre "economia pública"?

Exposições – Todo ano vejo duas ou três exposições de artes na França. É algo que adoro fazer pelo que vejo e pelo que ouço. Resgate:

– São uns pervertidos – diz uma francesa de chapéu.

– Será? – duvida um pouco o homem que a acompanha.

– Só uns pervertidos excitariam as mulheres assim, com todas essas modas vaporosas, em pleno século XIX.

Essa conversa eu ouvi no Museu d'Orsay ao visitar a exposição "O impressionismo e a moda". É impossível não encontrar a cada ano, na França, uma exposição arrancando suspiros, reunindo multidões e gerando polêmica. Nas paredes da mostra, frases de pintores e escritores do famoso século XIX sobre a relação entre arte, moda e modernidade. Afirmações inquestionáveis do tipo a parisiense não usa a moda, ela é a própria moda. Ou a parisiense não é apenas mulher, ela é mais mulher do que as outras. Tudo porque, nos tempos de Baudelaire, Renoir, Monet, Manet, Zola, Mallarmé e tantos outros gênios, estava na moda estar na moda, ser moderno e artista.

A modernidade era fugacidade, o ar do tempo e o tempo no ar. Os impressionistas derrubaram a pompa do academicismo e botaram as luzes do cotidiano na roda.

– Uns pervertidos – repete a francesa do chapéu.

– Acha mesmo? – ainda duvida o homem.

– Viviam pintando cortesãs.

– “Demi-mondaines”.

– Prostitutas.

Diante de *Madame Charpentier e seus filhos*, pintura de Renoir, aprende-se algo realmente extraordinário. Aparecem duas crianças louras, cabelos compridos, ambas com vestidinhos azuis. Duas lindas bonecas de porcelana. Pois uma delas é um menino. Exatamente: um “garçon”. Até os oito anos de idade, naqueles luminosos dias franceses, os meninos usavam vestidos de meninas. A francesa de chapéu fita longamente o quadro. Espero que ela exploda:

– Uns pervertidos!

Mas ela se cala. Percebo no olhar do marido uma decepção. As demais mulheres que lotam o museu estão deslumbradas. O que se vê ali é a evolução do vestuário, mas também o desenvolvimento dos costumes. A França orgulha-se de ter levado ao apogeu os estabelecimentos precursores dos shopping centers, as galerias que seriam tão bem descritas por Charles Baudelaire e analisadas pelo alemão Walter Benjamin. Não era fácil a vida de uma francesa chique nessa época de esplendor moderno. Chegava a trocar de roupa oito vezes por dia.

A elegância dos homens também aparece, embora muito mais comedida e cinza. Uma época em que arte, moda e modernidade rimavam não pode ser ignorada. As francesas amavam mostrar sinais de riqueza e elegância: suas roupas e adornos. Os franceses, antes do politicamente correto, adoravam fazer o mesmo: mostravam as suas elegantes mulheres. Ou as dos outros. Um escritor chegou a dizer que os imponentes vestidos eram símbolo de prestígio, mas o maior sonho de muitas mulheres era a riqueza das sedas das roupas íntimas.

Que século! Paris nunca mais foi a mesma depois.

Paris é sempre outra.

– Uns pervertidos – ainda ouço a senhora repetir.

Extensão do domínio da luta – Na orelha da primeira edição brasileira de *Extensão do domínio da luta* (Sulina, 2002), com tradução minha, escrevi: Michel Houellebecq é mais do que escritor: é um maravilhoso e necessário *serial-killer* da literatura. Em pouco tempo, trucidou clichês, senhores feudais e cânones. Impiedoso, trouxe de volta para o romance a violência da vida e a vida da violência. *Extensão do domínio da luta* foi o seu primeiro texto longo de ficção. Graças a este romance, que imediatamente deslumbrou a crítica e os leitores, Houellebecq entrou na arena dos grandes e executou os pequenos de talento, mas gigantes de pretensão.

Se *Partículas elementares* confirmou e ampliou a fama e o alcance de Houellebecq, *Extensão do domínio da luta* permanece a sua obra-prima. Nela, o autor prova que é possível fazer literatura de pensamento e de ação, de inteligência e crítica, de força e reflexão. Eis um romance radical que faz da ironia uma arma terrível. Nas tripas do protagonista, uma ideia: "A sexualidade é um sistema de hierarquia social". Nas páginas, a vida de dentro para fora, numa descrição que mescla realismo cru e poesia de alto nível.

Houellebecq descreve a queda de um homem, sem pieguice, sem melodrama e sem morbidez. Esse homem encarna, em ampla medida, o indivíduo atual, mas a especificidade, bem narrada, faz dele, ainda assim, um caso concreto. Aqui, a literatura encontra, outra vez, a profundidade da arte, conseguindo falar do mundo e do homem num mesmo e contundente discurso. Depois deste romance, escrever bem voltou a exigir coragem e maldição. Ao contrário do que dizem os lugares-comuns a respeito da literatura francesa contemporânea, *Extensão do domínio da luta* tem história, é pura história e faz história.

Só se para de ler para rir ou chorar.

Como dizem os franceses, persisto e assino.

Mantenho o que disse. Um bom livro para ler em Paris.

F

Fernandez (Dominique) – Membro da Academia Francesa. Jornalista, escritor, autor de belos livros de viagem, entre os quais *O ouro dos trópicos: passeios pelo Portugal e pelo Brasil barrocos.* Aceitou nosso convite para palestrar em Porto Alegre, onde esteve em companhia de seu fotógrafo Ferrante Ferranti. Apreciador de carneiro assado, achava que, por alguma interdição religiosa, não se comia carne de ovelha no Brasil. Michel Maffesoli me convidou para um jantar na sua casa no qual me caberia esclarecer esse ponto para o escritor. Se fosse hoje eu lhe diria apenas: nasci em Santana do Livramento, capital brasileira da ovelha. Na época, convidei-o para comer um assado de ovelha em Porto Alegre, na churrascaria Barranco. Ele aceitou.

Ferry (Luc) – Autor de alguns best-sellers, *Aprender a Viver: tratado de filosofia para uso das jovens gerações*, ex-ministro da Educação da França, na presidência de Jacques Chirac, aceitou vir ao Brasil para participar do Fórum Unimed/Federação-RS. Fiz o papel de intermediário. Depois, Ferry viria novamente a convite do ciclo de palestras Fronteiras do Pensamento. Fiz várias entrevistas com ele. Uma tese que sustenta, enfurece a esquerda pelo mundo: o triunfo do amor.

Segundo Ferry, estamos vivendo uma cultura do amor. O principal argumento usado por ele para sustentar sua tese é: ninguém mais, no mundo ocidental, quer morrer pela pátria ou por uma ideologia, mas qualquer um seria capaz de morrer por quem ama. Ferry é categórico: hoje é melhor do que ontem. Superamos o culto à nação, que dizimava milhões de jovens em guerras estúpidas. Suplantamos a loucura de aceitar morrer pelo comunismo. Ter menos ideologias, no entender dele, é um ganho. Sinal de maturidade. Vitória da sociedade liberal.

Deixamos para trás a época dos casamentos arranjados pelos pais e entramos definitivamente na era das escolhas individuais. Pode dar errado. Muitas vezes, ou frequentemente, é o que acontece. Ninguém, contudo, precisa mais permanecer amarrado a uma relação fracassada. O divórcio é uma conquista da civilização do amor. Essa evolução tem suas contradições. Muitos se frustram. Alguns criticam um suposto vazio de valores. Para Ferry tudo isso é ilusão ou nostalgia de um passado autoritário que asfixiava os indivíduos. Estamos mais livres. Corremos mais riscos. Podemos amar muitas vezes. Eis o que ele pensa.

Não faz muito, num país como o Brasil, um casal, cujo amor havia acabado, era obrigado pela moral dominante a permanecer sofrendo lado a lado. As separações aconteciam. Existia o desquite. Leis e costumes, no entanto, tendiam a desabonar as rupturas. O casamento podia tornar-se um fardo, um sacrifício cotidiano que só a morte, muitas vezes, eliminava. Nossos amores podem ser mais rápidos, mas só se perduram enquanto forem intensos. O poeta acertou: que seja eterno enquanto dure. Essa é a única lei do amor que não permite revisão. Acabou a ditadura do casamento. Permanece a força da entrega. Quem não exporia sua vida para salvar a mulher, o marido, um filho, os pais?

Qualquer um de nós, mesmo sem inclinação para o heroísmo, faria isso. Vivemos para aqueles que amamos. Saltamos do sentimento de posse para o compartilhamento de sentimentos. Quando isso termina, vamos logo em frente. A fila anda. As separações quase sempre são dolorosas. Mais doloroso era continuar acorrentado. Ferry escreve para ser lido. Trata dos temas que afetam nossas vidas no dia a dia, o que irrita muitos filósofos profissionais, desses que concebem sistemas obscuros capazes de explicar tudo e de não ter qualquer vínculo com o mundo vivido. Pensadores costumam louvar o passado, admirar o futuro e odiar o presente. São otimistas retroativos ou por antecipação e pessimistas presenciais. Pobres dos nossos avós. Assim, no sentido genérico. Era morrer pela pátria ou pela revolução. Agora, só por amor.

Rotulado de intelectual de direita, Luc Ferry não é apreciado nos meios progressistas. Sofre críticas de todos os lados. Diz-se que romantiza, idealiza, reduz, ignora a complexidade das relações no mundo, só enxerga o mundo branco europeu de classe média e alta, etc. Em Porto Alegre, depois de cumpridas as obrigações oficiais, ficou um dia conosco. Rodávamos com ele num celtinha cansado de um amigo. Ferry tem as pernas compridas. Mesmo sentado na frente, faltava-lhe espaço. Parecia não se importar. Outro amigo resolveu nos enquadrar:

– Isso é modo de transportar um ex-ministro da Educação da França? Percebem o que estão fazendo? Podem parar com isso?

Traduzi para Luc Ferry. Ele começou a rir. Por fim, disse:

– De fato, esse carro não está à altura das minhas pernas de ex-ministro da Educação da França ou de qualquer outro país.

Em outra ocasião, fiz a seguinte apresentação a uma entrevista com ele: casado há 22 anos com "uma linda mulher", como faz questão de enfatizar, pai de três filhas "maravilhosas", autor de 70 livros, traduzido em 45 países, Luc Ferry se vê como um liberal social que detesta os centristas como Emmanuel Macron, já votou no socialista Michel Rocard, mas se considera, antes de tudo, gaullista, republicano de direita, liberal em economia, convidado do Fronteiras do Pensamento, fala do "segundo humanismo" e da "revolução do amor". Afirma que nada é mais idiota do que a ideia de felicidade. Como assim? Resposta: "A ideia de felicidade é a mais idiota, a mais absurda de toda a história da humanidade. Isso vem da psicologia positiva norte-americana dos anos 1980. A autoajuda tomou conta do mundo. A sua origem está numa sequência devastadora: desconstrução da transcendência, que começa com Schopenhauer e passa pela filosofia do martelo de Nietzsche, que quebra os ídolos, Heidegger e os filósofos da suspeita, Marx, Freud. O mundo sem transcendência torna-se materialista, numa imanência radical, tendo Spinoza como pensador".

Ainda: "Quando não há mais ideias e utopias, o que resta: o cuidado de si visto por Michel Foucault. O comunismo morreu. Não há mais grandes causas. Só resta cuidar do próprio umbigo. Aí entra a terceira etapa, a felicidade. Se só resta o meu umbigo, preciso gozar ou encontrar a sabedoria no budismo, no estoicismo, no epicurismo ou no taoísmo, o que me permitirá viver bem comigo. É uma grande bobagem. A felicidade é impossível. Podemos ter momentos de alegria. Desde que se ama alguém, que se tem filhos, a felicidade se torna impossível, pois há preocupações. A 'felicização' do mundo é uma mercadoria que se vende bem: livros, aplicativos, sem contar o *coach* que ganha dinheiro de quase todo mundo". Levei fé. Perguntei: "O coach é um charlatão?" Resposta candente: "Claro, quase estelionatário, impostores intelectuais, vendendo exercícios espirituais para enfrentar a morte e ser feliz. A verdadeira definição da felicidade é justo a possibilidade de sentir alegria. Não é algo estável ou que será permanente. O resto é pura falsificação". Que acha, viajante atento?

Meu amigo, aquele que nos enquadrava por causa do celtinha, leu a entrevista. Ligou: "Na próxima, usa um fusca com ele".

Festa da Música – Todo 21 de junho, na entrada do verão, a França passa a noite acordada ao som dos mais diversos gêneros musicais. A Festa da Música acontece por toda parte no mundo. Surgiu com a criação pela Unesco, em 1975, da Jornada Internacional da Música. Na França, tomou feição especial em 1981 com a Festa da Música e da Juventude para comemorar a chegada do socialista François Mitterrand ao poder, como se pode ler na Wikipédia. Jack Lang, que seria o ministro da Cultura por excelência do socialismo à francesa, gostou da ideia e investiu na Festa da Música em 21 de junho, celebrando de uma vez só o verão, as férias de verão, os dias mais longos, as noites quentes, os desejos incandescentes e a música de todos os tipos e lugares. A Festa da Música em Paris é maravilhosa. A cidade liberta-se de suas formalidades e cai na gandaia, que, não sendo carnaval, pode ser coletiva ou simplesmente o solo de uma saxofonista diante de um monumento, o que produz uma moldura especial, com aura e estilo.

Figaro (Le) – Grande jornal de direita da França, cuja sede fica no boulevard Haussmann, 14, pertencente ao Grupo Dassault. Publicado diariamente desde 16 de novembro de 1866, já teve editor participando de duelo, editor assassinado, colunista candidato à presidência da República, como o ultradireitista Éric Zemmour em 2022, que entrevistei no famoso Café Saint-Augustin. Perguntei-lhe: é falso acusá-lo de racismo? Reposta: "Acusa-se qualquer um por qualquer coisa de racismo. São insultos, não argumentos. Qualquer afirmação que contrarie a agenda dessas minorias politicamente corretas é desqualificada como racismo. Quem é contra o multiculturalismo e a favor da integração dos diferentes é acusado de racismo. A estratégia consiste em considerar hostil às próprias pessoas toda rejeição à ideologia sustentada pretensamente em nome delas. Quem é contra o casamento gay, vira homofóbico. Se afirmar que não tem como integrar o islamismo na república francesa, vira islamofóbico. Se entender que o igualitarismo feminista é destruidor da estrutura familiar tradicional, passa a ser machista e misógino. Não pode haver mais debate racional. O insulto e a condenação moral é que tudo condicionam". Zemmour já foi condenado três vezes pela justiça por incitação ao ódio.

Conservador, sisudo, com muita informação e análise, *Le Figaro* dá grande espaço à literatura e às artes. Faz parte da paisagem jornalística francesa. Não pode ser ignorado. Tem peso e poder.

Flâneur – Esse é o termo por excelência para definir aquele que passeia entre as belezas francesas. Retomo e retoco um texto no qual tentei capturar esse estado de espírito consagrado pelo ensaísta alemão Walter Benjamin, o intelectual que faz das galerias de Paris um objeto de reflexão filosófica e fez dessas passagens uma permanência.

Flanar, desde os tempos do poeta francês Charles Baudelaire, é passear sozinho pelo mundo, especialmente pelas ruas de uma cidade à procura das suas marcas e emoções cotidianas. Walter Benjamin, leitor de Baudelaire, elevou o flâneur, o passeador, à categoria de observador privilegiado do mundo moderno. O flâneur olhava as galerias e encantava-se com a atmosfera dos recantos de Paris. O turista não é necessariamente um bom flâneur. Costuma só se interessar pelos grandes monumentos e ficar de costas para eles enquanto se fotografa, numa *selfie*, ou se deixar "imortalizar" pelas mãos de um familiar ou de um desconhecido. Flanar era e ainda é sair do fluxo. Andar a esmo.

O flâneur em Paris perde-se em livrarias, jardins, exposições, cafés e ruelas. Eu, que já morei tantos anos em Paris, sou um flâneur em busca de novidades e de rastros deixados como laços marcando o tempo que se foi, o tempo que, mesmo não sendo perdido, segue com as águas do Sena, no caso, diluindo impressões e revelando sentimentos. Já flanei entre os livros da Gibert Joseph, no Quartier Latin – comprei *A felicidade nacional bruta*, de François Roux –, vi as fotos de natureza e de naturezas artificiais da exposição de Michel Houellebecq, "Before Landing", em Ménilmontant, admirei as folhas outonais do Jardim de Luxemburgo e as ruas molhadas pela chuva fina que acende reflexos melancólicos na sempre bela e incomensurável Paris. Impossível escapar de todos os clichês. Nem se quer. Improvável inventar um itinerário tão singular que seja mesmo único. Melhor seguir as pegadas dos caminhantes, que costumam retomar a caminhada.

As alegrias de um flâneur podem fazer parte de um percurso trilhado por tantos outros. Parar para reler a placa, tantas vezes lida, aqui Gabriel García Márquez concebeu *Ninguém escreve ao coronel*, aqui – num pequeno hotel de fachada verde onde já muito me hospedei – morou o poeta Jean-Arthur Rimbaud, aqui não se sabe quem morou ou mora, mas é mais uma janela para o universo. Paris é uma cidade como qualquer outra e, ao mesmo tempo, é especial. A particularidade do verdadeiro flâneur é saber descobrir a singularidade de cada lugar ou até criá-la se a imaginação ajudar.

Para Baudelaire, o flâneur era um artista independente cujo espírito flutuava na modernidade, assim como os quadros abstratos de Sonia Delaunay que vi expostos no Palais Tokyo. O flâneur hipermoderno pode ser qualquer um que acenda em si a alma do artista voltado para a exaltação da simplicidade e da novidade no universo acelerado do capitalismo. O flâneur lê os jornais na intenção de confrontar as manchetes com a poesia e a sordidez da vida como ela se dá a ver. Ele se perde no cinza da tarde melancólica com a alegria dos que acreditam na força do verbo e da arte. O flâneur é um ser em extinção, pássaro raro a voar baixo nos céus nebulosos das velhas cidades lendo jornais que podem desaparecer. Ou revendo a grandeza de Pablo Picasso no consagrado museu parisiense que reúne algumas das suas obras-primas.

Michel Houellebecq, como Jean Baudrillard há alguns anos, decidiu ser fotógrafo para tentar capturar esse ambiente que se dissipa todo dia. O verdadeiro flâneur nem tenta. Ele sabe que só a câmera do imaginário pode agarrar para sempre a atmosfera de uma vitrine, de uma galeria, de uma rua, de uma praça, de um monumento visto e revisto até desaparecer na paisagem da história. O flâneur que vem da periferia do planeta se contenta em mergulhar no ambiente para reviver algum verso de Baudelaire. Esteticismo puro de quem vive do seu olhar. O flâneur pode parar para reler Michel Houellebecq.

Tente ser flâneur por um dia.

Flaubert (Gustave) – Não tentarei apresentar Flaubert a quem quer que seja. Flaubert (1821-1880) é um monumento francês. *Madame Bovary* e *A educação sentimental* estão entre meus livros preferidos desde quando eu tinha 17 anos e vendia melancias na beira da BR-158, em Santana do Livramento, no Rio Grande do Sul, a 20 quilômetros do Uruguai, para, com o dinheiro, ir estudar jornalismo em Porto Alegre. Aprendi ali sobre o bovarismo: o desejo de se ter uma vida cultural e espiritualmente superior sem possuir os meios para tanto. Madame Bovary buscou no adultério a saída para o seu impasse e se deu mal, como não poderia deixar de ser na sociedade do tempo da sua concepção. Na tranquilidade do pampa, já despojado de suas guerras civis ou de fronteira, eu pomposamente me dizia, quando não falava aos cavalos e até aos patos: "Madame Bovary sou eu". Já em *Bouvard e Pécuchet* o escritor leva a ironia ao ápice denunciado platitudes pomposas. Ler Flaubert é garantia de não perder a viagem e de ganhar prazer.

Flores do mal (As) – Obra-prima de Charles Baudelaire. Traduzi 84 dos poemas escandalosos de Baudelaire. Segue parte da minha justificativa, publicada como prefácio ao livro publicado, *Flores do mal: o amor segundo Charles Baudelaire* (Sulina, 2008): *Reescandalizar* Baudelaire, ou como ser fielmente infiel por extrema e amorosa fidelidade.

Selecionei, traduzi literalmente, "transcriei", aliterei, "desaliterei", inventei palavras, cometi galicismos, mantive, ao máximo, o original, cortei, aqui ou ali, acrescentei, na estrita linha do sugerido pelo poeta, isto ou aquilo, interpretei, adulterei, "atualizei", tornei vulgar, cometi anacronismos, desobedeci a tudo, principalmente à métrica, saí, algumas vezes, das palavras do original para tentar chegar mais ainda até elas e sempre me ative as ideias do original, mesmo quando me desviei ligeiramente delas, em termos de vocabulário, para entrar, novamente, de cabeça nelas. Fui terrivelmente infiel em nome da mais absoluta fidelidade.

Tradução “indefinitiva”, mais fascinada pelo vulgar do que pelo rebuscado, mais interessada nos bordéis do que nas academias, mas, ainda assim, elitista, pois voltada aos que seriam capazes de cometer atentados-suicida pela poesia. Anacrônico, Baudelaire era um homem-bomba poético. Eu continuo fazendo retoques e cometendo novas heresias, fiel à infidelidade de Baudelaire. Se Baudelaire causou escândalo, com sua vida boêmia, fumando ópio e frequentando prostitutas, por que as belas traduções da sua obra o tornaram tão gelado? O viajante interessado no escandalosamente sublime não pode deixar de ler Baudelaire no avião, no trem, no metrô, em praças, nos cafés de Paris e talvez até em algum bordel. Charles Baudelaire inventou a modernidade como transgressão. Para mim, o poema mais belo de Baudelaire se chama “A serpente que dança”. Pronto, falei!

Fnac – Livraria e loja de eletrônicos, a Fnac (136, *rue de Rennes*) foi a primeira casa do gênero a conquistar meu amor mais profundo. Sem ser bela como certas livrarias charmosas, mobiliadas com estantes de madeira e cores quentes, a Fnac Montparnasse sempre me pareceu dinâmica. Como morava próximo, passei a frequentá-la quase que diariamente. Nela, comprei toneladas de livros de bolso, para mim os formatos mais simples e bonitos do mundo. A simplicidade das edições “normais” francesas me encanta. Gallimard: título em letras vermelhas sobre uma capa creme. Minuit: letras azuis sobre capa branca. Grasset: letras de diferentes cores sobre uma capa amarela. Tudo isso eu encontrava fartamente na Fnac. O tempo passou. Visitei essa Fnac em 2023 e fiquei com a impressão de que se perdeu um pouco. Ou será que o tempo dos livros declina suavemente mesmo nos seus grandes templos?

Fontainebleau – Para quem gosta de castelos e palácios, um prato cheio, até aqui de glórias, morada de reis: Francisco I, Henrique IV, Luís XIII, Luís XIV, Napoleão I e Napoleão III. Parece pouco? Minha nossa, é muita cabeça coroada em 650 anos de residência real. Não fica longe de Paris. Dá para ir de trem e de ônibus em meia hora. Tem também a floresta de Fontainebleau, considerada a mais bela da Europa em planície. As caminhadas nessa floresta são inesquecíveis. Dica ao viajante detalhista: as rochas e suas formas. Parece coisa divina.

E o Tratado de Fontainebleau nisso tudo? Pois é, Napoleão teve de assiná-lo em 11 de abril de 1814. Sem choro nem vela: "Renuncia para si, para os seus sucessores e descendentes, bem como para cada membro da sua família, a todos os direitos de soberania e dominação, tanto sobre o Império Francês e o Reino da Itália, como sobre qualquer outro país". Havia compensações para morar na ilha de Elba: "uma renda anual de 2.000.000 de francos", sendo metade à Imperatriz Maria Luísa. Como se sabe, Napoleão voltaria para mais cem dias de glória e guerra, ao que consta quando soube que sua inesquecível musa Josefina andava dançando com o todo-poderoso Alexandre da Rússia. Não é fácil!

Já caminhei nos jardins de Fontainebleau refletindo sobre uma questão maior: como seria o mundo se eu fosse rei e morasse ali?

Não cheguei a uma conclusão publicável.

Forget (Guy) – Nascido em Casablanca, em 1965, tornou-se um dos maiores tenistas da história da França nos anos 1990. Faturou onze títulos sozinho e vinte e oito em duplas. Atuou como capitão da equipe francesa durante quatorze anos. Chegou ao quarto lugar no ranking mundial em 1991. Recém-chegado na França, acompanhei pela televisão todos os seus jogos e procurei entender tudo o que ele dizia nas suas entrevistas. Era o tempo de Forget e Yannick Noah como estrelas francesas. André Agassi e Peter Sampras já faziam duelos históricos. Monica Selles e Steffi Graf também me impressionavam.

Forum des Halles – Shopping center subterrâneo na região central de Paris, divide espaço com as estações de metrô e RER Châtelet-Les Halles, e é frequentado por multidões que não param de crescer a cada ano e se mostram dispostas a consumir como se fosse o último dia de livre aquisição de mercadorias. Ocupa o buraco em parte do qual no passado ficava o fervilhante mercado popular *Les Halles de Paris*. O viajante desejoso de saber tudo sobre esse tempo mitológico tem uma só coisa a fazer: ler *O vento de Paris*, de Émile Zola. O resto é marketing. Meu amigo Clóvis Barros Filho, que se tornaria um dos mais famosos palestrantes do Brasil, usava, enquanto se especializava na obra de Pierre

Bourdieu, a grande piscina subterrânea dos Halles a cada manhã. Creio que o horário matinal e a fleuma do nadador o faziam sentir-se à vontade nesse lugar que me assustava pelo seu tom sombrio e pelo movimento frenético de gente correndo de um lado para outro.

Desde 2019 passou a chamar-se *Westfield Forum des Halles – Paris*. Quem compra, põe nome. A sopa de cebola, prato forte dos Halles históricos, que por 800 anos alimentaram a capital francesa, ainda pode ser encontrada no restaurante *Au Pied de Cochon* (Pé de porco, localizado no 6 Rue Coquillière). Escove bem os dentes depois, especialmente se for beijar ou encontrar o amigo no teatro. Certo?

Foucault (Michel) – Talvez o mais influente pensador francês atualmente, apesar de ter morrido há quarenta anos, Michel Foucault (1926-1984) mudou tudo de lugar. Quando cheguei na França para fazer doutorado eu tinha um pé atrás com Foucault, apesar de que havia lido *História da loucura, História da sexualidade, Microfísica do poder* e *Vigiar e punir*. Foucault era citação recorrente no mestrado em antropologia da Universidade Federal do Rio Grande do Sul. A minha resistência vinha de uma afirmação categórica de Marshall Berman, em *Tudo o que é sólido desmancha no ar, as aventuras da modernidade*, publicado no Brasil em 1986: "O único escritor da década passada que tinha realmente algo a dizer sobre a modernidade foi Michel Foucault. E o que ele tem a dizer é uma interminável, torturante série de variações em torno dos temas weberianos do cárcere de ferro e das inutilidades humanas, cujas almas foram moldadas para se adaptar às barras". Era isso que eu, anarquista e rebelde, pensava de Foucault.

A minha tese de doutorado, *Anjos da perdição – futuro e presente na cultura brasileira*, orientada por Michel Maffesoli, porém, citaria generosamente Foucault numa espécie de diálogo entre aceitação e recusa. Numa manhã em que fui entrevistar Jean Baudrillard no seu apartamento, na rua Sainte-Beuve, o assunto passou por Foucault. Jean me ofereceu um cálice de vinho branco. Recusei. Em 1977, Baudrillard publicara *Esquecer Foucault*. Entre os dois houvera uma controvérsia de gigantes. Para esquecer Foucault, de fato, brincou Jean, é preciso torcê-lo até que todo o suco escorra. A grande crítica de Baudrillard consistia em dizer que com Foucault o poder restava intacto como grade de interpretação. Mas o último Foucault já era outro. Voltei para casa e passei meses relendo Foucault de cabo a rabo. Recomendo ao viajante filosófico que faça o mesmo. De minha parte, guardo duas perguntas provocativas de Jean: 1) "Não quer mesmo uma taça de vinho?", 2) "Quando o poder controla tudo e todos ainda há poder?"

Fragmentos de um discurso amoroso – Livro de Roland Barthes, um dos maiores intelectuais franceses do século XX, da época em que a semiologia e a semiótica incendiavam corações e mentes. Publicado em 1977, era presente certo em determinados momentos de uma relação amorosa entre intelectuais. Em capítulos curtos, a obra trata de tudo que o coração não diz ou diz por outros meios que não os da palavra. Em certa fase da vida, ajudei a desovar estoques de livrarias.

França – Numa Copa do Mundo de futebol, apresentei minha paixão pela França assim: nas artes, são muitas seleções. Tem Nobel de literatura aceito e recusado, como o de Jean-Paul Sartre. Há quem diga, contudo, que os maiores talentos franceses são mesmo o "foie gras" (fígado de ganso), os vinhos e os queijos. Se a França escalasse seus monumentos, lugares e instituições, seria uma goleada: Palácio de Versalhes; Museu d'Orsay, Museu Picasso, Sainte-Chapelle, Conciergerie e Centro Pompidou; Torre Eiffel, Louvre e Notre-Dame; Sorbonne Velha, castelo de Chambord e Rive Gauche. Em nomes consagrados: Camus; Rousseau, Diderot, Victor Hugo e Godard; Balzac, Flaubert e Stendhal; Proust, Céline e Voltaire. Treinador: Napoleão Bonaparte. Daria para fazer seleções de historiadores: Fernand Braudel, Jacques Le Goff, Paul Veyne e Georges Duby no meio campo. De sociólogos: Pierre Bourdieu, Jean Baudrillard, Michel Maffesoli e Edgar Morin num 4-4-2 polêmico. Da música: Charles Trenet, Charles Aznavour, Piaf, Serge Gainsbourg. Em qualquer time, o antropólogo Claude Lévi-Strauss seria titular.

Simone de Beauvoir e Françoise Sagan poderiam sobrar? Claro que não. François Truffaut sentaria no banco? E Zola? E que tal uma seleção de poetas com Baudelaire, Rimbaud e Verlaine no ataque? E um time clássico com Racine, Molière e Corneille, tendo Montaigne, Pascal ou Sade como treinador, ou todos reunidos numa junta antagônica e complementar? Jules Verne, André Gide e Saint-Exupéry teriam alguma chance de convocação? E um meio-campo com Monet, Manet, Van Gogh e Renoir daria as tintas do jogo ou ficaria muito impressionista? Rodin esculpiria o esquema tático e seria o pensador da Copa do Mundo? Um ataque com Alain Delon, Brigitte Bardot e Jeanne Moreau seria lindo?

E uma formação reflexiva e radical com Guy Debord, Jacques Derrida e Michel Foucault? O importante é escalar o time atual, um misto quente capaz de provocar amores e ódios: no gol, onde a idade costuma ajudar, a veterana Catherine Deneuve (Brigitte Bardot já pendurou as chuteiras); na defesa, Alain Delon, Vanessa Paradis, Andrey Tautou e Juliette Binoche; no meio, Maurice Dantec, autor de *Raízes do mal*, o eterno "enfant terrible" do cinema, Jean-Luc Godard, o genial Michel Houellebecq, novo dono da camisa dez da literatura francesa, e a escritora Marie Darrieussecq; no ataque, fulminantes, Annie Ernaux, ou outro prêmio Nobel de literatura, Jean-Marie Le Clézio, e Thomas Piketty, o economista de *O Capital no século XXI*. Treinador: Edgar Morin, resistente ao nazismo, pensador da complexidade, do cinema, da cultura de massa, do homem e da morte. Algo me dizia que, no campo cultural, a França seria favorita. A Argentina tem o seu Pelé literário, Borges. O Brasil tem muitos talentos. Machado de Assis seria titular em qualquer seleção, ao lado de Pelé. Os Estados Unidos estariam entre os melhores. Pepino, o breve, não poderia imaginar quão longa seriam as glórias francesas.

Furet (François) – Tive a honra de conhecer François Furet, de almoçar na casa dele, de poder comentar minuciosamente com ele o seu livro *O passado de uma ilusão – ensaio sobre a ideia comunista no século XX* e de intermediar uma viagem sua ao Brasil. Era carimbado como intelectual de direita. Para mim isso nunca foi um problema. Se não suporto a extrema direita, sinto-me como Edgar Morin, às vezes de esquerda, às vezes de direita. Furet sempre me parece um historiador consistente.

Antes de François Furet, a Revolução Francesa de 1789, escrevi, teve vários outros grandes historiadores, entre os quais Alphonse Aulard, Albert Mathiez, Georges Lefebvre e Albert Soboul. Aulard fez de Danton o grande personagem da revolução de 1789. Foi detonado por seu ex-aluno Mathiez, que transformou Robespierre na figura principal da grande revolução e o aproximou de Lênin, estabelecendo um paralelo entre a Revolução Francesa e a Revolução de Outubro de 1917. Lefebvre, por sua vez, praticou uma leitura social do cotidiano da revolução. Soboul fez a leitura marxista da revolução de 1789 mais consolidada, tida por definitiva. Furet levantou-se contra ele, denunciando o deslizamento revolucionário para o terrorismo e desconstruindo as justificativas fáceis sempre apresentadas do tipo "eram os valores daquela época..." Como se vê, briga de cachorros enormes e bravos.

Furet dizia, rindo suavemente, com sua gentileza costumeira, que a revolução de 1789 fora uma disputa de virilidades e egos masculinos intumescidos. Cada um queria ser mais potente e bem aparelhado do que o outro. A guilhotina cortava cabeças e ilusões penianas. Furet via a mesma tentação nas revoluções comunistas do século XX. Ele tinha opiniões firmes: "O mundo burguês na história da humanidade representa a sociedade que produz o maior número de inimigos dela mesma".

Por que mesmo? Simples: "A democracia liberal suscita tantas reações fanáticas por ser um regime de relativismo moral e que não tem pontos de apoio filosóficos. O mundo liberal consiste em fazer viver em conjunto cidadãos de todas as opiniões e representa a hegemonia do individualismo privado voltado para o prazer, o bem-estar, as paixões e os desejos de cada um, sem pilares virtuosos e sem outra legitimidade que a do dinheiro. Há no mundo burguês uma enfermidade política causada pela ilegitimidade. A burguesia não é uma classe política". Se não era, tornou-se. Não vale a pena ler um cara assim?

Acho obrigatório. Ele faleceu em 1997.

G

Gainsbourg (Serge) – *Enfant terrible* da boêmia francesa dos anos 1960-1980, espécie de *bad boy* poeta, Serge Gainsbourg (1928-1991) formou com a inglesa Jane Birkin (1946-2023) um dos casais mais charmosos do mundo artístico europeu. Mais importante é o seguinte: ele compôs e eles cantaram canções de extremo bom gosto e muita provocação, entre elas "la javanaise" (a javanesa) e "je t'aime, moi non plus" (eu te amo... eu também não), que sinaliza fusão no sexo ("Je vais et je viens/Entre tes reins/Et je me retiens") e ambiguidade nos sentimentos, um vaivém no corpo da moça controlado na hora certa para não acabar rápido. A música foi proibida pelo salazarismo em Portugal e pelos militares brasileiros por supostamente ferir os bons costumes. A primeira interpretação teve a supergata da época, Brigitte Bardot, no dueto com Serge Gainsbourg, mas a estrela recuou. Só quase vinte anos depois, Bardot autorizou a difusão com uma condição: os direitos autorais ficaram com sua fundação em defesa dos animais.

Havia gozo musical mesmo antes do funk.

Gaité (Rue de la) – É um encanto? Assim? Exato. Encravada na velha Montparnasse, essa rua da alegria continua boêmia, cheia de teatros (Rive Gauche, Montparnasse, Petit Montparnasse), de bares, restaurantes, artistas, jornalistas e passantes de todos os tipos, como eu, como nós em noites de vagabundagem controlada, principalmente na primavera ou no verão. É preciso, contudo, reconhecer que ela tem charme no inverno. O nome diz tudo. O resto é criado nas comédias dos seus teatros e nas conversas dos seus notívagos. Quem anda pela Gaité acaba também perambulando por outras ruas do bairro. Por ali andaram Francis Scott Fitzgerald e Zelda, Sartre e Simone, Cláudia e eu. Ah, claro, não somos vinho da mesma safra, mas é um pouco assim que a gente se sente, tendo já uma boa autoestima, quando envereda por ali.

Sinta-se, viajante sem amarras, também um boêmio na Gaité. Tire uma foto diante da Comédia Italiana, com sua fachada azul. Saiba que no teatro Folies-Bolbino brilharam gente como Juliette Gréco, Léo Ferré, Edith Piaf, Georges Brassens e Josephine Baker, sem contar todos os outros que não cabem nos resumos. Não conhece qualquer um deles? Ah, viajante hipermoderno, pare para descobri-los. Ou faça isso em movimento mesmo. Não há o que perder. Ouça Brassens no spotify ou no youtube cantar "À Paris dans chaque faubourg" (*Nos subúrbios de Paris*) ou vá de Piaf mesmo, "Je ne regrette rien". Eu não me arrependo de uma só ida à Gaité e adjacências. Muito menos das tardes em que ouço Léo Ferré cantar "Avec le temps" (*Com o tempo*). A gente começa por eles e quanto vê está em Gréco cantando "Sous le ciel de Paris (*Sob o céu de Paris*) e em Josephine Baker entoando "Voilà Paris".

Viva uma boa dose de nostalgia. Nos dias frios, o cheiro de castanha assada e a bruma podem dar a algumas esquinas de Montparnasse um aspecto feérico (essa é a boa palavra), mágico, literário. Aí só tem um jeito: "prendre um verre" (tomar uma bebida) no Café Gaité ou noutro qualquer. Franceses não dizem tomar um drink. Nem nós, óbvio.

Gare de Paris Montparnasse – A estação é um enorme retângulo de concreto e vidro à frente da qual se abre uma esplanada. No inverno, os passantes atravessam dobrados pelos ventos cortantes, ainda mais os tropicais, como nós, puxando seus carrinhos de supermercado como faz quase todo francês. Havia no outro lado da grande praça um supermercado Inno, que virou Franprix, e uma casa noturna, "Brasil Tropical", com um desenho de coqueiros na parede externa que nos fazia ter saudades. Nas imediações daquele vasto mundo da estação há de tudo um pouco: atrás do Franprix, corre o boulevard Edgar Quinet, o velho Montparnasse de bares, creperias e pequenos hotéis, uma lateral do cemitério de Montparnasse, apinhado de celebridades e de personagens históricos repousando ou tornando-se poeira. Atrás da estação, a Place de Catalogne (Praça da Catalunha), um conjunto arquitetônico grandioso e pós-moderno do arquiteto Ricardo Bofill, amado por uns, odiado por outros, especialmente o portentoso bloco de apartamentos e a fonte do polonês Shamaï Haber, que não parece fonte, salvo pela água jorrando, não tem o que as fontes públicas normalmente exibem, não passando de um disco de granito. Sem polêmica, na França, não tem graça.

Paris tem seis grandes estações de trem (Montparnasse, Gare du Nord, Gare du l'Est, Gare de Lyon, Gare d'Austerlitz e Gare Saint-Lazare). Da Gare Montparnasse partem trens para sudoeste e oeste da França, assim como para a Espanha. Dela se vai para Bordeaux, Nantes, Chartres, Tours, Rennes, Saint-Malo, Monte Saint-Michel, Le Mans, Lourdes, Laval, Angers, mas também a Bruxelas. Em alguns momentos da vida um dos meus passatempos foi passear entre as suas 29 vias para ver o altivo TGV, o trem de grande velocidade, o trem-bala, que comecei depois a usar frequentemente em viagens como jornalista, pesquisador indo a congressos ou como turista. Ainda hoje sinto uma emoção deliciosa quanto entro em Montparnasse para embarcar num trem rumo a algum lugar, qualquer lugar, nem que seja para ir, bem próximo, à pacata Meudon, um dos endereços do CNRS, o Centro Nacional de Pesquisa Científica da França, que publica a revista acadêmica *Hermès*, dirigida pelo intrépido Dominique Wolton, de cujo conselho editorial faço parte, com agitadas reuniões gerais duas vezes por ano.

Todas as grandes estações de trens da França merecem ser vistas, conhecidas, examinadas. O trem para o aeroporto Charles de Gaulle passa pela Gare du Nord. Uma vez, sozinho, voltando ao Brasil, tive uma crise de ansiedade. Só pensava em chegar ao aeroporto. O trem parou na Gare du Nord e não saiu mais. Faltava energia. Os minutos passavam, o horário ficava cada vez mais aberto, pessoas suspiravam no escuro do vagão e, como diz uma canção de Belchior, eu me desesperava, silenciosamente, mentalizando coisas para fugir do medo que me assaltava sem que houvesse qualquer razão objetiva. Foram cinquenta minutos de espera. Então a luz acendeu, o trem ronronou e sacudiu-se, uma agitação tomou conta de todos, uma multidão se mexeu na plataforma e tudo começou a fluir. Cheguei a tempo de embarcar e de respirar.

A mais bela grande estação de Paris é a Gare de Lyon. Essas estações aparecem em tantos romances inesquecíveis, dos policiais de Georges Simenon a livros de Balzac. Em 2013, Claire Simon fez *Gare du Nord*, apresentado como uma comédia dramática. Jean Rouch fez sobre a Estação do Norte o seu episódio para "Paris vista por...", que contou ainda com o olhar de Jean-Luc Godard, Eric Rohmer, Claude Chabrol e outros. Meu coração, no entanto, continua ligado a Montparnasse.

Uma parte das minhas cinzas pode ser jogada ali; outra, de cima do cerro de Palomas; um bocado em Porto Alegre. E acabou-se, que não darei tanta cinza assim. Mas, entre nós, sem pressa, temos tempo.

Gauguin (Paul) – A vida do pintor foi difícil. Escrevi várias vezes sobre ele, depois de rever seus quadros no Museu D'Orsay ou depois de ver um filme sobre ele. O pintor deixou a Europa, mulher e filhos em busca de luz. Sentia-se sufocado no Velho Mundo. Encontrou na Polinésia Francesa, conforme a denominação dos colonizadores, material para obras-primas. Só não conseguiu se livrar dos próprios fantasmas.

Era difícil encontrar comprador para as suas pinturas. Filho de um francês com uma franco-peruana, passou parte da infância em Lima. Casou-se com uma dinamarquesa. Morreu pobre e solitário na Oceania. Quem diria que um dia o seu quadro *Quando te casarás?* seria leiloado por quase trezentos milhões de dólares! Quando ele morreu, a linda tela foi negociada por míseros sete francos. Gauguin chegou a trabalhar como estivador para ter o que comer. Também foi operário na construção do canal do Panamá. Ele sofreu por amor, ciúme e falta de reconhecimento. Sofreu, mais do que tudo, por sua obsessão. Sabia que era um grande artista e precisava sustentar isso contra o descrédito generalizado. Artista é isso: estar certo contra o seu tempo.

O artista genial surpreende tanto os seus contemporâneos que estes não estão providos de mecanismos para interpretar o que veem. É o paradoxo da grande arte. Quanto maior a originalidade maior a incompreensão. Claro que essa ideia pode servir de consolo para gente sem talento. Basta imaginar que se está à frente de tudo e de todos. Gauguin era teimoso, temperamental e obcecado. Via arte em tudo. Era louco por exotismo e por meninas exóticas. Hoje, seria considerado pedófilo. Tem sido acusado de comportamentos inapropriados. Um dos seus amores no Taiti foi Tehura, uma menina de 13 anos de idade.

É quase impossível, no Museu d'Orsay, em Paris, não ficar petrificado diante de quadros de Gauguin no Taiti. As cores são tão fortes que quase queimam. A relação entre observador e obra é sensual, epidérmica. Pessoas de horizontes diversos se arrepiam. A frieza nórdica descongela. Eu olho os quadros e penso também no homem. Era um vulcão. Queria a diferença. Foi atrás dela. Buscava a autenticidade. Odiava o colonialismo. Comportou-se muitas vezes como um colonizador violento e irascível. Salvo pelo fato de que não se contentou em saquear temas, corpos e imaginários. Criou. Deixou um legado genial.

No Museu d'Orsay eu fico hipnotizado diante de *Arearea.*

Sonho ou realidade?

Genet (Jean) – Ele começou a escrever na prisão de Fresnes e foi certamente o maior maldito da literatura europeia do século XX. Filho de uma operária e prostituta, de pai desconhecido, foi entregue muito cedo aos cuidados de uma família de marceneiros. A vida de Genet (1910-1986) foi um romance cheio de peripécias: abandonado pela mãe sete meses depois do seu nascimento, bom aluno, parou logo de estudar. Passou por um tratamento psiquiátrico, esteve no exército, atravessou a França a pé, perambulou pelo norte da África, desertou, praticou pequenos delitos. Homossexual, viveu grandes e trepidantes amores enquanto a Europa mergulhava nas trevas do nazismo e da guerra. Preso em flagrante, quando praticava um furto, de posse de uma arma e de documentos falsos, foi parar na prisão. Identificado como desertor, diagnosticado como "desequilibrado e amoral", foi ao fundo do poço. Em 1942, na prisão de *la Santé*, em Paris, começou uma obra-prima, *Notre-dame-des-fleurs*. Em poucos anos, seria reconhecido como um escritor genial. Para alguns, no seu gênero, o mais genial depois de Sade. Virou autor da prestigiosa e cobiçada editora Gallimard.

Jean-Paul Sartre o imortalizou com um texto intitulado *São Genet, comediante e mártir*, em 1952. Admirado, adulado e incensado, Genet permaneceu um maldito. Jamais renegou suas ideias e seus desejos. Jacques Derrida chegou a dizer que a obra de Genet escapava de qualquer grade de interpretação filosófica, psicanalítica e moral. Em 1949, Sartre e Jean Cocteau organizaram um abaixo-assinado pedindo o perdão do resto do tempo de pena que lhe cabia cumprir. Deu certo. Livre, Genet passou um tempo sem inspiração. Viajava, lia, amava. Finalmente voltou a escrever. *Pompas fúnebres* é um dos seus melhores textos. Depois de anos no Marrocos, Genet voltou à França. Morreu na madrugada de 15 de abril de 1986 num hotelzinho parisiense. Genet escrevia com as tripas e com a alma. Não fazia concessões. Queria a revolta, não a revolução. Buscava a liberdade total. Nada de migalhas.

A montagem de *O Balcão*, de Genet, fez muito sucesso no Brasil. Por que, mesmo famoso, Genet continuou um maldito? Porque se tornou um dos mais ácidos críticos da hipocrisia da alta sociedade francesa, do racismo dominante no Ocidente, da homofobia e das políticas de Estado voltadas para a imposição dos interesses dos mais fortes. Tornou-se amigo dos "black panthers" americanos, apoiou os estudantes em 1968, denunciou o horror das prisões e foi, em 1982, o primeiro europeu a testemunhar o massacre de palestinos praticado por milícias aliadas de Israel. Quem puder, leia *Quatro horas em Chatila*. Genet via-se como um "inimigo declarado" dos podres poderes. Impossível ignorá-lo.

Gibert Joseph – De todas as livrarias de Paris, especializadas ou generalistas, salvo a Fnac da Rue de Rennes, a que mais me consumiu foi a Gibert Joseph (26 boulevard Saint-Michel), no velho e acolhedor Quartier Latin, pertinho da Sorbonne. A história dessa livraria tem a simplicidade de um bom mito: um professor de Saint-Etienne decide se mudar para Paris com um projeto bem claro na cabeça: vender livros à beira do Sena, à sombra ampla da Notre-Dame, em quatro bancas de *bouquinistes* (livreiros). Dois anos depois, ele abre a primeira loja, no número 23 do Quai Saint-Michel. A aventura está lançada. O homem chamava-se Gibert Joseph e tinha faro para os bons negócios.

Ele resolveu vender livros escolares a bons preços, ou usados, beneficiando-se de uma lei que revolucionou a França, a lei Ferry. Na verdade, o correto é falar das leis Ferry, aprovadas por obra do ministro da Educação da época, a Terceira República, Jules Ferry. A primeira lei, de 1881, fixou a gratuidade do ensino fundamental. A segunda, de 1882, estabeleceu a obrigatoriedade e a laicidade da escola. A França, acostumada a mudar, nunca mais seria a mesma.

Quem havia cortado a cabeça de reis não temeria guilhotinar a ignorância e os limites à instrução da população. Os conservadores monarquistas tiveram de absorver um duro golpe. Mais do que as barricadas, fundamentais nas lutas contra os privilégios das castas do antigo regime e mesmo depois dele, a escola para todos faria a grande revolução da sociedade francesa. Joseph viu o cavalo republicano passar encilhado, pôs o pé no estribo e montou para não descer mais. Entraria para a história da cultura da França pela porta dos livros.

Como sói acontecer, os filhos do fundador não se entenderam sobre a forma de administrar os negócios depois da morte do pai, em 1915. A partir de 1929 cada um teria a sua Gibert. Um deles ficou no endereço original com a Gibert Jeune, mudando de endereço algumas vezes, passando para a outra margem do rio e voltando para se instalar definitivamente na praça Saint-Michel. O outro foi cuidar da vida no 26, boulevard Saint-Michel, engolindo mais alguns números dessa via com o passar do tempo. Abriria também lojas no interior do país. Atento às mudanças tecnológicas, passaria, na hora que considerou adequada, a vender discos, vídeos, histórias em quadrinho, etc. Afinal, o leitor costuma ser também um bom ouvinte de música e de imagens.

Assim atravessaram guerras, viram surgir best-sellers, conviveram com encalhes, aplaudiram novos autores, enterraram velhos e seguiram explorando a boa fórmula: comprar com uma mão rápida e vender com a outra espalmada, fazendo a máquina girar com livros novos e usados. Em 2017, Gibert Jeune, em crise grave, foi comprada pela Gibert Joseph. Tudo em casa. Família reunida. O perigo agora é a nova era. Será que o livro impresso vai se tornar página virada? Suspense.

Garimpar livros de ocasião, a preços incrivelmente baratos, tornou-se um esporte muito praticado em Paris ao longo do tempo. Eu me dediquei a essa prática semanalmente durante anos. Era sair da Sorbonne e dar uma passada na Gibert. Em dias de exploração bem-sucedida, voltava-se para casa com uma mala de boas leituras. A Gibert Joseph mudou a minha vida e as minhas estantes. Ainda tenho livros com o selo amarelo dos volumes usados, embora de obras de lançamento recente. Ir a Paris para mim significa passar na Gibert Joseph e adquirir um sortimento, pensando em não explodir as malas, não exceder o peso permitido nos aviões e não comprometer a fatura do cartão de crédito. Alguma leitura dos novos tesouros adquiridos começa já no voo. Na Gibert Joseph comprei meus três volumes de *Em busca do tempo perdido*. Passei um verão fora do tempo normal. Como não tenho o fetiche das primeiras edições, nem dinheiro para obras de coleção, sou um leitor de ocasião, um leitor sob medida para a Gibert Joseph.

Godard (Jean-Luc) – Era um gênio. Quando ele morreu, aos 91 anos de idade, em 2022, dediquei-lhe esta modesta nota no site Matinal Jornalismo: fez cinema como poucos. A sua máxima era mínima: fazer filmes inteligentes para espectadores capazes de não considerar a inteligência como algo chato. Para o jornal francês *Libération*, Godard era o "último utopista do século XX". O jornal conservador francês *Le Figaro* deu adeus a uma "lenda da sétima arte". Para o *New York Times*, ele foi "um diretor ousado que moldou a *nouvelle vague* francesa", mais do que isso, o "cineasta e provocador franco-suíço [que] refletiu radicalmente o cinema e deixou uma influência duradoura no meio". Godard teve "morte assistida", ou "ajuda ao suicídio", na Suíça. À bout de souffle *(O Acossado)*, *Le mépris (O Desprezo)* e *Pierrot le fou* (*O Demônio das onze horas)* são três magníficos elogios à paixão e ao pensamento. De fato, não havia mais lugar para um artista como Godard no mundo do TikTok. Vale repetir: nunca o cinema mundial foi tão inteligente quanto com Jean-Luc Godard. Ficou me devendo uma entrevista. Faltou pouco para o acerto de local, data e hora.

Eu não viajaria sem antes ver ou rever um filme dele.

Goncourt (Prêmio) – O Nobel francês da literatura. Tão respeitável que já foi ganho por Marcel Proust, André Malraux, Romain Gary, Julien Gracq, Marguerite Duras, Dominique Fernandez, Patrick Chamoiseau e Michel Houellebecq. Atribuído pela primeira vez em 1903, olhando a lista completa dos laureados, vê-se que a maioria sumiu na poeira do tempo. Exatamente como acontece com o Nobel sueco. Sinto-me feliz de já ter recebido três ganhadores em minha casa, em Porto Alegre: Dominique Fernandez, Patrick Chamoiseau e Michel Houellebecq. O prêmio não pode ser recebido mais de uma vez. Gary ganhou um em seu nome e outra com o pseudônimo de Emile Ajar. O Goncourt é uma instituição francesa, notícia na televisão, nos jornais e nos bons jantares.

Graissessac – Deliciosa França profunda. Crônica-verbete. Michel Maffesoli, o pensador que, como sempre digo, melhor descreve o que vivemos, para desespero dos positivistas, acabava de publicar um novo e potente livro, *A força do imaginário*, quando estivemos no vilarejo onde ele nasceu, Graissessac, no sul da França. Ele nos recebeu na sua bela casa com a generosidade de sempre. Na volta para Montpellier, depois de momentos inesquecíveis, de carona com Philippe Joron, ouvimos uma linda história contada por sua neta, Mélia, de oito anos, moradora da Ilha de Reunião, departamento francês no Oceano Índico.

– Eu tenho uma montanha – ela disse.

Ficamos maravilhados. Fazia muito calor. A tal da canícula que tanto assusta os franceses. Temperaturas acima dos 40 graus. O sol faiscava no asfalto como num quadro impressionista. A conversa fluía com a suavidade de uma tarde para não se esquecer. A mãe de Mélia é brasileira. O pai, francês. Ela é bilíngue. Fala português com um doce sotaque. Linda.

– Quem te deu a montanha? – perguntamos.

– Meu pai.

– Posso ficar com a tua montanha? – pergunto.

– Talvez você possa ficar com a montanha do lado.

Há uma criança eterna no homem que sabe jogar e brincar, diz Maffesoli. Esse é o espírito do imaginário, aquilo que se eleva acima do racionalismo e dá sentido ao que guardamos como muito especial. Mélia, como toda criança, une a fantasia e a racionalidade sem qualquer hesitação. Essa é a força do imaginário, esse encantamento infantil permanente que "magifica" o mundo tornando-o muito mais interessante.

– A sua montanha está sozinha. Não tem medo que a roubem?

– Claro que não.

O carro rodava nos 130 km/h permitidos na excelente estrada sem pedágio nem buracos ou remendos. Um tapete impecável mantido pelos impostos dos franceses. Cruzávamos vilarejos em cores suaves que sempre lembram casas de boneca. Ficamos todos em silêncio refletindo sobre a resposta perplexa da menina.

– Como pode ter certeza de que não vão roubar a tua montanha?

– Ninguém pode roubar uma montanha, ora.

Graissessac vale a visita. Tem a paz da vida sem pressa.

Grand Palais (le) – Imponente, como quase tudo em Paris, o Grand Palais faz par com o Petit Palais, construídos para a exposição universal de 1900. É um grande imóvel de vidro e aço. Cada vez que fui ver uma exposição no seu ventre, tive a impressão de algo enorme, quase opressivo. Então meu amigo Dominique Wolton, diretor da revista *Hermès*, me convidou para um evento noturno num dos recintos do gigante. Levei um casal de brasileiros comigo. A festa estava à altura do Grand Palais. Champanha jorrando à vontade, camarões que pareciam não caber na boca. Em rodinhas, celebridades intelectuais contavam anedotas, comentavam suas últimas missões, que é como chamam as viagens de trabalho, ou falavam mal de alguém de acordo com a etiqueta, ou seja, com humor, ironia e tiradas fulminantes, único modo em que esse tipo de exercício intelectual é admitido e absolvido.

Desde então passei a ter certa afeição por esse grande navio fundeado nas proximidades da avenida Champs-Élysées e do Sena, como se as águas do rio tivessem recuado um pouco, em algum momento de eras geológicas fictícias, para deixar à vista o casco do monstro, parte importante desse mastodonte com uma abóbada envidraçada e números impressionantes, 8.500 toneladas de aço, 240 metros de fundo no espaço principal, ambientes para a floração das artes variadas. Consta que o modernista Le Corbusier queria derrubá-lo para instalar algo mais adequado aos novos tempos no lugar. O projeto morreu com ele. Fechado para reformas quando surgiram sinais de fadiga estrutural, em diversas etapas, teve suas atividades interrompidas novamente – o anunciador de más notícias adepto de eufemismos diria descontinuadas – em 2021, com o objetivo de estar pronto para os Jogos Olímpicos de 2024. No Grand Palais, vi e não esqueço a maravilhosa exposição Amenófis III.

Palácio das artes, o Grand Palais não se apequena. Fico só imaginando o tamanho dos camarões e a quantidade de champanha que jorrará na reinauguração! A cada um conforme a sua dimensão.

Gréco (Juliette) – Nascida em 1927, em Montpellier, ela morreu, aos 93 anos de idade, em Saint-Tropez. Os mais jovens perguntarão com enfado: quem era? O enfado, imortalizado na filosofia como tédio, afeta mais a juventude. Meu amigo Luis Gomes, editor da Sulina, foi quem me anunciou a morte de Juliette. Luis tem alma de francês, o que se vê na sua preferência por vinhos e queijos, e cultura existencialista. Poderia ter bebido nos cafés de Saint-Germain-des-Prés com Jean-Paul Sartre, Simone de Beauvoir e Juliette, cantora e atriz, musa desses anos em que havia programas de rádio só de poesia. Filha de resistentes ao invasor nazista, ela foi presa pela Gestapo e teve a mãe deportada. Uma história de filme, de teatro e de coragem.

Ouvir Juliette cantando "Folhas mortas", de Jacques Prévert, é algo sublime que os tempos de pandemia e de mediocridade não conseguem sufocar: "Oh! Eu quero tanto que você se lembre/Os dias felizes quando nós éramos amigos/Naquela época, a vida era bela/E o sol mais quente que hoje". Quantos dos meus leitores mais experientes, que a velhice é uma invenção dos cartórios, não terão algum dia embalado sonhos escutando a bela Juliette esquentar gravemente os corações? Tenho saudades desses tempos que não vivi. Só me resta reler os existencialistas. Como não se emocionar com estes versos: “As folhas mortas se recolhem com pá/Lembranças e arrependimentos também”.

Eu carregaria um caminhão com pá se decidisse recolher minhas lembranças, meus remorsos e meus arrependimentos. Um dia, farei isso. De que me arrependo mais? Certamente de não ter fugido para a África como Rimbaud onde poderia ser traficante de poesias e de memórias. Eu me arrependo também de não ter me mantido jovem por mais tempo. É que eu não suportava o tédio necessário a uma juventude sadia. Queria ter logo cabelos grisalhos para me sentir ao abrigo das certezas. Muitos certamente ouviram Juliette Gréco em *Bom dia, tristeza* (1958), filme baseado na obra da desconcertante e rica Françoise Sagan, dirigido por Otto Preminger, com a linda Jean Seberg num dos papéis principais.

Juliette Gréco foi a musa da “rive gauche”, a estrela da margem esquerda do Sena, a voz de uma geração que era tristemente feliz.

Guattari (Félix) – Um dos mais influentes filósofos franceses do século XX. Parceiro de Gilles Deleuze num livro extraordinário, *O anti-Édipo: capitalismo e esquizofrenia*. Morreu três dias antes de meu retorno da Grécia para a entrevista que havia aceitado me conceder.

H

Houellebecq (Michel) – Para mim, o maior escritor francês da atualidade e um dos maiores do mundo, se não for o maior. Quando o leio, com sua escrita transparente, direta, límpida e com sua ironia fatal, tenho a impressão de estar vendo a verdadeira vida passar impiedosamente diante de meus olhos. Traduzi dois livros dele, *Partículas elementares* (1999) e *Extensão do domínio da luta* (2002) para a Sulina, introduzindo a sua obra no Brasil. Intermediei três viagens dele a Porto Alegre, com parada em São Paulo e Salvador. Claudia, eu e ele fizemos junto uma viagem à Patagônia, que resultou no meu livro *Um escritor no fim do mundo* (Record), publicado na França como *En Patagonie avec Michel Houellebecq* (CNRS). Ficamos amigos.

Considerado fechado, retraído e de poucas palavras, mostrou, na viagem à Patagônia, o que sempre constato em nossos encontros, seja na minha casa, em Porto Alegre, seja no apartamento dele, na periferia de Paris, Porte d'Italie, ou em outras ocasiões: afável, generoso, brincalhão e divertido. Na Patagônia, revelou-se um grande imitador de personalidades francesas da mídia, da arte e da política. Além de ser um bom parceiro para vinhos e outras bebidas mais fortes, um excelente fotógrafo, as suas exposições provam isso, e um grande contador de histórias capaz de tornar um jantar inesquecível e agradável.

Quando recebi o título de Doutor Honoris Causa da Universidade Paul Valéry, em 2023, em Montpellier, ele enviou uma mensagem para os organizadores lerem durante a cerimônia. Difícil não se emocionar:

"As relações intelectuais e, de modo mais geral, culturais entre a França e o Brasil provavelmente foram muito mais fortes no passado. Sem conhecer os detalhes da história, embora eu seja leitor de Auguste Comte, só posso ficar impressionado com o fato de o Brasil ser o único país do mundo a exibir em sua bandeira um lema, *Ordem e Progresso*, traduzido diretamente de um filósofo francês. As razões pelas quais estas relações se tornaram tensas também são desconhecidas para mim. O que sei, porém, é que Juremir Machado da Silva, entre todos os intelectuais brasileiros, é sem dúvida quem mais tem feito para renová-las. Eu próprio fui um beneficiário dos seus esforços. No meu caso, ele chegou ao ponto de escrever um livro sobre a nossa viagem à Patagônia, que consegue a estranha proeza de ser encantador, engraçado e profundo ao mesmo tempo – ao passo que, se às vezes sou profundo, raramente sou engraçado, e encantador quase nunca".

Fechou ironicamente: "Outros autores franceses foram introduzidos no Brasil graças ao seu trabalho e à sua atividade incessante. Às vezes é quase um pouco embaraçoso. Será que vale a pena dedicar tanta energia ao estado da nossa literatura para torná-la conhecida? Não sei, mas o que tenho certeza é que Juremir Machado da Silva, por todo o seu trabalho e ação, mereceu plenamente que uma universidade francesa lhe concedesse um doutorado honoris causa".

Já escrevi muitos textos sobre a vida e obra de Michel Houellebecq. Fiz muitas entrevistas com ele. Neste livro de verbetes inéditos, resgate de artigos, colagens e bricolagens, entrego ao viajante descansado uma síntese sobre esse personagem complexo:

Michel Houellebecq nos recebeu para jantar no seu apartamento no bairro mais oriental de Paris, chamado de

Chinatown. Chegamos antes para uma hora de entrevista gravada. O mais importante escritor francês da atualidade iria receber na noite seguinte, num jantar chique para 300 pessoas, o prêmio literário da Biblioteca Nacional da França por seu livro *Submissão*. Conforme o regulamento, ele não pôde ganhar uma segunda vez o *Prix Goncourt*, o Nobel francês, por ter sido laureado em 2010 por *O mapa e território*. *Submissão,* que trata da chegada ao poder dos muçulmanos na França, em 2022, deveria ter sido lançado no dia em que aconteceu o atentado a *Charlie Hebdo*.

Depois disso, Houellebecq viveria constantemente sob proteção policial. Os seus livros já venderam cerca de três milhões de exemplares. Irônico, provocador, culto e impiedoso com o politicamente correto e com o fanatismo religioso, ele se revelava por inteiro enquanto lutava para não ter a sua vida privada devassada por uma reportagem no jornal francês Le Monde e preparava uma exposição de fotografias para o prestigioso Palais Tokyo. Nas respostas que me deu naquela noite, Michel caprichou na ironia e na leveza. Um exemplo: entre o sushi e o patriarcado, o que tu escolhes? Houellebecq – "Os dois não são incompatíveis. O Japão era patriarcal". Outro: The Guardian diz que a originalidade francesa morreu. Verdade? Houellebecq: "Os ingleses vivem preocupados com isso. Não é inveja, pois se acham superiores. Talvez seja a nostalgia de uma referência".

Em 1999, fomos participar de uma mesa na sede do jornal *Folha de S. Paulo,* na capital paulista. Uma professora estava muita indignada por causa das enormes vendas dos romances de Michel. Não imaginava certamente o quanto isso cresceria. Insinuava que, se vendiam muito, não podiam ser bons nem verdadeiramente artísticos. Um dos pecados dos romances de MH, para os seus detratores, é que eles são simples, não exigem dicionários nem complicadas operações de decodificação. O autor não inventa palavras. A riqueza está na ironia feroz, no "desocultamento" de verdades que produz com seu aguçado senso de observação e nas intrigas meticulosamente construídas para colocar a vida em cena. Ele ouvia as críticas e respondia assim: "Bah, sim".

Escrevi também na França sobre as proezas de Michel. Contra todas as probabilidades, Houellebecq decidiu salvar o romance francês da sua agonia com fortes doses de pensamento sociológico. Ele relançou a eterna discussão sobre as fronteiras entre os gêneros: romance ou ensaio? Literatura de ficção ou crítica social disfarçada? Invenção solitária ou batalha de ideias em forma de história, que permite todas as imprecisões da "ilusão referencial" sem ter que corar?

O importante é que Houellebecq ressuscitou personagens inteligentes em literatura e deu mais uma vez aos intelectuais um lugar de honra no imaginário do exotismo cotidiano. Por outras palavras, as classes médias são de fato sujeitos literários, com tudo o que isso implica, incluindo o exame satírico e implacável das verdades intelectuais de um verão. *Partículas Elementares* ridicularizou as mitologias sexuais de 68. E assim todo um imaginário ancorado no sonho da transparência comunicativa e da libertação total. A cada utopia, uma decepção, mas, por outro lado, muita emoção.

Minha humilde sugestão ao viajante aplicado: ler tudo de Michel Houellebecq. É arte na veia. Quando estou entediado, releio MH.

É sempre revigorante. Fico pronto para a luta novamente.

Huchette (teatro de la) – Houve alguns anos em que nossa rotina era percorrer teatros parisienses, dentro da cidade e na periferia. Havia muito o que ver. Íamos de Pina Bausch, na Opera Garnier, a Molière, na Comédie Française, passando por Brasil e PSG, no Parc des Princes. Nas minhas agendas, resgato: *Jardim das cerejeiras*, de Tchecov, no Teatro de Genneviliers; *A cantora careca* e *A lição*, de Ionesco, no teatro de La Huchette (23 rue de la Huchette); *A Igreja*, de Céline, em Nanterre; *Coração das trevas*, no Ateneu; *O Cavaleiro de Olmedo*, no Teatro da Europa (anotei: um espetáculo belo, apesar de convencional, com um cenário realista e bonito, em um teatro tradicional, aconchegante e "burguês"); *Agamemnon*, dirigido por Ariane Mnouchkine, com Juliana Carneiro, na Cartoucherie ("espetáculo belo, plástico, vibrante, com música melancólica e doce"); *Juízo final*, de Bernard-Henir Lévi, com Arielle Dombasle, no Atelier. A lista é longa e apaixonante.

Eu me preparava para uma cirurgia. O doutor Sterckers, no hospital Beaujon, em Clichy, me tirou para sempre o zumbindo que me infernizava o ouvido esquerdo. Por que falo tudo isso neste verbete? Para dizer que enquanto assistia às aulas de Umberto Eco e Jacques Derrida, que enchem minhas agendas de anotações (Eco: linguagem – atividade; língua – sistema; sistemas semióticos – música, alfabeto morse...), fazia exames para a cirurgia, atuava como correspondente internacional, corria pelos teatros em busca de sensações singulares.

Foi no pequeno teatro de la Huchette que experimentei algumas das melhores sensações. Ali são encenadas desde 1957 algumas das peças mais importantes de Ionesco. Já são quase vinte mil representações de *A cantora careca* e *A lição*. E dizer que Bernard Grasset achou que o texto de Ionesco não valia gastar papel e tinta com publicação! Ir até ali é sempre bom. Sorve-se o burburinho das ruelas que se espiralam nas proximidades do Sena, onde se pode comer em pequenos restaurantes gregos (um *gyros*, carne assada num espeto vertical e transformada num sanduíche com molhos e verdes, é demais) e de outras nacionalidades. O viajante sufocado por essa atmosfera singular pode voltar para o boulevard Saint-Michel em busca dos grandes espaços. O pequeno teatro do absurdo é uma instituição parisiense. Sempre que posso, volto.

Numa dessas voltas, vimos um musical contando a vida de Kiki de Montparnasse, a musa, cantora e modelo dos pintores da Escola de Paris, época em que a capital francesa fazia o papel de capital cultural do mundo. Paris dos "anos loucos", da vida louca. Paris da rivalidade entre os artistas de Montmartre e de Montparnasse. Paris de Modigliani, Man Ray, Hemingway, Fitzgerald, Utrillo, Jean Cocteau, Soutine e tantos outros, europeus, norte-americanos, surrealistas, dadaístas, pintores, escritores, boêmios. A Primeira Guerra Mundial deixou a França com déficit de homens. O racismo e a lei seca empurravam americanos para o exterior em busca de álcool e de liberdade. Paris tornou-se o cadinho de uma geração internacional.

Escrevi esse parágrafo para o *Correio do Povo*, de Porto Alegre, onde tive coluna por 22 anos. Confesso que não perdi tempo em casa. O Teatro de la Huchette, que se apresenta como "o menor dos maiores teatros", continua firme e forte. Em cartaz, de terças a sábados, *La cantatrice chauve* e *La Leçon*. Algo mais? *Cookie*, de Cookie Mueller. Resumo oficial: "Figura icônica da contracultura americana dos anos 70 e 80, ao mesmo tempo escritora, atriz, *go-go dancer*, Cookie Mueller viveu mil vidas. A mil por hora. Desafiando a morte sempre por perto. Um percurso transgressor, rock, pontuado por viagens psicodélicas, lutas ardentes e momentos de doçura infinita. Entrar no universo de Cookie é como caminhar à beira de um penhasco. Atreva-se a experimentar..." O pequeno Huchette nunca se trai ou desiste.

Viajante esteticamente engajado, não deixe de ir.

I

Instituto do Mundo Árabe – De fácil acesso (1 rue des Fossés saint Bernard) pelo metrô (linhas 7 e 10, Jussieu e Cardinal Lemoine), é o ponto central em Paris de consagração da cultura árabe. O prédio tem a assinatura dos arquitetos Jean Nouvel e Gilbert Lézènes. É mais uma obra com o selo François Mitterrand de grandeza e percepção da importância do respeito à diversidade civilizacional. As portas do Instituto do Mundo Árabe foram abertas ao público em 1987. A biblioteca do IMA é uma joia de valor incalculável. Espaço ideal para quem, de coração aberto, quer entender o outro, esse outro, não europeu, não cristão, com quem se vive lado a lado, no metrô, na universidade, nas ruas, nos jogos de futebol, e do qual muitas vezes se sabe tão pouco, o que serve de fermento a preconceitos passados de geração em geração. Procurei ali abrir as portas da minha mente.

Ironia francesa – A ironia é uma instituição retórica francesa. Certo, muitas culturas a praticam. A França, contudo, fez dela um patrimônio que não para de se renovar: de François Rabelais a Voltaire e Michel Houellebecq. A ironia, ao contrário do humor, não faz bons amigos. Ninguém coleciona ironia sobre si. A ironia fere. Em *Extensão do domínio da luta* (Sulina, 2002), Houellebecq deu mostra do que se pode fazer manejando habilmente a ironia. Trecho de seu bestiário:

"Minha reflexão sobre os chimpanzés arrastou-se até tarde da noite de sábado para domingo e acabei por esboçar um novo bestiário intitulado *Diálogos de um chimpanzé e de uma cegonha*; na verdade, um panfleto político de extrema violência. Feito prisioneiro por uma tribo de cegonhas, o chimpanzé mostra-se, de início, preocupado, retraído. Uma manhã, enchendo-se de coragem, pede para encontrar a cegonha mais velha. Assim que se acha diante dela, levanta os braços para o céu e pronuncia o seguinte discurso desesperado:

‘De todos os sistemas econômicos e sociais, o capitalismo é incontestavelmente o mais natural. Isso já basta para indicar que deverá ser o pior. Uma vez estabelecida essa conclusão, só nos resta desenvolver um aparato argumentativo operacional e não desviante, ou seja, cujo funcionamento mecânico permitirá, a partir de fatos introduzidos ao acaso, a geração de múltiplas provas capazes de confirmar a sentença inicial, um pouco como barras de grafite reforçam a estrutura de um reator nuclear. A tarefa é simples, digna de um jovem macaco; contudo, eu me censuraria por qualquer negligência’.

‘Quando da migração do jato de esperma pelo colo do útero, fenômeno imponente, respeitável e realmente capital para a reprodução das espécies, observa-se, às vezes, o comportamento aberrante de alguns espermatozoides. Olham para a frente, olham para trás, nadam, às vezes, até mesmo na contramão, durante breves segundos, e o estremecimento acelerado da cauda parece traduzir-lhes um questionamento ontológico. Se não compensam essa surpreendente indecisão com uma velocidade particular, chegam, em geral, tarde demais e raramente participam, em consequência, da grande festa da combinação genética’.

‘Assim foi em 1793 com Maximilien de Robespierre, arrastado pelo movimento da história como um cristal de calcedônia tomado por uma avalanche em zona desértica ou, melhor, ainda, como uma cegonhazinha de asas muito fracas nascida por um infeliz acaso pouco antes da chegada do inverno e que encontra muitas dificuldades – a coisa é compreensível – para manter a rota correta nas travessias de *jet-streams*. Ora, os *jet-streams* são, como se sabe, mais violentos perto da África; mas ainda vou precisar o meu pensamento'.

'No dia da sua execução, Maximilien de Robespierre estava com a mandíbula quebrada, presa por uma faixa. Pouco antes de ele entregar a cabeça à guilhotina, o carrasco arrancou-lhe a bandagem. Robespierre soltou um urro de dor, jorrou sangue da ferida, seus dentes quebrados caíram no chão. Depois, o carrasco brandiu o pano aberto, como um troféu, para mostrá-lo à multidão em torno do cadafalso. As pessoas riam e soltavam piadas. Em geral, nesse ponto, os cronistas acrescentam: 'A revolução estava acabada'. É rigorosamente exato. Nesse preciso instante em que o carrasco sacudiu a bandagem pingando sangue sob aclamação da massa, quero acreditar que na cabeça de Robespierre se passou outra coisa além do sofrimento. Algo mais do que o sentimento de fracasso. Uma esperança? Ou, sem dúvida, o sentimento de que tinha feito o que precisava fazer. Maximilien Robespierre, eu te amo'.

A cegonha mais velha respondeu simplesmente com uma voz lenta e terrível: '*Tat twam asi*'. Pouco depois, o chimpanzé foi executado pela tribo de cegonhas. Morreu, sofrendo de maneira atroz, transpassado e emasculado pelos bicos pontudos das aves. Tendo questionado a ordem no mundo, o chimpanzé tinha de perecer; realmente, podia-se compreender; era assim. Domingo de manhã, andei um pouco no bairro; comprei um pão com passas de uva. Era um dia suave, mas um pouco triste, como é, com frequência, o domingo em Paris, sobretudo quando não se acredita em Deus." Precisa dizer mais? Viajante polemista, vá a Paris, colha ironias, volte para casa e não tenha medo de usá-las. Muitas vezes, a ironia é a única arma que se tem contra a estupidez. Albert Camus, num texto de 1939, antecipando o horror da guerra, recomendava aos jornalistas que fossem perseverantes, soubessem dizer não, cultivassem a lucidez e praticassem a ironia. Se for preciso guardar apenas um pedaço deste livro, que seja esta parte, em nome da moral da história. Ah, a citação foi longa? De fato, mais longa do que um tuíte.

Cabe, porém, num longo fio.

Ivry-sur-Seine – Situada na chamada periferia vermelha de Paris, a cinco quilômetros da capital francesa, Ivry-sur--Seine, no Vale do Marne, é conhecida por ser um bastião do Partido Comunista Francês (PCF), tanto que, em 1963, o astronauta Yuri Gagarin visitou a comunidade e, enquanto era alvejado com pétalas de rosas, plantou uma árvore. Era a consagração do conjunto residencial Gagarin-Truillot, com a inauguração de um edifício de treze andares revestido de tijolo vermelho. A planta não sobreviveu a uma tempestade em 1999. O modelo residencial dos anos 1960 foi derrubado em 2019. O PCF sobrevive.

O futuro pertence a uma agrocidade e a novos e mais modernos alojamentos populares. De acordo com uma característica da política francesa, Ivry teve de 1925 para cá apenas cinco prefeitos. Uns chamam isso de estabilidade;

outros de falta de alternância. Mas é a população quem escolhe. Foi em Ivry que o genial artista Antonin Artaud passou os dois últimos anos da sua vida, escreveu o estupendo *Van Gogh, suicidado da sociedade* e morreu, em 1948, numa clínica de repouso, na frente da prefeitura municipal. Nessa última residência, no fundo da qual lhe fora permitido instalar o seu ateliê, Antonin Artaud parece ter encontrado alguma conveniência, apesar de dizer que o lugar era habitado pelo fantasma de outro grande, o escritor Gérard de Nerval, aquele que influenciou nada menos do que de Charles Baudelaire a Marcel Proust, André Breton e os surrealistas.

Fui a Ivry-sur-Seine atrás das pegadas de Artaud e do espectro de Nerval depois de ler deste último *Aurélia* e *Os iluminados.*

Acho que passei por Artaud e Nerval na rua.

J

Jardim de Luxemburgo (Jardin du Luxembourg) – Por trás das suas grades pretas com pontas douradas, o Jardim de Luxemburgo é, com o perdão pelo clichê, ou sem esse perdão, um oásis no coração de Paris, a dois passos, expressão cara aos franceses, da rua Monsieur-le-Prince, da Sorbonne, do Panteão e de um mundo de referências facilmente encontradas em romances e filmes. Fechado, mas com entrada gratuita, vai de recanto de paz em manhãs de dias úteis a formigueiro em domingos de verão. O Jardim de Luxemburgo tem histórias para contar.

Já escrevi muito sobre esse parque, pois é o meu preferido em Paris. Quando um amigo me disse que havia perdido o seu coração por uma mulher jovem e linda eu comecei a rir. Era romântico demais para um grande intelectual francês acostumado a encontrar ministros e presidentes da República. Ele me explicou que a garota era deslumbrante, charmosa, inteligente e que cheirava a flores do campo. Sei, eu disse, tentando aceitar a sua metáfora antiga como se fosse uma maneira muito nova de expressar uma paixão fulgurante. A expressão "perder o coração" não casava bem com o cartesianismo dos franceses.

Ele havia passado uma temporada hospitalizado. Ao sair, correra para um encontro com a moça no Jardim de Luxemburgo. Precisava mais do que nunca se sentir vivo. Imaginei a cena. Um belo dia ensolarado, flores coloridas em todos os canteiros, a Torre de Montparnasse despontando negra e exótica ao fundo, e o meu amigo apaixonado, ainda cheirando a hospital, abraçando e beijando a sua "maîtresse" como um colegial fascinado pelo primeiro amor ou como um personagem de um filme de François Truffaut. O Jardim de Luxemburgo é o melhor cenário para um reencontro primaveril depois de uma longa reclusão num hospital. Eu podia vê-lo numa cadeira de ferro do Luxemburgo.

Os franceses quase sempre são precisos naquilo que dizem. O próprio termo "maîtresse" (amante) é perfeito: aquela que domina, a dona. A organização das flores no Jardim de Luxemburgo também revela uma cultura obcecada pela exatidão e pela métrica. É como um quadro cuja beleza deriva das cores, dos arranjos e do efeito de simetria. É verdade também que os franceses sabem utilizar elementos de dissonância para criar ainda mais simetria e sedução. Vejam os casos da Pirâmide do Louvre, do Centro Georges Pompidou e da já citada Torre de Montparnasse. Surgiram como dentes cariados na paisagem majestosa e clássica de Paris e acabaram por se integrar ao conjunto como partes indissociáveis de uma plástica arrojada. Meu amigo e sua namorada, num jardim florido do Quartier Latin, poderiam figurar num cartão-postal para encantar turistas ingênuos como eu. A minha ingenuidade é grande.

Meu amigo tratou de esclarecer a situação. Saíra do hospital destinado a voltar para um transplante de coração. O médico o colocara numa fila de urgência para uma doação. No Jardim, ele se sentiu renascer nos braços da sua francesinha. O coração velho bateu como se fosse novo. Ao voltar para casa, encontrou três mensagens na secretária eletrônica. A primeira, de 16h30min, avisava-o de que haviam encontrado um coração novo para ele. Era preciso que retornasse imediatamente ao hospital. A segunda, de 16h45min, advertia-o de que, se não fizesse contato nos instantes seguintes, o coração seria doado a outro paciente. A terceira, de 17 horas, avisava-o de que havia perdido o seu coração para outro. Permaneceria na fila até que surgisse uma nova oportunidade. Foram necessários longos e sofridos meses para recuperar o coração perdido. Meu amigo canta: “Je ne regrette rien”. Deu certo. Infelizmente ele já não está entre nós. O Jardim de Luxemburgo, porém, continua lindo e pujante. Sempre que me sento lá para ler um jornal ou um livro, penso no meu amigo, nos seus amores e na urgência de sentir-se vivo naquele recanto de Paris. Foi no Jardim de Luxemburgo que Marius, em *Os Miseráveis*, obra-prima de Victor Hugo, apaixonou-se por Cosette, no auge dos seus 15 anos.

Nas grades do Jardim de Luxemburgo acontecem exposições de fotografia. O mundo fica estampado em cores e imagens sedutoras. No verão, o Jardim de Luxemburgo tem algo de cidade e campanha ao mesmo tempo. No inverno, acolhe os solitários e permite sonhar com o retorno dos belos dias. No outono, com um tapete de folhas douradas no chão, exibe talvez as suas melhores cores. Na primavera, com suas flores perfeitas, exalta a beleza em todo o seu esplendor. Às vezes sonho que o Jardim de Luxemburgo fica no fundo do pátio da minha casa. Rio.

Jeudy (Henri-Pierre) – Ficcionista, sociólogo, bom contador de histórias, Henri-Pierre Jeudy é o típico intelectual francês. Foi Jean Baudrillard quem primeiro me falou dele. Então nos encontramos. Fui almoçar na casa dele para os lados do Centro Pompidou. Foi simpatia à primeira vista. Sugeri dele para a Sulina *O Último cigarro.*

Uma vez tivemos uma conversa sobre outro dos seus livros, *A Ironia da comunicação.* Ele garantia que a ironia da política consiste em acreditar que um político tem o controle da situação. O presidente da República finge saber para onde está nos conduzindo e nós fingimos crer nele. De tanto fingir, claro, acreditamos todos no truque. O interesse nesse jogo é bem simples: poder cobrar tudo do eleito quando algo der errado. Esse representante popular, de qualquer partido que seja, é o bode-expiatório sobre o qual podemos jogar a culpa quando o imprevisto acontece. É o chamado jogo de soma zero: quem estiver na oposição tem o direito de jogar a culpa na situação. O mesmo acontece em outros domínios da vida social. Um treinador de futebol, por exemplo, não teria qualquer função real, salvo ser designado como culpado na hora do fracasso. Evidentemente que em caso de sucesso é preciso atribuir-lhe o mérito. Faria parte do jogo. Essa seria a função simbólica do chefe. Embora não totalmente convencido, tive de admitir que ele conseguia apresentar seus argumentos com verve.

Sobre *O Último cigarro*, que me envolveu na sua fumaça perfumada, escrevi: é uma novela sobre a vontade de fumar, ou a falta dessa vontade, a dependência ou a necessidade de independência, o gozo solitário, o gozo depois do gozo, o livre-arbítrio, a arbitrariedade, enfim. Pensando bem, é um livro sobre a loucura humana. Enxuto. Cristalino. Envolvente. Nebuloso. Contradição? Onde há fumaça, pensando bem, há fogo. Ao menos, um isqueiro. Ou seja, um cigarro. Recomendo. Henri-Pierre encarna o prazer da palavra e do encontro.

Jogadores de cartas (Os) – Se há um quadro que admiro é esse, *Os Jogadores de cartas*, de Paul Cézanne, que o viajante sedento de grande arte pode ver no Museu d'Orsay. Trata-se de uma pintura a óleo, concluída por volta de 1895, na qual dois homens se defrontam numa atmosfera evidente de gravidade. São homens simples, camponeses, gente que Cézanne conhecia, um deles tem um cachimbo na boca. Vê-se uma garrafa ao fundo da mesa. Tudo é de um realismo cortante e, ao mesmo tempo, mais do que realista, pois traz à tona pela força dos traços e das cores o subentendido, o encoberto da percepção. O que mais me fascina nesse quadro é que se consegue ouvir o silêncio da cena.

Cézanne pintou cinco telas sobre esse assunto. Existem hipóteses psicanalíticas sobre o simbolismo da cena, que poderia representar o conflito entre o pintor e o pai dele em torno de sua escolha de vida profissional. Para mim, não importa. A imagem fala por si. O que ela diz? Não sei. Sinto, no entanto, que ela fala, exprime o cotidiano, traduz a vida simples e real num determinado momento, eterniza o instante, revela a aposta no jogo da própria existência nas condições em que cada um é levado a viver, exprime o possível, o provável, o intemporal, mesmo que numa temporalidade qualquer, não explicitada. Eu digo e repito: vá ouvir o silêncio gritante dessa tela estupenda.

O que mostra mesmo o quadro? Como cada um pode ver ou rever na internet, a pintura mostra dois homens rústicos jogando baralho. Já ouvi um observador comentar: “Nada demais. Dois homens jogando”. É verdade. E não é verdade. Não é toda a verdade. Qual é a verdade? Há um silêncio pesado. Como posso saber que não havia muito barulho enquanto eles jogavam? Não posso. Sinto. Será que minha biografia interfere na leitura da obra? Será que vejo meu pai e seu amigo Ladário jogando truco em Palomas? Não pode ser. Eles gritavam sem parar. Cada um tentava gritar mais alto. Será que me vejo jogando "nove" com um cliente no bolicho do meu avô? Não creio. A gente ria muito. Eu ficava nervoso quando perdia e mais ainda quando ganhava.

Na série de Cézanne um dos quadros tem três jogadores – um dos quais vestindo uma espécie de poncho azul – e um "peru", um observador, de cachimbo, daqueles que espiam cartas por cima do ombro. Poderiam ser camponeses ou operários. Nunca estive presencialmente na frente dos outros quatro quadros. Minha experiência de fruição é com aquele que se encontra em Paris e chegou a ser roubado em 1961. A cena mexe comigo por sua simplicidade e alguma tristeza. O viajante voraz e incansável poderá ver as cinco telas de Cézanne sobre esse tema indo a Paris, Nova York, Filadélfia, Londres e ao Catar, onde um dos quadros faz parte de uma coleção particular, comprado por 250 milhões de dólares. Se eu tivesse, pagaria mais. Eis um programa de viagem a realizar. Depois não digam que não dou dicas de viagem.

Jogos Olímpicos na França – Franceses não dizem olimpíadas, mas jogos olímpicos. Os primeiros jogos olímpicos de Paris aconteceram em 1900, no contexto da Exposição Universal, que engoliu o evento esportivo a ponto de muitos não terem percebido que havia uma olimpíada diante dos seus olhos. Em 1924, o ritmo foi outro. Nessas primeiras edições francesas da era moderna, os jogos espalhavam-se por quase cinco meses. Outros tempos, outra noção de tempo, outra concepção de vida, esporte e literatura, jogo e cultura, competição e arte, corpo e espírito, preconceitos e defeitos, frestas para o futuro. Entre 1924 e 2024, a França organizou três edições de jogos olímpicos de inverno (Chamonix, Grenoble e Albertville). Em 1900, vinte e duas mulheres participaram dos jogos, admitidas, contra a vontade do idealizador dos jogos modernos, Pierre de Coubertin, no tênis, no golfe, nos esportes equestres, no croquet e na vela. Em 2024, na primeira olimpíada paritária, 5.250 homens e 5.250 mulheres. O mundo se move.

Às vezes, lentamente. Os Jogos de Paris 2024, 33ª edição olímpica, de 26 de julho a 11 de agosto, foram planejados para ser mais baratos, ecológicos e próximos do cotidiano da cidade-sede, com provas no Sena ou à sombra grandiosa da Torre Eiffel. Em 32 esportes, atletas de 208 países disputaram vagas para competir. Foram 12 nações na primeira edição moderna. Entre as grandes novidades rituais, uma cerimônia de abertura a céu aberto, com navegação de seis quilômetros nas águas míticas do Sena.

Na bela Paris, 15 lugares foram destacados para receber competições: Arena Porte de la Chapelle, Grand Palais, Place de la Concorde – Pont Alexandre III, Trocadéro, Torre Eiffel, Roland Garros, Parc des Princes, Invalides, Champ de Mars, Arena Paris Sud, Hôtel de Ville e Arena Bercy. Mas os jogos não podiam se restringir a Paris. Eles foram espalhados pelo entorno da capital francesa: estádio Yves-du-Manoir, Estádio da França, Arena La Défense – Nanterre, Arena Paris Nord, Centro Aquático, Bourget, estádio náutico de Vaires-sur-Marne, Colline d'Élancourt, estádio BMX de Saint-Quentin-en-Yvelines. Futebol: Bordeaux, Nantes, Lyon, Saint-Etienne, Nice, Marseille. Handebol: Lille. Vela: Marselha. Surf: Taiti. Para todos os gostos.

A Vila Olímpica de 2024 foi construída no norte de Paris, em Saint-Denis, Saint-Ouen-Sur-Seine e Île-Saint--Denis, num espaço de 52 hectares, capaz de beneficiar seis mil pessoas depois do evento, com 2.800 apartamentos, um hotel e uma casa de estudante, além de generosos e fundamentais espaços verdes para pedestres. Em eventos, a França nunca brinca em serviço nem peca por falta de grandeza. Só conferir.

Joron (Philippe) – Sociólogo, ex-vice-reitor da Universidade Paul Valéry, Montpellier 3 (UPVM3), especialista na obra de Georges Bataille, nascido em Bayonne, Philippe Joron é um apaixonado pelo Brasil, tendo sido professor visitante de longa duração em universidades de Pernambuco e Maranhão e parceiro permanente do Programa de Pós-Graduação em Comunicação da Pontifícia Universidade Católica do Rio Grande do Sul. Fez doutorado na Universidade Paris V sob orientação de Michel Maffesoli. Por iniciativa dele, recebi, em 2023, o título de Doutor Honoris Causa da UPVM3. Culto, gentil e amigo, Philippe é homem de fina sensibilidade e gestor acadêmico dedicado. Graças a ele muitos estudantes gaúchos têm conseguido estudar na França, ampliando seus imaginários e aprendendo sobre imaginário.

K

Kir Royal – Cláudia, minha mulher e parceira de uma vida de viagens, adora. Nada como beber kir royal numa *terrasse* ao cair da tarde. A receita é de uma simplicidade cristalina: pegue uma taça. Coloque creme de cassis no seu fundo. Encha de champanha. Lembre-se: champanha é o champagne francês. Os demais, mesmo os melhores, são espumantes.

Kitsch (A nova era do) – Livro publicado por Gilles Lipovetsky e Jean Serroy em 2023 na prestigiosa coleção Biblioteca de Ciências Humanas da Gallimard, *A nova era do kitsch, ensaio sobre a civilização do excesso* mostra a evolução do brega ao longo do tempo até chegar ao “neokitsch”, tempo em que o mau gosto alcança a condição de elemento social generalizado, legítimo e consumido por todos, inclusive pelas elites: “Desperdício de substâncias materiais e de energia, criação de ‘falsas necessidades’ e de pseudomudanças, o sistema neokitsch aparece como uma peça fundamental, escandalosa, da civilização do excesso”. Leitura obrigatória para sabermos como chegamos aqui e, quem sabe, para nos sentirmos livres na hora de comprar lembranças em viagem para os amigos. Por que não uma Torre Eiffel iluminada?

Kristeva (Julia) – Ela encarnava para mim a própria ideia de intelectualidade. Era casada com o não menos intelectualizado escritor Philippe Sollers, com o qual participava da revista *Tel Quel*, suprassumo do vanguardismo ainda possível, havia sofrido influência de Roland Barthes, feito tese com Lucien Goldman, falava de semiótica e de semiologia em palestras como se conversasse sobre amenidades do cotidiano, Kristeva era um mito para mim. Eu precisava entrevistá-la. Nascida em 24 de junho de 1941, no auge da fama, ela me recebeu no seu gabinete na Universidade Paris VII (Jussieu) numa manhã qualquer. Era uma entrevista para o suplemento Mais! da *Folha de S. Paulo*, então editado por Alcino Leite Neto. Saiu com o título de "O grande tremor". O que guardo de mais precioso desse encontro e o que sugiro ao viajante intelectual: guardo uma frase dela dita depois da formalidade da entrevista: "A vida intelectual é prazer mesmo quando nos traz problemas". Indico a leitura do seu romance *O velho homem e os lobos* (1990). Uma francesa típica que nasceu na Bulgária. Um dos temas que abraçou com fervor é o da inclusão social de pessoas com deficiência. Criou o prêmio Simone de Beauvoir para recompensar ações que favoreçam a autonomia das mulheres e combatam o preconceito de gênero. As décadas passam, Julia Kristeva, intelectual total, continua ativa.

L

Latour (Bruno) – Considerado um dos principais nomes do pensamento francês contemporâneo, especialista em tecnologia e em filosofia da ciência, professor no mais do que prestigioso Instituto de Ciências Políticas de Paris, conhecido como "Sciences Po", professor convidado permanente na Universidade Harvard, Bruno Latour (1947-2022) tornou-se famoso pelo desenvolvimento da teoria ator-rede (TAR), segundo a qual atores humanos e não humanos interagem e se influenciam reciprocamente, e por teses contundentes como a expressa no ensaio *Jamais fomos modernos*. A modernidade, no entender dele, apesar de sua ambiguidade, pressupunha uma separação entre humano e não humano, sujeito e objeto, política e ciência. Em 2017, Latour nos recebeu no *MédiaLab*, seu laboratório de pesquisa no antigo prédio da Escola Nacional de Administração (ENA), em Saint-Germain-des-Prés. Depois de terminar uma entrevista sobre eleições na França para a revista de esquerda *Nouvel Obs*, ele nos levou para um típico café parisiense onde se entregou com fervor ao jogo de entrevistado. Com uma agenda brutal, ele só marcava palestras com um ano de antecedência. A entrevista, contudo, foi aceita rapidamente. Perguntei-lhe quanto tempo tínhamos. Sacudiu a mão direita e confirmou verbalmente: quanto quiser.

Poucas vezes vi um entrevistado tão interessado em precisar seus argumentos, salvo, anos antes, quando o alemão Karl-Otto Apel, apesar dos quase 40 graus da tarde, esperou que eu fosse comprar mais fitas para continuar o seu raciocínio. Fiz duas perguntas clássicas a Latour, obtive duas respostas clássicas: as ciências humanas podem produzir resultados indiscutíveis? Latour: “O objetivo da ciência não é produzir verdades indiscutíveis, mas discutíveis. Nem as ciências naturais e exatas produzem verdades indiscutíveis. As ciências sociais realizam perfeitamente o trabalho de gerar verdades que possam ser discutidas. Elas são como as demais ciências e em certos aspectos até mais exigentes. A antropologia é muito mais exigente que muitos ramos da psicologia, da economia e da geografia. O objetivo é produzir discussões públicas normatizadas". Quando se pensa na ciência em relação à religião, à fé, parece pertinente. A fé é indiscutível. O conhecimento racional, não. Mas como fazer quando uma corrente das ciências sociais sustenta uma coisa e outra corrente sustenta o contrário. Quem terá razão? Latour: "A *discutabilidade* dos argumentos faz parte do trabalho científico. Isso vale para astrônomos, biólogos ou químicos. Talvez isso seja menos verdadeiro na filosofia, que já é outra coisa. As ciências sociais aceitam muito bem a discussão como parte do trabalho. Que Pierre Bourdieu discorde de mim não impede que integremos o mesmo campo, a mesma disciplina, a sociologia".

A minha enorme contribuição para a história das ciências humanas passa por aí: convencimento e consequência. Se me convenço da tese de A, rejeitando a de B, passo a viver em consequência disso. Latour certamente não concordaria. Mas haveria sobre o que discutir.

Lefort (Claude) – Referência da filósofa brasileira Marilena Chauí, amigo de Cornelius Castoriadis e Edgar Morin, tendo integrado o famoso grupo "Socialismo ou Barbárie", Claude Lefort me recebeu para uma entrevista, que saiu com este título: "O totalitarismo acabou". Minha apresentação: Dono de uma vasta cultura, o filósofo francês

Claude Lefort, nascido em 1924, profundo conhecedor do marxismo, crítico do dogmatismo e um dos mais implacáveis analistas do totalitarismo comunista, continua atento às transformações políticas do mundo contemporâneo. Pergunta e resposta: a teoria marxista perdeu a validade para as transformações que possam ser necessárias? Claude Lefort: "Certamente. A teoria carrega a ideia de que uma sociedade sem classes é possível, pressupõe uma sociedade homogênea, com o desaparecimento das dimensões jurídica e política, e tudo isso é utópico. A noção de revolução como ruptura radical na História é falsa; jamais isso aconteceu. Há sempre mudança e retomada do passado através de novas instituições. O corte no tempo não acontece. A teoria marxista não resiste. Em contrapartida, a crítica marxista do liberalismo selvagem contínua válida". Claude Lefort morreu em 2010.

Le Goff (Jacques) – Historiador, medievalista, professor da Escola de Altos Estudos em Ciências Sociais (EHESS) de Paris, Le Goff (1924-2014), renomado internacionalmente, me recebeu no seu gabinete para uma longa entrevista. Formado em história pela PUCRS (1985), eu queria saber dele como lidar com a subjetividade no papel de historiador. Resposta límpida: "A história sempre pertenceu mais ao campo literário, antes de integrar o que hoje chamamos de ciências do homem e da sociedade". Em seguida, acrescentou: "Um historiador deve se guiar pela objetividade. Mas isso não quer dizer que só a história quantitativa conta. Ela tem o seu espaço. De resto, a subjetividade também tem as suas qualidades". E concluiu: "O grande problema é outro: a manipulação". Ninguém deixa de ganhar lendo seus livros *Civilização do Ocidente medieval* e *Por uma outra Idade Média.*

Le Monde (jornal) – Morei, como dizem os franceses, a dois passos da redação do jornal *Le Monde*, então instalado na rua Falguière. Sentia a pulsação do jornalismo do meu ponto de observação, uma lavanderia do outro lado da rua. Por vezes, sonhava que vibrações jornalísticas chegavam até o meu pequeno apartamento bastante próximo daquele templo envidraçado curvado no alto. Algo que gosto de fazer até hoje, quando estou em Paris, é comprar o *Le Monde* do dia e ir ler no Jardim de Luxemburgo linha a linha. Estando no Brasil, o acesso online sacia meus desejos de contato com esse texto jornalístico fino e elegante. Lançado em 1944, sobre as cinzas quentes da Segunda Guerra Mundial, em Paris, tornou-se diário de referência no mundo. Orgulha-se de contar com mais de quinhentos jornalistas no mundo inteiro. Usa pouca imagem, não se constrange de alongar textos e de declarar-se defensor de "valores humanistas e progressistas". Para mim, o melhor do mundo.

Endereço atual: 67/69 avenida Pierre Mendès France.

Les Deux Magots – Situado num dos pontos mais agradáveis de Paris (6 Place Saint-Germain-des-Prés), tem uma longa história, desde 1885, com restaurante e café ligados à vida literária. Dá gosto sentar ali para ver o mundo passar tocando coisas existenciais ou mostrando seu lado surreal.

É jazz e livros. Arte nos poros. O cardápio exige leitura atenta. Basta olhar a mesa vizinha para se ficar com a sensação de estar perdendo o essencial. Conta-se que o estabelecimento substituiu uma loja, dela herdando duas estatuetas chinesas que ainda podem ser vistas na casa. Conta-se também que a nata das natas da maldição, da criação artística e da boemia logo ocupou o local: Paul Verlaine, Jean-Arthur Rimbaud, Stéphane Mallarmé. Conta-se que ali, mais aí já é lenda ou ficção, Jean-Arthur teria colocado a beleza nos joelhos e, achando-a amarga, proferido insultos. Conta-se que ali Mallarmé jogava dados com Deus. Verlaine cinzelava palavras. Conta-se tanta coisa quando se tem a cabeça nos bares. Depois, uma geração misturando-se com outras ou puxando-as, vieram dadaístas, cubistas, surrealistas, existencialistas e até marxistas burgueses ou não. Bertolt Brecht teria sido cliente. Sem contar, sempre eles, a turma de Ernest Hemingway. Pablo Picasso não podia faltar. Os modernistas também marcaram presença, com James Joyce em posição de destaque. Albert Camus e Jean-Paul Sartre ali teriam medido forças e ambições.

A lista de celebridades que, antes mesmo do estrelado, ou durante a decolagem, ocuparam as mesas do "umbigo de Paris" é interminável: Juliette Gréco, Boris Ivan, André Malraux, André Gide, Cioran e tantos outros, mais ou menos ácidos. Picasso teria encontrado Dora Maar numa noitada típica da casa. Jim Morrison teria sido assíduo do lugar. Morto, seu túmulo no Père Lachaise é dos mais visitados.

A "segunda-feira dos escritores" e a "quinta-feira do jazz" mantêm a tradição dos saraus intelectuais e artísticos. Em 2023, saiu um livro, ainda não traduzido no Brasil, intitulado *Aux Deux Magots* (Table Ronde), de Jean-Paul Caracalla, contando a história do lugar. Uma filial do Deux Magots abriu em São Paulo (rua Colômbia, 84). O viajante teatral lerá um poema de Mallarmé no *Deux Magots*.

Lévy (Pierre) – Francês, Pierre Lévy vive no Canadá. Ele foi um dos primeiros filósofos a perceber a revolução da informática e da internet. Pioneiro dos estudos de cibercultura, escreveu livros luminosos como *O que é o virtual?* e *As Tecnologias da inteligência*. Estabeleceu uma distinção importante: o virtual não se opõe ao real, mas ao atual. Popularizou termos como "inteligência coletiva". Organizei viagens dele a Porto Alegre para falar no Programa de Pós-Graduação em Comunicação da PUCRS. Fiz várias entrevistas com ele. Em nossa última entrevista, perguntei-lhe: como via a entrada em cena da GPT, Bard e outras inteligências artificiais? Lévy: "Parafraseando Immanuel Kant, que disse que a leitura de Hume (o grande filósofo empirista do século 18) o despertou de seu sono dogmático, 'grandes modelos de linguagem', mas também IAs generativas, que produzem imagens, música ou código, despertaram os observadores de IA de seus sonos dogmáticos. De fato, muito poucas pessoas pensaram que métodos estatísticos simples (portanto, puramente empíricos) de enormes massas de dados poderiam gerar objetos simbólicos complexos sob demanda e simular o diálogo humano quase perfeitamente. No entanto, as técnicas de 'aprendizagem profunda' (aprendizado de máquina por meio da simulação de redes neurais) por trás dessas IAs generativas estavam disponíveis nos laboratórios de grandes empresas da web há quase uma década e já estavam trabalhando em tradução automática, bem como em inúmeras outras aplicações específicas. O ano de 2022 marcou a passagem dessas técnicas do obscuro back-end dos aplicativos para o grande dia da interação direta com um grande público de não especialistas. Tenha em mente que esses sistemas cometem erros e não são realmente capazes de originalidade. É sempre necessário demonstrar espírito crítico, mas é um movimento irreversível que prolonga um processo de reificação formal e exteriorização das funções cognitivas iniciado em meados do século XX e que é amplificado pelo aumento do poder e pela redução dos custos materiais. É seguro dizer que a maioria dos softwares incorporará módulos de aprendizado de máquina e que a IA generativa formará uma interface cada vez mais intuitiva e contextual com o mundo digital". Nenhum motivo para desespero.

Libération (jornal) – Sempre estive dividido entre *Le Monde* e *Libération.* Dá para fazer paralelos entre jornais franceses e brasileiros. *Le Figaro* corresponde ao *Estadão. Libération* tem alguma semelhança com a *Folha de São Paulo*. *Le Monde* não se parece com *O Globo*. *Libération* sempre me seduziu pela ousadia, certo descolamento, muito jogo de palavras nos títulos, muitas vezes sem verbos e com letras vermelhas e pretas. Criado em 1973, sob inspiração de Jean-Paul Sartre e Serge July, passa a ocupar um espaço preciso no cenário midiático francês: um diário moderno de esquerda. O nome havia sido usado num jornal de 1927 e noutro periódico clandestino, de 1941, publicado durante a ocupação nazista. Teve de lá para cá várias fases: maoísta; cooperativa com todos os funcionários recebendo o mesmo salário, vivendo de crise em crise, de sonho em sonho, emagrecendo a cada década e com tiragens subindo e descendo, mais descendo do que subindo, até passar, em 2005, a ter Edmond Rothschild como acionista. Em 2020, tornou-se uma sociedade sem fins lucrativos. Criticado, amado, cobrado, *Libération* foi do extremismo de esquerda ao neoliberalismo, passando por um tempo libertário, até se fixar numa posição liberal de centro-esquerda. Afinal, vida de jornal é dura.

Fisicamente situado (113 avenue de Choisy), *Libération* busca cada vez mais a saída de emergência na internet, com assinaturas online a baixo custo. Ainda que mais comedido em tempos de vigilância e cancelamento, continua a ser um dos mais ousados na linguagem. Brinca com palavras sem qualquer constrangimento: "Crise social e política, violências... Por onde escapar?"; "A seca não vai tirar férias"; "A abolição no parlamento: pena de morte para a guilhotina"; "Macron: e depois de mim?"; Paris 2024 – E se tudo der certo?"

Comecei a ler o *Libé* numa época que pode ser chamada hoje de pré-histórica. O diretor era Serge July, que participava de um debate semanal de televisão ao lado dos jornalistas Christine Ockrent e Philippe Alexandre. Podia-se fumar durante o programa. Uma cortinava de fumaça acabava por encobrir os debatedores. Falava-se de tudo um pouco, especialmente do direito ou não à ingerência em países submetidos a risco de uma limpeza étnica. Christine era casada com Bernard Kouchner, médico e ministro socialista, defensor da tese da ingerência humanitária, ingerência devida. Tudo era sabido, tudo se misturava, a discussão fluía nos limites do que seria criticado por outro jornalista, Serge Halimi, em *Os Novos cães de guarda*, e por Pierre Bourdieu, em *Sobre a televisão*, como compadrismo. Bourdieu falaria em "debates verdadeiramente falsos ou falsamente verdadeiros".

Encontrei July uma vez num evento na Unesco. Eu era jovem. Ele, um mito. Puxei conversa. O Brasil sempre abre portas. Ao final, aconselhou-me a fazer jornalismo com o coração e a razão ao mesmo tempo. Obedeci. O leitor bem-humorado tomará a sugestão que vou fazer como uma brincadeira, não como afetação: ler o *Libé* no Café de Flore ou no Deux Magots. A escolha do acompanhamento fica por conta de cada um. Pode ser um vinho branco ou um coquetel. Se for inverno, um espesso chocolate quente está autorizado. Fiz isso e não me arrependi. Uma coisa sempre me surpreendeu em jornais como *Libération* e *Le Monde*: as greves podiam ser compreendidas e até apoiadas. Era chocante para um jovem jornalista acostumado a ver os jornais chamarem grevistas de vagabundos, comunistas e outros simpáticos qualificativos do gênero.

Liberdade guiando o povo (A) – Sempre que penso em Anita Garibaldi, acabo por pensar no quadro de Eugène Delacroix, *A liberdade guiando o povo*. Por que não romantizar um pouco? Por que não se emocionar? Anita me deslumbra. Um amor como dela e Garibaldi merece respeito. Muito respeito. O século XIX teve mulheres fantásticas. Anita é uma delas. Dona Leopoldina, a primeira esposa de D. Pedro I, é outra. Numa época patriarcal, mulheres fizeram chover. Anita ainda nos representa.

Eugène Delacroix pintou *A liberdade guiando o povo*, que pode ser vista no Louvre, em 1830. O seu primeiro título dizia tudo: “Cenas das barricadas”. Paris foi a cidade das barricadas. A França popular nunca hesitou em se barricar para defender os seus interesses. Os grandes bulevares de Haussmann seriam concebidos para facilitar a repressão. Delacroix era um romântico que usava pincéis como armas contra o academicismo. Em política, porém, era conservador e antirrepublicano. A barricada do seu quadro mais famoso foi erguida contra os desatinos de Carlos X, símbolo da restauração do antigo regime pós-Napoleão.

Olho a *Liberdade* de Delacroix e penso em nossa Anita. Possivelmente ela seja a personalidade mais fascinante da revolução farroupilha. Nascida em 30 de agosto de 1821, Anita Maria de Jesus Ribeiro entraria para a história como Anita Garibaldi. Destemida e apaixonada, fez o que não se imagina numa mulher do seu tempo. É verdade que se costuma reduzir o feminino no passado a um modelo que, volta e meia, a história desmente. Ao menos, algumas figuras destoam. Anita, cujo marido a trocara pelo exército imperial, não hesitou em viver a sua paixão por Giuseppe Garibaldi. É história sabida por todos nós que vivemos neste espaço histórico, neste imaginário de luzes e sombras. Mais de duzentos anos depois do nascimento dessa guerreira, a gente para e pensa: que mulher! Que coragem! Que paixão!

Ah, se Hollywood realmente se interessasse pela nossa história. Anita amou muito, lutou, comandou, arriscou-se, defendeu ideias e exibiu coragem para dar e vender. Quando eles se conheceram, Anita tinha intrépidos 18 anos de idade; Giuseppe, 32. Como numa história de amor de folhetim, enfrentaram episódios incríveis, tiveram filhos, casaram-se, partiram juntos para o Velho Mundo, onde continuaram a viver o que não estava ao alcance dos comuns, e ficaram juntos para sempre. A vida dela foi curta e intensa. Morreu em 4 de agosto de 1849. Não chegou a completar 28 anos. Tão nova e com tanta história.

Anita de batalhas, fugas, desejos, ideais, um grande amor, filhos, dores, sofrimentos, aventuras e uma profunda fidelidade a si mesma. O fantástico em Anita é que ela arruma e desarruma o imaginário dominante sobre a mulher do seu tempo: foi amante e mãe, mas foi também guerreira indomável. Viveu o seu amor até a última gota sem se restringir ao figurino da senhora do lar. Anita foi mulher moderna antes de a modernidade se tornar uma ideologia fechada e excludente. Gosto de imaginá-la cavalgando. Como não pensar em Garibaldi arriscando tudo numa declaração: "Tu deves ser minha! – Eu falava pouco o português, e articulei as provocantes palavras em italiano. Contudo fui magnético na minha insolência. Havia atado um nó, decretado uma sentença que somente a morte poderia desfazer. Eu tinha encontrado um tesouro proibido, mas um tesouro de grande valor".

O viajante detalhista precisará de tempo para analisar a riqueza de elementos do quadro de Delacroix: menino de rua, estudante, burguês, operário e essa Marianne triunfante. Ela já foi encarnada por Brigitte Bardot, Catherine Deneuve, Laetitia Casta e Evelyne Thomas.

Para mim ela é Anita Garibaldi e ponto final.

Librairie Compagnie – Situada próxima do Collège de France, a Compagnie (58 rue des Ecoles) esbanja charme e bom atendimento. Tenho afeto por ela. Na minha primeira semana na França, Contardo Calligaris, meu amigo desde a sua chegada para morar em Porto Alegre, quando nos sentamos para discutir *As três ecologias*, de Félix Guattari, do que resultou um texto para o jornal *Zero Hora*, me convidou para uma *soirée* na Compagnie. Ele estava passando uma temporada na França e generosamente queria me integrar no país. Fui. Nervoso. Ali comecei a degustar a vida intelectual em Paris.

Librairie Lusophone – Para quem, morando em Paris, quer encontrar bibliografia impressa em português, dois endereços são incontornáveis, o da Livraria Lusófona (22 rue du Sommerard) e o da Livraria Portuguesa e Brasileira (21 Rue des Fossés Saint-Jacques). Pode servir também para quem deseje matar as saudades da língua da terra.

Lipovetsky (Gilles) – Filósofo, tornou-se conhecido com o livro *Império do efêmero: a moda e seu destino na sociedade moderna*, publicado pela Gallimard, em 1987. De lá para cá ele acumulou publicações no contrapé das ideias normalmente aceitas. Poucos conseguem como ele revelar o lado A e o lado B das coisas, na base do estamos mais livres e mais presos ao mesmo tempo. Já organizei quase uma dezena de viagens dele ao Brasil, a última em 2023. Ficamos amigos. Temos uma boa parceria de trabalho e de risadas em nossos almoços, jantas e passeios. Em um quarto de século, publiquei muitas entrevistas com ele. Em nossa última conversa por telefone, disse-lhe que seu livro de 2021, *Le Sacre de l'Authenticité*, lançado pela Gallimard, com tradução em Portugal como *A Sagração da autenticidade* (Edições 70), é para mim o seu melhor livro, aquele em que ele melhor traduz a nossa época. Autenticidade significa ser quem se é.

Essa ideia passou de uma rebeldia de artistas no século XIX para um movimento de cultura alternativa nos anos 1960 e agora é um dos produtos mais festejados do capitalismo de satisfação pessoal. Até as empresas estimulam seus funcionários a serem autênticos. Em nossas andanças pela capital gaúcha – do moderno Embarcadero, na beira do rio Guaíba, à tradicional churrascaria Barranco, passando pelo Café Cantante, no bairro Bom Fim, lugares marcantes da cidade, conversamos bastante sobre os temas que ele analisa com fineza e coragem para se contrapor a algumas das novas crenças ou novos dogmas das sociedades.

Perguntei: a moda continua baseada na clivagem masculino-feminino? Lipovetsky – "Sem dúvida. Por mais que especialistas em marketing da moda digam o contrário, as estatísticas mostram que a maior parte do consumo de cosméticos e de cirurgias plásticas diz respeito às mulheres. Homens podem fazer o que quiserem, alguns fazem, mas a maioria não. Mulheres podem se apropriar de todo o repertório de roupas masculinas. Homens não fazem o mesmo com o feminino, salvo em condições específicas. Heterossexuais masculinos não irão para o escritório de saia ou de vestido. Por razões que podem ser estudadas, elementos de simbolização da sexualidade permanecem por toda parte".

Marcas de luxo no mundo da moda costumam ouvi-lo. Sugiro que o viajante pluralista o leia e ouça quando tiver a primeira ocasião.

Gilles Lipovetsky mora em Grenoble.

Lipp (Brasserie) – Situada de frente para os cafés de Saint-Germain-des-Prés (151 Bd. Saint-Germain), abriu as portas em 1880. Local predileto de políticos, jornalistas e intelectuais midiáticos. François Mitterrand era assíduo. Outros presidentes franceses também bateram pontos em algum momento da vida, como Valéry Giscard d'Estaing e Georges Pompidou. Até o americano Bill Clinton encontrou espaço na agenda para uma passada na Lipp. O lugar já viu sequestros de políticos estrangeiros, comemorações de grandes vitórias eleitorais e de prêmios literários. Atribui o Prêmio Cazes, do sobrenome da família proprietária, a autores de menos de 40 ainda não premiados. É perfeitamente possível comer na Lipp sem precisar decretar falência ou pedir recuperação judicial. Um *Pied de porc* sai por 24 euros. É uma das especialidades da casa. A primeira vez que entrei lá foi para tentar encontrar Bernard-Henri Lévy.

Ele já tinha saído. A segunda vez foi para tentar ver Mitterrand. Ele faltou naquele dia. Finalmente, com o salário de correspondente internacional, fomos lá para jantar. O *confit de canard* estava delicioso e ao nosso alcance. Valeu!

Literatura francesa contemporânea – Em certa altura do campeonato, saí do sério: virou clichê dizer que a literatura francesa contemporânea é chata. Ou até que a literatura francesa morreu. Quando esse tipo de julgamento anda tão em moda, vale navegar um pouco contra a correnteza. A literatura francesa contemporânea vai bem. Não perde em nada para a inglesa e a norte-americana. Michel Houellebecq, Maurice Dantec, que infelizmente morreu muito cedo, e Pierre Michon sempre foram tão bons ou melhores do que T.C. Boyle, Jonathan Coe, Chuck Palahniuk, Damon Galgut e Paul Auster. E todos esses são ótimos.

Neste depoimento, pois é disso que se trata, eu poderia gastar todo o espaço citando livros deliciosos e originais da literatura francesa dos últimos 30 anos: *Port-Soudan*, de Olivier Rolin; *Un aller simples*, de Didier van Cauwelaert, *Homme entre eux*, de Jean-Paul Dubois; *Meurtres pour mémoire* e *La mort en dédicace*, de Didier Daeninckx; *Falaises*, de Olivier Adam; *Alabama Song*, de Gilles Leroy; *99 francs*, de Frédéric Beigbeder; *Les vies minuscules* e *Rimbaud, le fils*, de Pierre Michon; *Le théâtre des opérations, Babylon babies* e *Les racines du mal*, de Maurice Dantec; *Extension du domaine de la lutte, Les particules élémentaires, Plateforme, La possibilité d'une île, La carte et le territoire, Submissão* e *Aniquilar*, de Michel Houellebecq;

Le prochain amour e *La dérive des sentiments*, de Yves Simon; *L'homme aux cercles bleus* e *Pars vite et reviens tard*, de Fred Vargas. Sem contar os experimentalistas vertiginosos e barrocos como Emmanuel Tugny, pseudônimo do nosso conhecido e polivalente Ronan Prigent, autor de *Corbière, le crevant* (lançado no Brasil com o título de *Morrer como Corbière*). A lista seria interminável e rica.

Há quatro categorias visíveis a olho nu e até com óculos escuros: os estilistas de alto nível, como Pierre Michon, os românticos muito sutis, como Yves Simon, os autores de policiais renovadores, como Dantec e Fred Vargas, e os mestres da ironia, como Houellebecq e Beigbeder. Deixei de lado, obviamente, toda a última grande produção de monstros como Claude Simon e de Alain Robbe-Grillet, que foi radical até o fim. O forte da literatura francesa de 1970 para cá, ao contrário do que imaginam os simplórios, é a ação. Desde Jean-Patrick Manchette que a França vive uma nova explosão de romances policiais de qualidade extraordinária, mesclando forte ironia, ceticismo filosófico, humor, ação e até ficção científica.

Quem ainda diz que na literatura francesa não há intriga ou nada acontece, equivoca-se. Esses escritores citados vendem muito, provocam polêmica e alguns até viram malditos. Houellebecq, Michon e Dantec são os melhores. Houellebecq está traduzido em mais de 40 países. Tem fã-clube no Chile, na Argentina, na Europa, na África e na Ásia. A originalidade desses franceses está em misturar ação, estilo, ideias (como simulação de pensamento) e gêneros. Michon é unanimidade na França entre os admiradores do estilo esmerado. Literatura precisa ser um coquetel explosivo. É preciso colocar num mesmo livro poder corrosivo, capacidade de des(en)cobrimento do mundo vivido, ternura, ironia, humor, aceleração narrativa, ideias (verdadeiras ou falsas) e histórias. A literatura de língua francesa vai bem, obrigado. Em 2024, ela está melhor ainda. Autoras radicais arrasam há tempos, entre elas Lydie Salvaire, a belga Amélie Nothomb e, claro, a prêmio Nobel da literatura, autora de histórias curtas fulminantes, Annie Ernaux.

A lista de excelentes escritores em voga pode ser grande: Vincent Ravalec, David Foenkinos, com o seu ótimo *Mistério Henri Pick*, publicado no Brasil pela L&PM, Emmanuel Carrère, com os relatos pessoais candentes, como em *Ioga*, Leila Slimani e tantos outros.

Loire (Châteaux de la) – Tire uma semana para andar pelo Vale do Loire. Há em torno de trezentos monumentos para conferir na região. O suprassumo são os castelos. Apaixone-se pelo que quiser: Chambord, Chenonceau, Azay-le-Rideau, Blois, Villandry, Rivon, Brezé, Goulaine, Cheverny, Amboise. Abra a cabeça para nomes de reis, uns mais excêntricos do que os outros, jardins, cidades (Tours, Touraine, Chinon, Saumur, Blois, Orléans, Chartres, Nevers, Nantes, Angers, Bourges) e povoados. Livros não faltam sobre o assunto, nem sites dispostos a ajudar com o itinerário, alojamento, onde comer, onde ser feliz, etc. O Vale do Loire foi a paixão dos reis franceses entre os séculos XIV e XVI. Clima temperado, paisagens extraordinárias, terra boa para vinhos, o paraíso parecia ser ali. Mas toda moda passa. Os reis foram chicotear outros gatos e súditos, até que suas cabeças rolaram. Os castelos ficaram. O meu preferido é o Castelo de Chambord.

Três coisas a não deixar de fazer no Vale do Loire sem qualquer exceção: comer, beber e passear. O resto pode ser facultativo.

Louis Liard (sala) – A sala Louis Liard, na Sorbonne Velha, é como um templo de defesas de teses. Grandes nomes estiveram em avaliação ali. O nome é homenagem a um filósofo e educador do século XIX. Esse auditório mede 220 metros quadrados e pode receber 220 pessoas. As paredes estão ornadas com grandes medalhões pintados por François Schommer com retratos de Pascal, Bossuet, Descartes, Racine, Molière e Corneille. É pouco? No teto, um candidato, doutorando ou outro, vê-se diante da Verdade, da Filosofia, da Ciência e da História. Em 17 de março de 1995, diante de Michel Maffesoli, Jean Duvignaud e Edgar Morin, eu defendi nesse impressionante recinto a minha tese de doutorado. A sala estava cheia de colegas franceses e brasileiros. Jean Baudrillard, um dos mais importantes pensadores franceses, estava na plateia. Olhei para Pascal e seus amigos e respirei fundo.

Três dias antes, na minha agenda, havia anotado (em francês):

Ai, ai, ai... Está chegando a hora de virar uma página na minha vida. Jean prometeu estar presente. Aguardo o parecer prévio de Morin. Duvignaud, de acordo com seu relatório, gostou do meu trabalho. Maffesoli diz para eu ficar tranquilo. Contei a Jean que estou nervoso. Ele já esteve em condição semelhante na sala Louis Liard. Também ficou ansioso, mas tentou me tranquilizar lembrando que se trata antes de tudo de um ritual. Estou aqui, na Unesco, esperando, como outros, a chegada de Fidel Castro e isso me faz rir. Dei tudo na tese, mas continuo inquieto. E esse Fidel que não chega!

Fidel Castro chegou. Leu um discurso de onze páginas. Assegurou que "Cuba é um país soberano de mulheres e homens cultos, dignos e irrenunciavelmente livre". Fui aprovado por unanimidade pela banca e ainda recebi as felicitações do júri, uma espécie de louvor.

A sala Louis Liard pode ser visitada. Eu a visito para me lembrar dos belos anos da minha juventude, dos tempos de doutorado, da imponência desse lindo lugar e até mesmo do *trac* que eu estava sentindo. Franceses falam em "avoir le trac". Deixo para cada um a tradução dessa expressão corriqueira, coloquial e assustadora.

Louvre (Museu do) – Monumento, patrimônio, tempo da arte, não dá para imaginar Paris sem o Louvre, a França sem o Louvre, impossível. Sempre escrevi sobre isso. Criar um grande museu, hoje, é muito difícil. Tem de se comprar as obras. É um método caro e lento. Não dá mais para trazer do exterior depois de uma expedição colonial ou de uma vitória militar numa guerra imperialista ou de expansão territorial. Muitos grandes museus do primeiro mundo tiveram a sua fase de acumulação primitiva do capital, isto é, de formação do patrimônio, baseada na pirataria. A exemplo do que acontece, em geral, com as grandes fortunas, melhor seria apagar da história esses tempos de vale-tudo. Franceses e ingleses foram mestres nessa arte de supremo bom gosto. Uma tarde no Louvre pode ser vista como um passeio na máquina sublime da obtenção duvidosa de obras de arte. Grécia e Egito que o digam.

Os grandes museus do mundo nem sempre brilham pela honestidade na forma de aquisição dos seus acervos. Parte do melhor que possuem é fruto de saques dos heróis do passado. Napoleão não perdia ocasião de se apoderar das riquezas artísticas dos países que conquistava. Durante muito tempo, conforme os valores da época, pouco se contestou essa forma nada ortodoxa de colecionar obras de arte. Mas, pelo jeito, não há prescrição para os atos praticados em nome desse amor desmedido pelo belo. A Grécia quer de volta as frisas do Partenon, levadas para a Inglaterra por um diplomata, com o objetivo de uma análise especializada, e jamais devolvidas. O Museu Britânico primeiro se fez de rogado. Depois, pressionado, alegou que os gregos não possuíam um lugar adequado para receber e conservar tão rico material. Os gregos trataram de construir um museu. Mesmo assim, os ingleses, elegantes e fleumáticos, continuaram a resistir e a fazer pose de preocupação.

A argumentação dos zelosos ingleses baseia-se numa postura simples e antropologicamente humilde: os gregos não estariam preparados para cuidar do que criaram. O problema é que a Grécia não parece convencida da validade de tão desinteressada motivação. Já pensaram no Louvre sem a Vênus de Milo? Salvo se for considerado como compra legítima o preço vil pago ao camponês Yorgos. Hitler, Napoleão e Stalin teriam sido os maiores "colecionadores" de arte por meios heterodoxos. O líder nazista, que nunca pensava pequeno, roubou em torno de 16 mil obras. O celeiro preferido de Napoleão foi a Itália. Stalin meteu a mão em quadros de Matisse e Van Gogh. Tudo pela arte.

O empresário da comunicação Assis Chateaubriand, conhecido como Chatô, fez o Museu de Arte de São Paulo (MASP) pilhando os ricos do seu tempo. Dado que esse pessoal tinha pilhado escravos, parecia-lhe justo que colaborasse por livre e forçada vontade com obras ou dinheiro para um grande museu brasileiro. Funcionou. É a prova de que não se faz um museu extraordinário por vias convencionais.

Museu da *Mona Lisa* e da *Vênus de Milo*, o Louvre proporciona as mais diversas experiências sensoriais e estéticas. Eu vi uma menina francesa, no Louvre, lamentar-se diante da enigmática *Mona Lisa*.

– Não estou sentindo a beleza, mãe.

– Olha bem, chérie.

– Eu sei que é belo, mas não estou sentindo.

– Vai sentir.

– Quando?

– Um dia.

Tem de tudo no Louvre: arte antiga, medieval, pós-revolução, até 1848. Tudo isso num palácio debruçado sobre a margem direita do Sena. Os números do Louvre são sempre gigantescos: mais de dez milhões de visitantes por ano, 480 mil obras catalogadas, 72.735 metros quadrados de espaço para exposição de obras. Como sou um sujeito banal, as minhas obras preferidas no Louvre são: *Mona Lisa, Vênus de Milo, A liberdade guiando o povo, Código de Hamurabi, Vitória de Samotrácia* e o *Escriba Sentado.* Se só posso ficar com duas, *Mona Lisa* e *A liberdade guiando o povo*, de Eugène Delacroix. Chego a sentir o vento da obra.

Luxembourg (Palácio e Museu do) – Encravado no Jardim de Luxemburgo (*Jardin du Luxembourg*), o Palácio do Luxemburgo, construído por decisão de Maria de Médicis, no século XVII, abriga o Senado da França. Como quase tudo, durante a revolução de 1789 teve outro destino: virou prisão. Já o Museu do Luxemburgo, depois de ter sido fechado, em 1937, voltou sob responsabilidade senatorial. Todo ano, vejo exposições inesquecíveis em suas salas acolhedoras e ricas.

Paris e suas histórias. Uma vez, fomos ver a exposição Paul Durand-Ruel, "marchand" dos impressionistas e de outros, no Luxemburgo. Chovia. A fila era grande. Muitos esperavam sem ao menos um guarda-chuva. Lá pelas tantas, alguém se atreveu a reclamar da lentidão da entrada. O guardinha, responsável pela fila, não perdoou:

– Sabem a razão da demora? Não? Vou explicar. É simples. Há pessoas que ficam uma hora chorando diante de um quadro. Enquanto a pessoa chora e não sai do lugar, não podemos deixar outra entrar. E tem pior. Tem pessoa que já na saída, na loja de lembranças, vê a reprodução de um quadro e voltar para chorar mais uma hora diante da tela.

Todo mundo riu. A chuva continuou a cair. A fila seguiu no mesmo ritmo. Finalmente chegou a nossa vez. Entramos cheios de expectativas. O bom dos impressionistas e de outros pintores e escolas próximas é a beleza certa, radiante, positiva, melancólica, no máximo, e a exuberância luminosa das cores. A maioria das pessoas sorria diante de cada Monet, Manet, Renoir, Degas e outros. Na frente dos três famosos quadros de Renoir, emprestados para a mostra – *Dança na campanha*, *Dança na cidade* e *Dança em Bougival* –, uma senhora chorava. Havia muita gente atrás dela querendo se aproximar. Uma mulher, em bom francês, não perdeu a oportunidade de alfinetar:

– Mas esses quadros são tão conhecidos...

– Eu sempre quis vê-los. Vim da Colômbia para isso – respondeu a lacrimosa senhora num francês espanholado.

Outra vez, com Paris banhada de sol e atormentada por mais uma greve de trens, fomos ver duas exposições. As duas mais comentadas, frequentadas e aplaudidas: "Tintoreto, o nascimento de um gênio", no Museu do Luxemburgo, onde quase tudo aconteceu e onde sempre algo acontece; e a exposição Gustav Klimt, no Atelier des Lumières, fora do circuito turístico mais conhecido, uma imersão em imagens do surpreendente artista austríaco, falecido há cem anos, projetadas em todas as dimensões do espaço. Adorei me ver dentro das imagens.

Discreto, mas solene, o Museu do Luxemburgo não tem erro.

Lyon (Olympique de) – Lyon é uma linda cidade, conhecida pela excelência da sua gastronomia. O futebol tem lugar de honra na cidade. O Olympique de Lyon, fundado em 1950, chegou ao topo entre 2002 e 2008, quando conquistou sete títulos nacionais seguidos, uma Copa da França e uma Copa da Liga. Era o Lyon dos brasileiros, o Lyon globalizado, alegre, fulminante. Juninho Pernambucano viraria o grande ídolo desse time matador. Sonny Anderson, Cláudio Caçapa e Edmilson contribuíram para as glórias do Lyon em tempos de sonho. O centroavante brasileiro Fred seria tricampeão francês, disputando espaço com o jovem Benzama. Nilmar, estrela do Internacional de Porto Alegre, também passou por lá nessa época triunfante, ocupando o lugar de outro brasileiro, Élber. E assim passei a gostar do Lyon.

Lyotard (Jean-François) – Ousado, divergente, gentil, bom de argumentação, defensor do valor do dissenso sobre o consenso, Jean-François Lyotard foi um dos homens mais inteligente com quem conversei na vida, autor do livro *A condição pós-moderna*, que todo mundo deveria ler nas férias, consagrou a expressão “legitimação pela paralogia”. Pomposo, não? Erudito? De dar inveja a todo jurista enfatuado. A paralogia, no dicionário, é uma “alteração, deformação ou transformação de uma palavra realizada através de uma analogia errada de outra palavra”. Cada um tem a sua obsessão. As minhas são a paralogia e a prova. A prova da prova. Li isso em Jean-François Lyotard: o que prova que uma prova é uma boa prova? Já dei provas dessa minha preocupação. Já citei Borges, que citou Agripa, que citou seus argumentos. Uma prova exige outra prova, que pede prova.

Eu tive algumas conversas por telefone com Lyotard. Ele me fazia ter a sensação de inteligência. O inteligente era ele, que arredondava cada bola e a devolvia macia. Finalmente marcamos uma entrevista presencial. Fomos até a casa dele (rue Bailly) na data marcada. Ninguém atendeu. Voltamos tristes e surpresos. Começamos a falar mal dos franceses. Assim: eles também não são perfeitos. Eles também marcam, somem e não avisam. No pega pra capar, todos são iguais. A tarde se foi. Aí tocou o telefone. Era a esposa do Lyotard. Ela me disse algo assim: "Sinto muito por meu marido não ter podido recebê-lo. Ele morreu". Fiquei, por um segundo, atônito. Por fim, tive vontade de responder: "Eis um motivo mais do que justo". Felizmente essa frase estúpida não me saiu da boca. Dei-lhe meus pêsames. Sempre fico constrangido na hora de dizer "meus pêsames". Quero falar algo melhor, mais original, mais autêntico, mais meu. Não sai nada.

Liguei a televisão. O apresentador anunciou: "Jean-François Lyotard est mort". A França perdia um dos seus melhores pensadores, o intelectual que havia decifrado a pós-modernidade como uma mudança no estatuto do saber. Se me perguntar o que ler no final de semana, digo sem um segundo de reflexão: *A Condição pós-moderna*. Não haverá comentário na segunda-feira. Uma pena. Lyotard foi um Zidane.

O grande filósofo da pós-modernidade tinha um talento especial para tornar inteligentes até os que como eu eram absolutamente normais. Depois de uma conversa com Lyotard, eu me sentia quase um gênio. Não percebia que era ele quem revirava os meus clichês pelo avesso, dando-lhes uma aura de ironia incrivelmente ousada.

– O pensamento tem peso – eu lhe disse numa daquelas manhãs cinzentas próprias para bater papo com grandes filósofos.

– Pensar pesa – ele me respondeu hesitante, cuidadoso, até mesmo um tanto aflito. – Pesa para alguns...

– O peso do pensamento é a sua consistência ontológica – insisti, sufocando as palavras com tanto peso falso.

– Sempre imaginei que pensar fosse equivalente a, digamos assim, levitar – respondeu-me ele.

Obrigado, Lyotard. Continuo aprendendo com seus livros.

M

Madame Bovary – Um dos melhores romances de todos os tempos. A história de uma mulher que sonhava com uma vida intelectual, estética, espiritual, acima do seu universo concreto. Na busca por algo diferente, afundou-se no adultério e pagou por isso numa época cruel. Gustave Flaubert assumiu tudo: "Madame Bovary sou eu". Foi processado por atentado ao pudor. Criou-se o termo bovarismo para caracterizar esse desejo de elevação impossível em certas circunstâncias. Quem nunca sofreu de bovarismo que confesse o seu conformismo sufocante. Uma obra para ser lida uma vez a cada dois ou três anos. Nunca parece a mesma.

Madeleine (igreja e biscoito) – Marcel Proust, filho de médico e irmão de médico, nunca trabalhou, de fato, fora da escrita. Fez o serviço militar. Foi tudo. Metade da vida passou nos salões da burguesia e da aristocracia. A outra metade usou para escrever obsessivamente trancado em seu bunker acolchoado feito um estúdio de rádio para livrá-lo de qualquer som infernal. Homossexual, foi um dos primeiros a tratar do assunto em suas páginas sem intriga nem suspense, mas plenas de beleza e de realidade. Há quem sustente que seus personagens femininos – Gilberte, Albertine – são Gilbert e Albert. A memória do seu narrador de *Em busca do tempo perdido* tem um gatilho: as madeleines molhadas nos chás oferecidos pela tia Léonie.

Proust representa o escritor em estado puro. Dedicou-se a burilar frases pelo prazer da beleza. Precisava colocar papelotes com emendas ao seu texto transbordante. Decifrar tudo aquilo era tarefa dura. No seu tempo a literatura tinha outras regras. Dependia quase que exclusivamente das suas condições internas. Não por acaso Proust escreveu contra Sainte-Beuve, o crítico que pretendia atrelar a obra à vida do autor. Alguém dirá que *Em busca do tempo perdido* é puro Proust estetizado. Eis o engano. A arte sempre foi transfiguração da vida. Proust usou muitos modelos para construir os seus personagens.

E as tais madeleines? Eis o que o narrador conta: "E, de repente, a memória se revelou. O sabor era o do pequeno pedaço de *madeleine* que nas manhãs de domingo em Combray (pois nesse dia deu não saí antes da hora da missa), quando eu ia dizer bom dia para ela em seu quarto, minha tia Léonie costumava me dar, mergulhando-o pela primeira vez em sua própria xícara de chá ou tisana. A visão da pequena *madeleine* não tinha me recordado nada até eu prová-la. E tudo a partir de uma xícara de chá". Maravilhoso! Chave das memórias.

Outra coisa, bem maior e concreta, é a Igreja da Madeleine, em Paris, que pode ser alcançada a partir da Concórdia pela suntuosa rua Royale. Trata-se de um gigantesco prédio em estilo neoclássico (108 metros de comprimento, 43 metros de largura, 30 metros de altura). Lembra um templo grego com suas 52 colunas coríntias. Levou 85 anos para ser construída. Ficou pronta em 1842. A Madeleine impressiona. Quando a gigantesca Marlene Dietrich morreu, em maio de 1992, seu corpo foi velado na Madeleine. Fomos até lá para ver a morte em dimensão sobrenatural. Caixão, bandeira da França, emoções contidas ou não, o *Anjo Azul*, por tanto tempo recolhido às sombras, oferecia as suas últimas imagens. Uma pequena madeleine pode levar à grande.

Maffesoli (Michel) – Professor emérito da Sorbonne, nascido em 1944, o francês Michel Maffesoli é o grande teórico da pós-modernidade. Autor de mais de 30 livros, entre os quais *O tempo das tribos, A conquista do presente, A transfiguração do político, O conhecimento comum* e *O Conformismo dos intelectuais*, defende que os valores da modernidade (racionalismo, individualismo e culto do progresso) não mobilizam mais as pessoas, tendo sido substituídos no cotidiano por uma sensibilidade aberta a diferenças e relativizações (razão sensível, tribalismo e progressividade). Para ele, a ecologia, politizada ou partidarizada, perdeu espaço para a ecosofia, uma concepção filosófica existencial baseada num retorno à natureza e aos parâmetros humanos da convivência, da vibração em comum, dos pés no chão, do lúdico, da amizade e do compartilhamento de coisas e ideias. Num tempo de dicotomias e radicalizações, o sociólogo percebe nuanças escondidas e destaca o papel da potência social corroendo o poder institucional. Por trás do desencanto com a estrutura partidária tradicional corre, segundo ele, uma forte energia renovadora ainda em gestação.

Sempre impecavelmente vestido, de terno e gravata borboleta, frequentador das universidades brasileiras de norte a sul como palestrante, orientador de doutorado de muitos brasileiros, Doutor Honoris Causa da PUCRS, consumidor entusiasmado de caipirinha, guaraná em pó e picanha, adepto do candomblé e da umbanda, Maffesoli pensa na contramão do convencional com a suavidade e a elegância de um sábio. Se eu tivesse de resumir todos os seus temas numa só expressão, seria "cimento social", a cola que nos liga uns aos outros e mantém uma sociedade em pé. Maffesoli é o pensador do cotidiano e do desejo de pertencimento, de pertencer a alguma coisa, que domina o ser humano.

Anfitrião de primeira ordem, ao lado de sua esposa Hélène Strohl, adora receber pessoas para jantar, o que pude constatar em mais de trinta anos nos seus diversos endereços: rue des Archives, rue Pierre-et-Marie Curie,

Barbès, boulevard Saint-Germain, rue de Rivoli e no seu atual endereço, rue de Vaugirard, esquina com Saint-Michel, de frente para a Sorbonne Velha, de olho em Auguste Comte, do qual é leitor contumaz e intérprete fino. Natural de Graissessac, no sul da França, onde também recebe seus convidados numa casa ampla e acolhedora, filho de uma família modesta, Michel tem antenas especiais: pouco capturam tão bem quanto ele o ar do tempo, do nosso tempo, sem rancor, lição de moral, arrogância ou condescendência.

Traduzi livros dele, entre os quais *A transfiguração do político: a tribalização do mundo* (publicado na França em 1992). Quando o releio, fico perplexo: fica mais atual com o passar do tempo. Michel Maffesoli, discípulo de Gilbert Durand, o autor de uma obra-prima, *As estruturas antropológicas do imaginário,* abre portas para a vida, aqui e agora, do jeito que der, sem sacrificar o hoje por promessas de paraísos num futuro que sempre se afasta como o horizonte. Estivemos juntos na Amazônia. Ele me apresentou meio mundo na França – de Edgar Morin a Jean Baudrillard – e, para a virada do ano 2000, me mandou para o Brasil uma garrafa de um champanha tão bom que voltei a beber por alguns anos. Conhecedor exímio da obra do sociólogo alemão Max Weber, que refletiu sobre o desencantamento do mundo, no sentido da racionalização, Maffesoli rastreia os sinais de reencantamento. Um mundo sem imaginário, sem uma zona de sombra, de mistério e de alguma magia, mesmo tecnológica, seria um deserto.

Sugestões: ler Michel Maffesoli na *terrasse* de um dos cafés da praça da Sorbonne, L'Écritoire ou Les Patios, tomando um cálice de vinho. Michel Maffesoli serve na sua casa os melhores vinhos brancos que bebi, os da Alsácia. Enfim, se aparecer um senhor de chapéu e de gravata borboleta, camisa rosa, meias vermelhas, é ele. Puxe conversa. O Brasil e os brasileiros sempre lhe interessam. Além de tudo, ele domina como poucos a preciosa arte de conversar. Um *causeur*.

Michel Maffesoli é a grande França intelectual sem determinismos e sem a obsessão pelo dever-ser, essa obsessão por indicar o caminho.

Maigret (Comissário) – Advogado, jornalista e historiador, Décio Freitas foi um dos grandes intelectuais gaúchos do seu tempo. Possivelmente o maior. Nunca saía de casa sem uma boa tese para as despesas de conversação com os amigos. Era o que os franceses chamam de "causeur", um artista da palavra, da conversa, do diálogo intelectual e da sustentação oral de ideias. Fui amigo de Décio Freitas. Convivi com ele ao longo dos últimos 25 anos da sua vida. Em certa época, ele me telefonava todas as manhãs para longas e preciosas conversas.

Quando morei em Paris, ele me fazia visitas de um mês. Hospedava-se num hotel próximo e passava quase que diariamente para discussões e teses. Adorava Honoré de Balzac, Émile Zola, Alexandre Dumas e o gênio dos romances policiais, Georges Simenon. Para ele, o Comissário Maigret era tudo de bom. Na época, eu torcia o nariz para os livros de Simenon. Achava que eram entretenimento barato. Décio ria. Garantia que quando eu fosse mais velho e menos pretensioso, entenderia a literatura profundamente verdadeira do criador do comissário Maigret. Dito e feito. A França sem Simenon seria pobre.

Amadureci e perguntei: qual o maior detetive ou investigador da história dos romances policiais? Sam Spade, de Dashiell Hammett? Hercule Poirot, de Agatha Christie? Sherlock Holmes, de Conan Doyle? Philip Marlowe, de Raymond Chandler? O Comissário Maigret, de Georges Simenon? Sam Spade e Philip Marlowe eram cínicos, filosóficos, politicamente incorretos e, quando necessário, violentos. Maigret, Poirot e Holmes eram caretas quando comparados com Spade e Marlowe. Poirot e Holmes parecem figuras de cartão perto da veracidade cotidiana de Spade, Marlowe e, principalmente, de Maigret. Todo ano, algum escritor tenta inventar um novo detetive com a espessura dos citados até agora. A francesa Fred Vargas criou o comissário Adamsberg, uma espécie de herdeiro desajeitado de Maigret. Jean-Patrick Manchette, discípulo francês de Hammett, inventou um novo tipo de romance policial, o policial de crítica social engajada.

Gosto de Spade e de Marlowe. Spade era durão. Philip Marlowe misturava filosofia, conhaque, contemplação, reflexões sobre a existência, uísque, xadrez, mulheres, poesia e soluções simples para crimes complexos. Usava os punhos quando precisava, ia para a cama com mulheres fatais, apiedava-se de certos criminosos, fazia considerações de natureza moral, lutava contra a burocracia da justiça americana, fumava cigarros Camels e tinha uma vida sólida e modesta. Nascido em Santa Rosa, na Califórnia, tinha 1m85 de altura, 86 quilos, escritório no sexto andar do Edifício Cahuenga Building, situado na Hollywood Boulevard, 615, em Los Angeles, telefone GLenview 7537, e hábitos de desconcertar qualquer homem pacato. Não desconcertaria Maigret.

Spade influenciou a construção do personagem Marlowe. Spade era frio, observador, detalhista, pragmático, mas com um senso de justiça extremado. Tinha o “maxilar inferior pesado e ossudo”, o queixo “em V”. Um “Mefisto louro” e simpático. Todos eles derivam, de algum modo, do Auguste Dupin de Edgar Allan Poe. Vivem do jeito que dá enquanto tratam da morte. Na contramão disso tudo, Maigret volta para casa, onde a mulher o espera, e pode até usar pantufas. Uns resolvem tudo pela lógica, outros pela astúcia e pela força, outros ainda pela capacidade de mesclar ciência, experiência e conhecimento de um meio específico. A crítica trata o romance policial como literatura menor. A maioria dos escritores “sérios”, porém, não amarraria o sapato de Hammet, de Chandler ou de Simenon. Maigret sempre me emociona.

Houve uma época que era a minha leitura favorita em avião. Comprava as edições de bolso em aeroportos. Resultado: tenho alguns títulos repetidos. Até cinco exemplares da mesma obra. O prazer, contudo, era sempre igual. Claro, claro, a minha memória ajuda. Tenho seis exemplares de *Maigret e o homem do banco*. Acho que isso é uma pista. Uma pista da minha paixão por Simenon ou de que nunca escaparei do alemão, o Alzheimer. Um livro é bom, todo mundo sabe disso, quando não se pode largá-lo. Quando li

Maigret e o cliente de sábado, torci para o avião atrasar só para eu não ter de fechar o livro. Fiquei indignado quando o comandante anunciou a aterrissagem. Ainda me faltavam 20 páginas. Não se pode mais ler em paz em voo!

Em *Maigret e o cliente de sábado*, com duas pinceladas precisas Simenon situa, por um lado, a sordidez da vida, a vilania no casamento de um homem, e, por outro lado, um detalhe aparentemente anódino que dá veracidade ao relato, a entrada da televisão na vida dos franceses. Maigret, ao voltar para casa, onde sua mulher o espera comportadinha e com a janta pronta, sociedade machista, só quer se entregar à novidade e ver o telejornal. Até os lugares à mesa mudam. O extraordinário entra pelas frestas do ordinário. Tudo é simples e profundamente verdadeiro. A melhor literatura nunca se apresenta como literatura.

A mulher arranja um amante, empregado do marido. Instala-o na cama do casal. Põe, na sala, uma cama de abrir para o ex-titular do seu leito e do seu corpo. O lesado procura Maigret e avisa que pensa em matá-los. Que pode fazer o comissário? Quer saber, viajante curioso, vai ler o livro, seu preguiçoso. Maigret te mostra Paris.

Maio de 1968 – A revolução francesa de 1789 mudou o mundo. Maio de 1968, movimento de estudantes na França, fez outra revolução. Em 1968, em Paris, estudantes puseram fogo no circo. Queriam a imaginação no poder, ver a praia sob os paralelepípedos, acabar com o autoritarismo de pais, professores e patrões e o fim de velhas e resistentes hipocrisias. Uma das bandeiras dos rebeldes defendia a liberdade sexual e o direito das mulheres ao uso do próprio corpo. Foi um "liberou geral" sem precedentes. É preciso dizer que no 1º de maio de 1968, depois de 14 anos, organizações operárias ligadas ao Partido Comunista Francês foram autorizadas a desfilar. Não eram, portanto, tempos de liberdade absoluta nem de democracia total. Mas foi em 2 de maio de 1968 que um jovem alemão, Daniel Cohn-Bendit, comandou uma jornada anti-imperialista em Nanterre. A direção entrou em pânico e fechou a universidade. Ali, como diria Edgar Morin, o improvável aconteceu e mudou as coisas. Não é todo dia que algo assim ocorre.

O maio de 1968 está vinculado, antes e depois de sua ocorrência, a um contexto mundial de transformações, junto com a cultura *beat*, a contracultura, o rock e o movimento hippie. A diferença é que o maio desencadeado na França deu expressão política explícita a um imaginário cultural e comportamental em ascensão. Alguns comentaristas não podem admitir que a grande revolução contemporânea tenha começado na França. O ideário neoliberal procuraria caracterizar a França como um estado anacrônico onde o bem-estar social seria colocado acima da sacrossanta liberdade de explorar economicamente o próximo. Parece que é o destino dos franceses. Afinal, 1789 continua a ser o marco fundamental das mutações da modernidade, ainda que 1776 possa figurar como uma referência legítima. Não estou usando tais termos aqui no sentido aprendido na escola, mas já atualizado. Moderno é tudo aquilo que nos antecede. Contemporâneo é o que pretendemos ultrapassar.

Em poucos dias, os confrontos se multiplicaram. No dia 3 de maio de 1968, a polícia invadiu a Sorbonne e sentou o cacete na gurizada. Mais de 500 estudantes foram presos. No dia 6, aos gritos de "libérez nos camarades", veio o troco. O Quartier Latin virou um campo de batalha e entrou, mais uma vez, para a história como um lugar onde se faz a história. Ao final do combate, havia 945 feridos e 422 presos. O governo acordou dos seus planejamentos letárgicos. Era preciso fazer algo. Mais do que tudo, em meio a uma série de reivindicações contraditórias, os jovens de maio de 68 questionaram o princípio da autoridade indiscutível. O machismo e o autoritarismo sofreram golpes duríssimos. A tradição foi satirizada, pisoteada e saqueada. Alguns rebeldes mais radicais teriam atacado casas especializadas em queijos e muitas padarias, tomando munição para enfrentar a polícia a golpes de baguette e de bombas malcheirosas de roquefort. Surpresos, os policiais reagiam com bombas de efeito moral ou tentavam recolher o precioso material desperdiçado soltando os cassetetes no chão. Nunca mais o mundo foi o mesmo. Inventou-se também a "cuisine légère".

Ao contrário do que defendem os reacionários de hoje e os fãs do Mickey, maio de 1968 enterrou, ao mesmo tempo, o autoritarismo capitalista judaico-cristão e o autoritarismo marxista que sonhava em substituir uma sociedade de controle por outra. Começou um novo tempo baseado na liberdade individual e no reconhecimento dos direitos dos jovens, das mulheres e do que se chamaria em seguida de excluídos ou minorias. 68 fez mais do que 17. A matemática social tem regras próprias. Reescrevo o que um dia me mobilizou e me reencontro: maio de 1968 condensa o imaginário de uma época: a utopia da liberação.

A cada dez anos, a França comemora essa grande crise como um momento fundador. Nos cinquenta anos de maio de 1968, entrevistei O sociólogo Jean-Pierre Le Goff, autor de *Maio de 68, a herança impossível* e *A França de ontem, história de um mundo adolescente, de 1950 a maio de 68*. Perguntei-lhe: o que resta de maio de 1968?

Resposta: "Há uma série de progressos inegáveis: questionamento das hierarquias ossificadas, das burocracias, de um modelo taylorista do trabalho, uma maior atenção às condições de trabalho, afirmando a autonomia dos indivíduos e da sociedade, maior liberdade na relação entre os sexos... Mas o movimento de maio de 68 também caiu em excesso. A 'revolução cultural' de maio de 1968 produziu efeitos desestruturadores, passando da crítica do autoritarismo ao questionamento do princípio da autoridade, da crítica do moralismo ao questionamento da moral, da recusa de qualquer hierarquia e qualquer instituição, sinônimo de dominação e alienação... A ideia de 'ruptura radical' foi acompanhada pela utopia de uma sociedade horizontal em estado de criação permanente, composta de indivíduos igualmente autônomos, criativos e responsáveis, cujas relações seriam estabelecidas com toda a transparência, em situação de uso da palavra de debate sem fim, com a ilusão de que mudamos a sociedade e o mundo quando falamos muito sobre a sua situação. Esse legado impossível traz a marca de um novo ator essencial: o "povo adolescente", composto por estudantes do ensino médio que foram educados e criados em uma nova sociedade de consumo e lazer com um novo hedonismo e a ideia de que tudo é possível. Como um famoso slogan dizia: 'Eu tomo meus desejos por realidades porque acredito na realidade dos meus desejos'. Um slogan tipicamente adolescente". Michel Houellebecq, nos seus romances, costuma ter 1968 como pano de fundo da ruína da família.

Podemos ter um novo maio de 68? Jean-Pierre Le Goff: "Por cinquenta anos, tenho ouvido: 'Maio de 68 vai voltar!' Mas as condições de hoje não são mais as mesmas. O messianismo revolucionário e a dinâmica de protesto de maio de 1968 morreram há muito tempo".

Maio de 68 está vivo na fachada da Sorbonne, em Nanterre, no Quartier Latin, sob os paralelepípedos, onde a praia se esconde.

O viajante curioso não deixará de conferir.

Marais – Um dos mais elegantes e charmosos bairros de Paris, entre o 3º e 4º arrondissements, na margem direita do Sena. A história do lugar é extraordinária: de pântano, como indica o seu nome, a espaço residencial e de patrimônio histórico. Caro viajante sem pressa, ande pelas ruas Beaubourg, Tournelles, Jean Beausire, Renard, Bretagne, Turenne, Béranger e me diga depois qual a mais bonita. Desça na estação Saint-Paul do metrô na primavera e me conte como se sentiu ao chegar ao ar livre. Almoce numa calçada e me descreva as sensações tidas com vinho, comida, cores, pessoas passando, o mundo girando e tudo mais.

Visite do Hôtel de Ville à praça da Bastilha. Passe algum tempo na Place des Vosges e mande me dizer como se sentiu esteticamente. Aprecie a igreja Saint-Paul-Saint-Louis e o Museu Carnavalet e saia conhecendo a história formidável de Paris.

Bairro de judeus, onde fica, de resto, o Museu de Arte e História do Judaísmo, de chineses, de franceses, de curiosos, de artistas, de galerias de artes, de bares, de grandes palacetes – ver o Hôtel de Subise, na esquina das ruas dos Franc-Bourgeois e dos Archives, e o Hôtel de Rohan, na esquina da rua Vieille du Temple com a rua dos Quatre Fils –, de belos jardins, do pessoal LGBTQIA+, de casas de chá: não deixe por razão alguma de tomar um chá no *Loir dans la Théière* (3 rue des Rosiers), onde trabalhou Bebeto, um querido amigo brasileiro. Aliás, uma rua cheia de charme e de bom gosto.

Quantas vezes nos perdemos caminhando no Marais, voltando, enfim, para casa com os olhos carregados de beleza. O Marais é dos bairros mais bonitos do mundo, ouso dizer, especialmente em junho.

Marseille – Segunda maior cidade francesa, situada no sul do país, no departamento de Bouches-du-Rhône, na região Provence-Alpes-Côte d'Azur, Marselha é pulsante, rica, multicultural, grande força do Mediterrâneo, com cerca de 870 mil habitantes. Marselha é história, faz história, impressiona e apaixona. Fundada em 600 a.C. continua fiel ao que sempre foi: cruzamento, mestiçagem, cidade marítima, aberta ao mundo, com um sotaque muito singular ao falar francês. Em Marselha não se pode deixar de ver o Velho Porto, a basílica Notre-Dame-de-la-Garde, o Museu das Civilizações da Europa e do Mediterrâneo, a catedral Sainte-Marie-Majeure, o Palais Longchamp, o bairro antigo, especialmente a rua La Canebière, aberta em 1666. Enfim, tudo o que qualquer guia indicaria. Não sou guia. Apenas me guio pelos meus afetos. Por isso, digo: é preciso comer em Marselha os famosos "calissons d'aix", um doce de frutas cristalizadas e amêndoas. Marselha é também conhecida pela paixão louca pelo futebol e pelo clube da cidade, o Olympique de Marseille (OM), durante muito tempo controlado por Bernard Tapie, um empresário, depois ator, rico e sempre metido em grandes rolos, processos, prisões e escândalos.

Matignon – Residência do primeiro-ministro (57 rue Varennes). Pertenceu a famílias aristocráticas. É um nome que se diz a cada dia, especialmente quando se faz jornalismo, como expressão de poder. Impávido, deve exibir a solidez, nem sempre real, do governante.

Mauresmo (Amélie) – Célebre tenista francesa, dona de um estilo característico de jogar, com muita técnica e resistência, ganhou 25 títulos individuais, tendo vencido o Aberto da Austrália, Wimbledon e o Masters de 2005. Aposentada das quadras, tornou-se dirigente. Passou a comandar o torneio de Roland Garros em 2021. Homossexual, sofreu muito preconceito. Revelou sua homossexualidade quando tinha 19 anos de idade, durante o torneio da Austrália. Declarações espantosas de adversárias chocaram muita gente na época. A suíça Martina Hingis derrapou feio: “Eu sei que ela veio aqui para Melbourne com a namorada. Na verdade, ela é meio homem”. A americana Lindsay Davenport insistiu que teve “a sensação de jogar contra um rapaz”.

Em 2024, aos 44 anos de idade, Amélie Mauresmo acusou de assédio moral a sua ex-esposa, Marie-Bénédicte Hurel, que chegou a ser detida em setembro de 2023, num processo turbulento de separação.

Quando eu me interessava por tênis, gostava de vê-la jogar.

Mbappé (Kyllian) – Quem não conhece? Joga demais. Nascido em 1998, goleador nato, campeão do mundo com a França, em 2018, é o único grande jogador da atualidade a ter a possibilidade real de igualar Pelé em títulos mundiais de seleção. Estará com 29 anos na Copa do Mundo de 2026 e com 31 anos no torneio de 2030. Conseguirá? Talento, tem. O resto depende de sorte para não se lesionar e de todas as circunstâncias dos jogos. Afinal, o futebol não é ciência. O plano do PSG de ganhar a Liga dos Campeões da Europa com Messi, Mbappé e Neymar não deu certo. Mas enquanto Neymar e Messi declinam, Mbappé sobe. Sou fã do Mbappé. As suas arrancadas são odes ao futebol destemido.

Melman (Charles) – Uma história curta. Jovem jornalista cultural, entrevistei o psicanalista Charles Melman. Disseram-me que era o novo Jacques Lacan. Cheguei intimidado. O assunto era amor. Perguntei-lhe se a monogamia funcionava. Respondeu que não. Perguntei se o amor livre funcionava (era a expressão da época). Respondeu que não. Perguntei se nada funcionava. Respondeu que dependia. Fui para casa confuso. No meio da noite, tive uma revelação: estaria ele dizendo que só adultério funciona? Na mitologia, a família francesa é formada pelo casal e pelos amantes de cada um. Na segunda vez que vi Melman, não achei conveniente retomar o assunto. Afinal, o mundo já era outro.

Ménilmontant – Edgar Morin lembra com saudades de sua infância em Ménilmontant, no norte de Paris. Em *Meus demônios* (1997), talvez o seu mais belo livro autobiográfico, ele se apresentou como um onívoro cultural, atravessado por contradições, produto da cultura popular da rua Ménilmontant, coração pulsante do norte de Paris, às voltas com suas origens judaicas marranas e com suas experiências culturais e políticas, acossado por seus demônios face às cruezas do mundo. O menino de Ménilmontant, órfão de mãe muito cedo, criado vendo filmes nos cinemas de bairro e divertindo-se em circos, atreveu-se a relativizar o poder da mídia, a denunciar o "cretinismo dos intelectuais" e a enxergar o mundo com generosidade e complexidade.

Uma das canções mais belas de Charles Trenet chama-se "Ménimontant". Ela ressoa na minha cabeça sempre que penso em Paris: "Ménilmontant mais oui madame/C'est là que j'ai laissé mon cœur/C'est là que je viens retrouver mon âme/Toute ma flame/Tout mon bonheur".

[Ménilmontant, mas sim, senhora/Foi aqui que deixei meu coração/É aqui que venho encontrar minha alma/Toda minha chama/Toda minha felicidade". Um lugar para sentir a força do encontro de culturas.

Metrô de Paris – Paris é dividida em 20 distritos. Cada distrito ("arrondissement") tem a sua subprefeitura. O XVI distrito é tido como o mais chique da cidade. Paris orgulha-se de não ter ponto algum a mais de 500 metros de uma estação de metrô. Na média, 150 metros. Boa parte da sua elite bizarra deixa o carro em casa e usa o transporte público. Intelectuais famosos são figurinhas carimbadas no metrô. Cansei de encontrar Jacques Derrida, Jean Baudrillard, Edgar Morin e Alain Touraine, em vagões das linhas 12, 4 e 1. Gente louca.

Também esbarrei com Catherine Deneuve e Jean-Luc Godard na linha 4, descendo na estação Saint-Sulpice. Deneuve devia estar entediada ou com saudades dos seus tempos de Bela da Tarde. As celebridades intelectuais estrangeiras também circulam nos metrôs de Paris. Encontrei Umberto Eco várias vezes em estações do Quartier Latin. Quando fiz o seu curso no Collège de France, pegava, na saída, muitas vezes o mesmo metrô com ele, que fazia um barulho danado, falando alto, gesticulando, discutindo futebol, semiótica e o escambau. Gente estranha. Famosos e ricos com práticas de seres normais. Eu, hein! Paris é uma cidade tão bizarra que a gente passa seis anos lá e sai sem saber onde fica a rodoviária central. Em contrapartida, conhece como a palma da mão seis estações ferroviárias. Que atraso!

É aquela coisa de museu, trem, ensino público gratuito do jardim da infância à universidade. Um horror! Ironias à parte, o metrô de Paris, inaugurado em 1900, faz a cidade andar. Sem ele, sempre é o caos. Claro que é fortemente subsidiado pelo Estado. Afinal, transporte é serviço essencial como saúde, educação e segurança. A capital francesa tem 16 linhas de metrô e 309 estações à disposição dos passageiros. Diz-se que a mais bela estação é a Louvre-Rivoli, na linha 1, restaurada em 2015. Concordo. Confira e me diga, viajante.

Meudon – Pertinho de Paris, acessível por trem a partir de Montparnasse, debruçada sobre a margem esquerda do Sena. Qualquer site lembrará que é um lugar de ciência, com um observatório de astrofísica, e que celebridades viveram ali: Rodin, Wagner, Céline. Para mim é a cidadezinha onde o Conselho Nacional de Pesquisa Científica da França (CNRS) teve uma bela sede, o Pavilhão Bellevue, imenso prédio onde o sociólogo Dominique Wolton reunia duas vezes por ano o conselho editorial científico da sua revista *Hermès*, do qual faço parte. O pavilhão foi um hotel e depois também um restaurante. Quando estou ali eu penso mesmo é no Castelo de Bellevue, que foi da Madame de Pompadour, predileta de Luís XV. A vista de Paris que se tem desse castelo então do CNRS, como o chamo, é extraordinária, com Sena e Torre Eiffel bem enquadrados. Às vezes, enquanto os colegas discutiam temas altamente relevantes da atualidade, eu divagava, misturando coisa e pensando na senhora marquesa de Pompadour, linda, inteligente, astuta, culta e considerada a mulher mais fria do seu tempo. Não sei como se media essa frieza nem se havia exagero nisso. Sei que ela gelava quem ousasse enfrentá-la. Ou, claro, desejá-la.

Michon (Pierre) – Convivi com Pierre Michon quando de uma viagem sua ao Brasil. Fui com ele ao Rio de Janeiro. Junto com o francês Stéphane Chao, que trabalhava no Consulado da França no Rio, fomos a uma palestra de Pierre Michon na Academia Brasileira de Letras e a um Fla-Flu no Maracanã. Pierre Michon mostrou-se afável, simpático, generoso, bom de papo e de copo. Guardo boas lembranças daqueles dias animados e leves. Traduzi dele *Rimbaud, o filho* (Sulina). Ele criou uma maneira de narrar maravilhosa e frenética da qual passei a ser seu devedor.

Pierre Michon tinha curiosidade sobre tudo. Queria ver o Fla-Flu. Quando chegamos ao estádio havia uma grande confusão, com direito a tiroteio nas imediações. Na saída, depois de uma partida morna, a torcida do Flamengo desandava por uma rampa cantando "Deixa passar o terceiro batalhão da torcida do Mengão", algo assim. Esprememos Pierre contra a parede e ficamos olhando a massa correr. Foi emocionante.

Millet (Catherine) – Confesso que queria conhecê-la. Michel Houellebecq tinha a obra dela na ponta da língua. Catherine Millet tornou-se mundialmente conhecida com o livro *A vida sexual de Catherine M.*, no qual relatou a sua intimidade com centenas de homens. A obra vendeu quase três milhões de exemplares. Anos depois, junto com Catherine Deneuve, Millet organizou o manifesto contra o movimento #MeToo, sustentando haver exagero numa suposta situação de vitimização permanente das mulheres diante das investidas masculinas.

Então, finalmente, eu a entrevistei. Uma senhora elegante e objetiva: "O movimento *MeToo* é feminista e se vê como progressista, destinado a fazer a sociedade avançar. As suas consequências, do meu ponto de vista, são em muitos aspectos regressivas, conservadoras. No campo da arte nem se fala. Chegou-se a pedir censura em relação a certos artistas, condenação de obras, filmes, quadros, peças, manifestações culturais. É um paradoxo que artistas que se veem como progressistas e de esquerda protagonizem demandas que eram típicas da direita mais conservadora". Polêmica é com ela mesma, sem piscar.

Quis saber se o seu livro de façanhas sexuais era, de fato, autobiográfico e se havia mudado a sua vida: "Mudou até a minha vida sexual. Claro que era autobiográfico. Salvo ensaios, só escrevo narrativas autobiográficas. Contei minha vida sexual e meu livro foi muito bem recebido por toda parte. Ninguém me ofendeu. Uma vez, numa feira do livro, na Romênia, alguém me disse algo. Lancei o livro em Nova York e tive resenhas muito positivas nos jornais. Claro que sofri críticas de feministas ortodoxas. O contato com o público foi bom. Não enfrentei ataques moralistas, puritanos ou coisa semelhante. Andei pelo mundo inteiro com meu livro". Acrescentei: muitas mulheres viram no seu livro uma prova de liberação: "Sim, muitas gostaram por eu levar minha vida sexual como um homem, ou seja, como parecia ser privilégio masculino. Algumas feministas me criticaram por ser muito passiva nas minhas relações sexuais. Já que o senhor está me forçando a falar de coisas íntimas, sou obrigada a falar. Eu gostava muito de sexo anal. Para certas feministas é uma maneira de a mulher se colocar numa posição passiva. Sempre dei a mesma resposta: na minha vida social sou muito ativa, faz 45 anos que dirijo uma revista de arte, não tenho problema com isso. Na cama, porém, me agrada certa passividade em alguns momentos. Numa peça de Alfred de Jelineck um homem poderoso gosta de práticas sadomasoquistas. É comum. Poderosos podem gostar de posições passivas sem que isso tenha a ver com a personalidades deles no restante". Bota empoderamento nisso, não?

Mistério Henri Pick (O) – Bradei meu entusiasmo no site Matinal (www.matinaljornalismo.com.br) quando li esse romance bem francês.

Num arroubo, disse: o melhor romance publicado no Brasil nos últimos dois anos tem o selo da L&PM: *O mistério Henri Pick*, do francês David Foenkinos. Por que é o melhor? Eis a questão. Porque ironiza formidavelmente o mundo editorial atual e seus truques. Falar disso exige uma digressão. Durante muito tempo, depois de Marcel Proust, se considerou que, nascida a obra, morria o autor. Também se elevou ao ápice a primazia da forma (texto) sobre o conteúdo. Triunfo absoluto de James Joyce e de Guimarães Rosa contra os textos límpidos.

Nesse sentido, há quem diga que Michel Houellebecq é um sociólogo, não um escritor. Quando ele publicou Plataforma, sofreu com o trocadilho óbvio: uma forma rasa. Mas Houellebecq é da cepa de Machado de Assis: ironia e texto cristalino. Por ironia, Machado de Assis, o maior escritor brasileiro de todos os tempos, não se impõe como parâmetro literário no Brasil de hoje. Para ganhar prêmio, exagerando, precisa de texto barroco. Se não tornear a frase, não é literatura. Tudo pode ser maravilhoso em literatura. Só um registro é realmente aceito por muitos. Machado de Assis ironizava o "estilo antitético e asmático": "O cão ia. A lata saltava como os guizos do arlequim". Algo, contudo, mudou no mundo e ainda não foi compreendido pela crítica. O texto e o conteúdo perdem espaço para o contexto. Por exemplo, na literatura de lugar de fala. O que conta é quem conta. Acho ótimo. Sou fã. O bastião moderno, do escritor cientista neutro e distanciado, toma um tranco. E choraminga, reclama, mata, se puder.

Foenkinos conta a história de uma jovem editora francesa que descobre uma obra-prima numa estranha biblioteca dos originais recusados. Além do mais, a obra é assinada por Henri Pick, um homem comum que passou a vida fazendo pizzas. Quando escreveu esse livro sem que nem a sua esposa soubesse dessa sua aptidão? Por que não tentou publicá-lo? Uma engrenagem midiática se põe em marcha. A publicação do livro a partir do seu contexto – escrito por um homem banal, numa pizzaria, encontrado no lixão dos manuscritos desprezados – gera um encantamento midiático incrível. As vendas tocam os trezentos mil exemplares. Sucesso absoluto. Um crítico literário desempregado fareja a farsa e decide investigar quem escreveu o livro do momento.

Em determinado instante, o narrador diz, enquanto fala de Michel Houellebecq: "Ele entrou antes de todo mundo numa nova era. O texto já não tem importância. O que conta é passar uma ideia potente e única. Uma ideia que dê o que falar". Resolvido o mistério, o narrador insiste que é a vitória da forma sobre o conteúdo. Forma remete a texto. É o triunfo do contexto sobre a forma e o conteúdo. No caso, um case de marketing. Enquanto os modernos se apegam a um modelo datado de contar histórias, os pós-modernos navegam no contexto que faz querer ler tais histórias. Como tudo tem um precursor, Nietzsche para a pós-modernidade filosófica, salvo se foi Platão, que tal Kafka para a literatura pós-moderna? Em *A metamorfose* o que conta mesmo é a sacada: acordar inseto. O resto pode ser visto como "remplissage".

O mistério Henri Pick talvez seja ignorado pelos críticos literários brasileiros. Afinal, avisa que eles estão superados.

Mistral (Hotel) – Confortável estabelecimento três estrelas (24 rue Cells), em Montparnasse, com uma vistosa placa informando que ali moraram entre 1937 e 1939, assim como no começo dos anos 1940, Jean-Paul Sartre e Simone de Beauvoir, em quartos separados. Porém, certamente, quando os amores se tornavam mais necessários eles amanheciam juntos. Ali, com o cemitério de Montparnasse às costas, liam, escreviam e recebiam visitas, como a de Maurice Merleau-Ponty. Possivelmente ali Simone tenha escrito parte do seu escandaloso, para a época, romance *A Convidada*, publicado em 1943. A cada mês, quando íamos depositar na caixa de correspondência de nossa amiga Florence, a proprietária, em cédulas abrigadas num envelope, o pagamento do aluguel do nosso pequeno apartamento, aproveitávamos para caminhar um pouco mais e ver outra vez a morada de Simone e de Sartre. Acho que com a atmosfera do cemitério tão perto esperávamos encontrá-los algum dia passeando por ali. Ainda hoje é um passeio feito com emoção.

Mitterrand (François) – Na minha França afetiva não há lugar para políticos. Um nome, porém, parece incontornável: François Mitterrand (1916-2016). Ele governou a França de 1981 a 1995 pelo Partido Socialista (PS). A chegada dos socialistas ao poder representou uma grande esperança de transformações importantes e a consagração do Bem-Estar Social. Escrevi incontáveis artigos sobre o "reinado" de Mitterrand, que seria até mesmo acusado de colaboracionismo com o "regime de Vichy", comandado pelo marechal Pétain, testa de ferro do nazismo na França ocupada pelos alemães. Mitterrand era visto como uma "raposa" da política, enigmático, capaz de quase tudo, sinuoso. Foi também o presidente de grandes obras como a Biblioteca da França.

Teve papel relevante na construção da União Europeia. Para muitos, Mitterrand começou como utopia e terminou como desencanto. Já ao final do longo período como presidente, dois mandatos de sete anos, uma grande polêmica o sacudiu por causa da visita de Fidel Castro a Paris. Cobri o acontecimento. Escrevi sobre ele. Era a primeira visita do "comandante", desde a sua tomada do poder em 1959, à capital francesa. O presidente François Mitterrand mandara estender tapete vermelho para o líder cubano e o hospedara em Marigny, residência destinada aos convidados mais importantes. De terno impecável, contente de estar em Paris, Fidel discursou na Unesco, diante de jornalistas, diplomatas e intelectuais, com moderação: foram apenas 11 páginas. Os funcionários da casa pareciam deslumbrados e incontroláveis. Gritavam "Fidel, Fidel, Fidel, Fidel..."

Guardei esse dia na memória mais fresca. Fui atropelado por jornalistas suecos em busca de um autógrafo de Fidel. Não havia celulares. As fotos eram poucas. Volta e meia, algum detalhe dessa tarde me vem à mente. Fidel sorrindo para uma jornalista americana que o contemplava com a boca levemente aberta. A polêmica correu solta durante aquela semana. Danielle, a esposa do presidente Mitterrand, declararia aos jornais que Fidel Castro nada tinha de um ditador. Radicalizou: "O regime cubano realizou o máximo que o socialismo podia fazer, especialmente na área da educação". Mitterrand, reagindo às críticas, justificou-se dizendo que se tivesse de tratar só com os governantes de nações que respeitam os direitos humanos não sobraria muita gente para encontrar. Não deixava de ser verdade. Era sofisma.

Nunca me saiu da cabeça uma frase de Fidel em seu discurso: "Cuba é um país soberano de mulheres e homens cultos, dignos e irrenunciavelmente livres". Contrapus à fala do dirigente cubano a posição do escritor cubano, exilado em Londres, Guillermo Cabrera Infante: "Como pode a França, pátria da liberdade, da igualdade e da fraternidade, aceitar legitimar um ditador. Lamento a participação da Unesco nessa farsa". No meio da confusão que se formou entre castristas e anticastristas, um castrista chamou os adversários para a disputa no braço. Deu uma "banana" para os adversários, que se prontificaram a descascá-la. O provocador acabou salvo pela polícia.

A atmosfera era de excitação total. As pessoas estavam fora de si. Insultavam-se, empurravam-se. Procurei me aproximar o máximo possível de Fidel. Devo ter ficado a uns três passos dele. Dali para a frente não havia como avançar. O que eu queria ver? Certamente de que matéria era feito aquele homem. Certas vezes, acho que cheguei a apertar a mão dele, mas devo estar confundindo com um aperto de mão que dei em Ernesto Geisel, quando eu era criança, em Santana do Livramento. Minha memória falha. Numa foto da época, Fidel e Mitterrand pareciam a esfinge e o guerrilheiro impassível. Mitterrand nunca se alterava. A dignidade do poder exigia dele uma eterna cara de paisagem. Nada os aproximava fisicamente. Nada os separava quanto à expressão facial. Pareciam contemplar o nada. Não poupei adjetivos para desqualificar Fidel. Um amigo francês me puxou a orelha: "É fácil atacar quem resiste a um império", disse. Mitterrand não cedeu diante das críticas. Talvez por isso o chamassem de François Mitterrand I.

Mona Lisa – Possivelmente o mais famoso quadro da história, a Mona Lisa, ou Gioconda, de Leonardo da Vinci, atrai pessoas do mundo inteiro para o Louvre. Raramente não há lotação diante dela. Em meu romance *Solo* (Record, 2008), o personagem narrador faz a sua peregrinação ao museu mais visitado de todos só para vê-la:

"Preferi ir ao Louvre rever a Mona Lisa. Queria tirar algumas dúvidas semeadas pelo *Código da Vinci*. Será mesmo que vista da esquerda a Mona Lisa parece maior do que vista da direita? Durante mais de uma hora, eu só pude vê-la da direita por causa de um bando de japoneses irremovíveis e viróticos. Eu é que me senti incrivelmente maior nesse tempo todo visto da esquerda. Quando, finalmente, pude mudar de ponto de vista, não consegui me concentrar no quesito proporção. Fiquei obcecado por um detalhe. Bom, não posso dizer que eu tenha sido o primeiro. Teve mais gente antes de mim que atentou para esse detalhe. Digamos, milhares, milhões, bilhões mesmo. Todo mundo, porra. Caralho, fiquei obcecado pelo sorriso da Mona Lisa."

Eu mesmo, real e com o passaporte no bolso, tive uma experiência singular diante da pequena Mona Lisa – o quadro, protegido por um vidro à prova de bala, tem 73 cm de altura por 53 cm de largura – quando fui vê-lo mais uma vez e me senti paralisado diante dela.

Quem foi a Gioconda? O leitor encontrará farto material na internet sobre a identidade da mulher que o pintor imortalizou. Aqui, a memória afetiva puxa outros aspectos. Mesmo incomodado, muitas vezes, com o número de espectadores diante da tela, o que dificulta uma contemplação imersiva, sempre experimento uma sensação estranha quando estou lá. Como se a tal aura, da qual fala o teórico marxista alemão Walter Benjamin, se manifestasse ali criando um halo.

Walter Benjamin definiu aura, no seu famoso ensaio "A obra de arte na era da sua reprodutibilidade técnica", assim: É uma figura singular, composta de elementos espaciais e temporais: a aparição única de uma coisa distante, por mais perto que ela esteja". É assim que eu vejo quando estou diante da Mona Lisa, face ao singular, ao único, apesar de já ter visto milhares de vezes reproduções desse original. A reprodução infinita aumenta a vontade de ver o original.

A Mona Lisa corre perigo: atiradores de sopa gostam de alvejá-la.

Montmartre – Como não se encantar com este trecho de Pierre Michon? "É noite, em outubro. Não totalmente noite, mas um belíssimo entardecer do velho outubro. Domingo, em Montmartre, quase campanha, ninguém nas ladeiras. Quantas árvores: castanheiras ou plátanos que encantam e apertam o coração, amarelos e maltratados no céu azul. Erguem-se na luz. As folhas de ouro correm sob seus pés, a subida parece levá-los ao céu – e de repente ei-los; quatro ou cinco a subir a ladeira, jovens, todos filhos incorrigíveis, nem monges nem capitães, ainda que todos cobertos com hábitos invisíveis, simplesmente filhos, *poetas*, como se dizia; Verlaine e Rimbaud, e, além deles, não importa, Forain, Valade ou Cros, e Richepin – que chamam Richoppe. Uniformes pretos, chapéus, aparências claras, tudo isso com resolução em flashes escuros sob o sol". Prosa poética para falar de um lugar de poesia coloquial.

Montmartre, onde nosso querido amigo Bertrand Ricardo morou e nos recebia, é um conjunto de imagens que se cruzam, separam, acavalam, coloridas, brancas em fevereiro, caleidoscópicas, a colina, a Sacre-Coeur, suas escadarias, o mercado Saint-Pierre, Pigalle, o vinhedo, a praça do Tertre com seus artistas, rastros de Toulouse-Lautrec, Edith Piaf, Georges Brassens, Renoir, gente de todo tipo e arte, cabarés, no sentido francês da palavra, que não significa bordel, mas não implica evitá-lo, nomes, histórias, paixões, intensidade, Lapin Agile, Chat Noir, Moulin Rouge, ruazinhas sinuosas, ar de vilarejo, campanha na cidade grande, a luz mais perfeita do mundo na primavera, a crueza cinza do inverno, as folhas douradas do outono, a alegria ruidosa do verão, vinho em mesas de calçada, o funicular, o entorno, Abèsses, Pigalle, Clichy, caminhadas, ruelas, descobertas, passado, presente, uma profusão que não se resume, não se guia, não se esquece.

Montparnasse – Esse sempre será o nosso bairro em Paris, o nosso lugar de descobertas e de tantas identificações. Escrevi muitas crônicas sobre esse lugar. Estou preso a esses escritos. Ali moramos quatro anos na primeira vez. Depois, duas temporadas de três meses no mesmo lugar e, por fim, mais um ano inteiro. Sempre no mesmo "studio" de 25 metros quadrados coberto nas paredes e no teto por um carpete lilás. Morávamos num beco – Impasse du Mont – Tonnerre – que desaguava na interminável rua de Vaugirard. A nossa estação de metrô, embaixo da pracinha Camille Claudel, era a Falguière, onde nossos "clochards" (moradores em situação de rua) ocupavam as mesmas cadeiras, impecavelmente na mesma ordem, a cada tarde gelada de inverno.

Durante um bom tempo, em Paris, íamos a uma lavanderia em frente à redação envidraçada do jornal *Le Monde*. Nada parecia acontecer ali. Franceses parecem fazer jornal em silêncio. *Le Monde* acabou por mudar de endereço. Nosso minúsculo apartamento estava grudado no belo prédio do museu de escultura Antoine Bourdelle. Nosso repouso, no verão, eram os jardins, a uma boa caminhada a pé, do museu Rodin. A rotina em nosso edifício de Montparnasse era bem definida e quase de vilarejo: O nosso vizinho de andar pintava quadros. A inglesa do terceiro andar sonhava, sofria por amor, pintava e bebia vinhos além da conta. Uma manhã, jogou-se pela janela. Sobreviveu. Paz turbulenta e fria.

A irmã de um diplomata falecido falava várias línguas, inclusive russo. Corrigia meus trabalhos. Atulhava seus vários apartamentos de revistas e jornais que recolhia na rua. Era culta, solitária e doente. Brigava com o edifício inteiro. A nossa vizinha de porta mal falava francês. Servia-nos café turco e contava-nos da sua pátria despedaçada pela guerra. Era de Belgrado. Não se sentia plena em lugar algum.

Uma grande loura fazia o papel de zeladora e cuidava do pequeno jardim interno do prédio como se fosse a sua missão na terra. Não descuidava do seu estoque de garrafas de vinho. No térreo, uma magrebina e seus filhos magros e compridos deslizavam como gatos. Nunca lhes ouvi a voz. O pintor foi o primeiro a morrer deixando seus quadros no apartamento fechado durante anos. A vizinha culta também se foi. Nunca soubemos se a outra voltou para Belgrado. Nem da inglesa. Estávamos numa ponta de Montparnasse, à sombra da torre negra de vidro, mas fora do velho Montparnasse da "geração perdida", onde beberam e escreveram Henry Miller, Hemingway e Fitzgerald.

A cada vez que vamos a Paris fazemos um longo e delicioso passeio a pé até nosso velho prédio. Seguimos pelo Boulevard Saint-Michel até o boulevard Saint-Germain. Continuamos pelo Odéon, até Saint-Germain-des-Prés. Fazemos uma parada na velha igreja, tomamos um café no Flore ou no Deux Magots, pegamos a rue de Rennes até Montparnasse, com parada na Fnac, onde compro novos livros de bolso, desaguando junto às Galerias Lafayette. Aí descemos pelo boulevard du Montparnasse até a Vaugirard. Por fim, chegamos ao nosso "impasse", que já não é um. Por vezes, bifurcamos em algum lugar e vamos parar em Saint-Sulpice ou, se for primavera, avançamos até a grande esplanada em frente à Gare Montparnasse para descer pela rua do Maine e ver suas cerejeiras japonesas floridas. Aí, sem o menor constrangimento, eu me derreto e confesso: Paris, *je t'aime*. Chego a dizer isso em voz alta.

Montpellier – O transporte público de Montpellier, no sul da França, passou a ser gratuito para todos os seus moradores. Estive lá mais uma vez três meses antes desse acontecimento, a primeira foi nos anos 1990, e me rasguei em elogios: a velha Europa tem essa mania de andar na frente. Montpellier é uma cidade linda, ensolarada, pertinho do Mediterrâneo, onde nasceu o homem que mais influenciou a política do Rio Grande do Sul em todos os tempos: Augusto Comte, o guru de Júlio de Castilhos e de Borges de Medeiros, autor da frase, de resto, que sem a palavra amor, serve de divisa à bandeira brasileira: ordem e progresso. Era amor, ordem e progresso. Montpellier, que tem a faculdade de medicina mais antiga do mundo, tem transporte público gratuito desde dezembro do ano passado.

Conta-se que Montpellier foi comprada aos espanhóis, assim como o Brasil comprou o Acre da Bolívia. Mas parece que Montpellier custou bem mais do que um cavalo. Em todo caso, ao longo dos séculos a região do Languedoc soube se mostrar rebelde. Primeiro foram os heréticos – maniqueístas, ou albigenses, ou cátaros – que se instalaram no lugar e resistiram bravamente às investidas papais. Era uma gente de princípios rigorosos: castidade, pureza, proibição de comer carne, igualdade e independência. Não tinha mesmo como durar. Daria para se aceitar quase tudo, mas não comer carne é algo que ultrapassa as forças da maioria dos mortais e os faz sucumbir no pecado. Talvez os cátaros tenham sido os primeiros vegetarianos do Ocidente. Sabemos que se trata de uma seita. Enfim, Montpellier sempre foi do contra. Um lugar assim só pode ser legal. De resto, ainda se fala o occitan, língua com muitas variações regionais e derivada do latim popular, outra forma de resistir ao poder central dos francos. Na época da Reforma,

Montpellier tornou-se rapidamente um lugar de certa abertura aos protestantes. A luta com os católicos, no entanto, não tardou. Foi violenta e com poucas tréguas. É uma gente que não tem medo de conflitos, embora a hospitalidade e a gentileza predominem.

Montpellier teve Georges Frêches como prefeito por longo tempo. Era um sujeito meio desvairado que tirou da cartola um centro grandioso e pediu a Ricardo Boffil para projetá-lo. Não deu outra. Surgiu Antígona, revolução arquitetônica e urbanística. O cara era doido por mitologia e foi logo instalando o seu QG numa praça que chamou de Zeus. O eixo monumental vai do Hôtel des Régions (centro administrativo) até as Galerias Laffayette. Eram os tempos modernos!

Adoro Montpellier. Fico feliz olhando o enrosco de tramways na frente da estação ferroviária. Prefiro o tramway azul, que parece oceânico ao sol do verão. Gosto da elegância da Place de la Comédie, fico impressionado com Antigone, Place de l'Europe, Place de Thessalie, arquitetura de Ricardo Bofill. Polygone, centro comercial gigantesco, e todos esses lugares imponentes, às vezes, quase pesados, que fazem da cidade uma tessitura planejada para ser casa comum e moldura. Amo o centro histórico medieval de Montpellier, suas lindas praças, em especial a Place da la Canourge, mas também a Place Royale du Péyrou, com seu brique de final de semana, a rua Jean-Jacques Rousseau, o aqueduto Saint-Clément, de 14 quilômetros, que orna a cidade desde 1765, entre Saint-Clément-de-Rivière e o Peyrou, a nova prefeitura (Hôtel de Ville), de Jean

Nouvel e François Fontès, que parecem duelar com a arte de Bofill, e cada ruela, pracinha, recanto, monumento, desse lugar ensolarado.

Morin (Edgar) – O nosso último encontro foi em Montpellier, em 2023. Ele, aos 102 anos de idade; eu, aos 61. Edgar Morin, de quem traduzi para o Brasil quatro dos seis volumes da sua obra-prima, *O Método*, e que fez parte da minha banca de doutorado, sendo depois um dos supervisores do meu pós-doutorado, era o de sempre: afetivo, cheio de ideias, caminhando sozinho na rua, com o apoio de uma bengala. Organizei viagens suas ao Brasil, estivemos juntos em Porto Alegre, em São Paulo, no Rio de Janeiro, na Amazônia. Quase 30 anos de contato. Na sua mensagem, por ocasião do meu Doutorado Honoris Causa, escreveu: "Juremir é um grande elo entre a cultura brasileira e a cultura francesa". Fiz muitas entrevistas com ele. Publiquei dezenas de artigos acadêmicos e jornalísticos sobre sua obra e vida. Fiz um livro sob sua influência: *Escola da complexidade/escola da diversidade: uma pedagogia da comunicação* (L&PM). Fiz o discurso em sua homenagem quando recebeu o título de Doutor Honoris Causa por iniciativa do Programa de Pós-Graduação em Comunicação da PUCRS (2000).

Autor de quase cinco dezenas de livros na sua longa trajetória de intelectual, filósofo, sociólogo, epistemólogo, educador, militante, primeiro pelo melhor dos mundos e depois por um mundo melhor, e pensador generoso das contradições, baixezas e grandezas humanas, lutou contra a ocupação nazista da França, passou pelo Partido Comunista, saiu por não suportar o stalinismo, viveu nos Estados Unidos, onde se aprofundou em biologia e física, e tornou-se cidadão do mundo. Ao viajante leitor contumaz, declaro imperdíveis, de Edgar Morin, *As Estrelas, Meus demônios* e *O Método.* Ao viajante sem tempo, sugiro o sucinto *Introdução ao pensamento complexo.*

Quando festejou os seus 98 anos, liguei para ele como intermediário de um convite para que viesse mais uma vez ao Brasil. "Este ano não posso, mas em 2019 ou 2020, podemos conversar", respondeu sem hesitar. Que lição de vida. Ele continuava palestrando alegremente. Ando sempre com uma orientação sua no bolso para não perder a lucidez: "Os intelectuais correm o risco de permanecer 'nas nuvens', sem contato direto com o real. A experiência do real, físico ou social, comporta a experiência das provações, dos obstáculos e das limitações" (*O Método 4*). Andar por Paris é pisar nos rastros desse sábio que não perde de vista a importância da complexidade. Na hora de comparar culturas, caro viajante, pense nisto: o outro é diferente.

Mouffetard (rue) – Uma das mais antigas e pitorescas ruas de Paris. A Mouffetard, chamada carinhosamente de "Mouffe", no Quartier Latin, tem a sinuosidade de um bom poema, cafés e histórias milenares, figurando, por sua atmosfera, em romances populares, inspiração para Victor Hugo, coisas assim que fazem uma narrativa e constroem uma mitologia do cotidiano. Caminhar naquela zona de Paris é como passar por um portal, entrando numa temporalidade específica, onde tomar uma bebida na Place de la Contrescarpe, espreguiçar-se ao sol da primavera, apreciar cores e marcas do passado, descansar na praça Saint-Médard, encantar-se com a igreja, vasculhar produtos populares na feira, examinar os paralelepípedos, tudo, enfim, parece fazer parte de um ritual.

Não é difícil imaginar Gavroche saltar das páginas de *Os Miseráveis* e surgir por ali, moleque esperto, dando ao lugar um ar de ficção. Ir à Mouffetard é especial, como se um passeio dentro de qualquer passeio se intercalasse numa sequência, rompendo a ordem do banal para instaurar um novo ambiente. Era ali que íamos comprar feijão preto e farinha de mandioca no final do século XX. Há quem prefira alugar um apartamento por ali ou se instalar num pequeno hotel para mergulhar profundamente no clima histórico do lugar.

N

Nanterre – Cidade da periferia de Paris, nos Altos do Sena, conhecida por sua vida estudantil. Abrigava a Universidade Paris X, que se tornou Paris – Nanterre – La Défense. Foi aí que explodiu a ira dos estudantes em 1968, ao que parece por duas razões muito próximas: o repúdio à Guerra do Vietnam e a luta contra a interdição de visitar as namoradas nos seus quartos, à noite, nas residências universitárias.

Nantes – Linda cidade do oeste da França, a cinquenta quilômetros do oceano Atlântico. Pérola da Bretanha, às margens do rio Loire, tem em torno de 650 mil habitantes. Abrigou um dos mais importantes portos do tráfico de escravos africanos para a América, inclusive o Brasil. Historiadores recensearam 1.748 expedições de navios negreiros. Mais de 500 mil escravos passaram por Nantes em direção, por exemplo, da ilha de Santo Domingo. Pode-se visitar o Memorial da Abolição da Escravidão, no Museu de História, no Castelo dos Duques da Bretanha. Nantes tem lugar também na história da revolução de 1789 e na Segunda Guerra Mundial. Na verdade, Nantes é pura história, boa ou ruim.

O historiador israelense Yuval Harari sintetizou, no seu best-seller *Sapiens*, o espírito do tráfico de escravos com estas palavras simples: "O capitalismo matou milhões por pura indiferença unida à ganância. O comércio de escravos no Atlântico não derivou de ódio racista para com os africanos. Os indivíduos que compravam as ações, os corretores que as venderam e os administradores das empresas de comércio de escravos raramente pensavam nos africanos. O mesmo pode ser dito dos proprietários de plantações de açúcar: muitos deles viviam longe das plantações e a única informação que exigiam eram livros contábeis com registros precisos de lucros e perdas".

Na Copa do Mundo de 1998, disputada na França, o Brasil venceu o Marrocos por 3 a 0, em Nantes, no Estádio La Beaujoire, com gols de Ronaldo Nazário, Rivaldo e Bebeto. Estivemos lá. Que saudades! Na estação ferroviária, no retorno a Paris, a grande estrela era o cantor Chico Buarque, um torcedor quase como os demais, não fosse o número de fotografias que precisou tirar e de autógrafos que teve de assinar. Isso que a era dos celulares ainda mal começava. Um fenômeno.

Noah (Yannick) – Estrela do tênis francês. Ganhou Roland Garros em 1983, sendo o único francês a realizar tal façanha na chamada era dos grandes torneios abertos. Investiu na carreira de cantor em 1991. Lenda, mito, de origem camaronesa, era, no começo dos anos 1990, quando chegamos para morar na França, um dos maiores orgulhos esportivos do país. Em 1991, como capitão da equipe francesa, conquista a Copa Davis, com Guy Forget e Henri Leconte, batendo os Estados Unidos de Pete Sampras e André Agassi. Em 1996, outra vitória, com Cédric Pioline, Guillaume Raoux, Guy Forget e Arnaud Boetsch. Na Aliança Francesa, alguns exercícios em aula consistiam em fazer uma apresentação de Yannick Noah e seus companheiros, "coéquipiers".

Noire (La Noire e Série Noire) – Coleção clássica de romances "noirs" da editora Gallimard. Uma marca para quem curte esses gêneros. Alguns elementos interessantes ou necessários para a compreensão. Um romance policial para os franceses é um "polar". Lançada em 1992, a "Noire", sob a direção do crítico literário Patrick Raynal, publicou obras-primas como *Um silêncio brutal*, de Ron Rasch. Especialistas apontam o romance "noir" como um subgênero do policial, com regras próprias, marcado pelo humor ácido, por um imaginário pessimista, uma visão cínica, um aspecto social. Depois de alguns anos parada, a

“Noire” voltou em 2019. Os melhores livros que li nessa coleção maravilhosa foram *Fatale* (1996), de Jean-Patrick Manchette, *Babylon Babies* (1999), de Maurice Dantec, e *Sobrevivente* (2001), de Chuck Palahniuk.

Outra coisa, mais importante, certamente muito mais, é “Série Noire”, publicada pela mesma Gallimard a partir do final da Segunda Guerra Mundial. Nela podem ser encontrados alguns dos melhores romances policiais de todos os tempos, de *A Dama do lago*, *Janela para a morte* e *Adeus, minha adorada*, de Raymond Chandler, passando pelo *Falcão Maltês*, de Dashiell Hammett, até livros de Didier Daeninckx. Quase três mil títulos de ação, suspense, mortes, investigações, descobertas incríveis, inovação textual e criatividade. Em certo momento, pensei em me aposentar precocemente para passar o restante da vida lendo todos os livros policiais da Gallimard. As complexas regras da previdência social e a necessidade de ganhar o pão de cada dia com o suor do meu corpo todo impediram a realização desse projeto.

Notre-Dame de Paris – Resumir a Notre-Dame de Paris é impossível. Melhor, muito melhor, ler Victor Hugo e o seu tocante corcunda. Um dos mais belos e tristes livros sobre a Segunda Guerra Mundial, de Larry Collins e Dominique Lapierre, tem como título *Paris em Chamas*. Retrata o dia 25 de agosto de 1944. Em 15 de abril de 2019, Paris queimou novamente. O incêndio da Notre-Dame espantou o mundo. É um dos monumentos históricos, religiosos e artísticos mais visitados do planeta. Quem viveu na capital francesa sabe que a imagem da catedral e a cidade confundem-se e fundem-se. Como imaginar Paris sem as torres da sua majestosa igreja à beira do Sena? Felizmente a estrutura resistiu. Levaria tempo para recuperar toda a imponência do lugar.

Quando a chamada flecha da Notre-Dame desabou, partindo-se feito uma haste de madeira podre, foi como se as torres gêmeas tivessem sido novamente atingidas. Sem terrorismo. Mas com uma força simbólica e imagética impressionantes. A Notre-Dame de Paris começou a ser construída em 1163. Em 856 anos, viu guerras, pestes e profanações. Houve o tempo em que o seu estilo gótico sofreu ataques para receber emendas barrocas ao gosto de então. Durante a revolução começada em 1789, passou por destruição e pilhagem. Nesse tempo, agia-se pretensamente em nome da razão. Era somente a violência do racionalismo, efeito perverso ou doença da arrogância racionalista.

Raras vezes senti tantas pessoas tristes por causa da tragédia de um monumento. Michel Maffesoli, meu orientador de tese na Sorbonne, não continha a emoção. Ele me disse com desabrida franqueza: “Amanhã, falamos. Hoje, estou triste demais”. Líderes mundiais apressaram-se em manifestar pesar. Era como se um ente querido tivesse sofrido um ataque repentino. Quem já não sonhou em ir a Paris e visitar a Notre-Dame? Quem leu Victor Hugo, ícone francês da literatura universal, misto de poeta e folhetinista, guarda para sempre a catedral de Paris como personagem de romance. Entre religião, literatura, arquitetura e cinema, Notre-Dame paira sobre Paris como uma sombra elegante.

Até Donald Trump acertou: a Notre-Dame situa-se além dos países. É mais do que o símbolo de uma religião. Encarna realmente a ideia de patrimônio cultural da humanidade. Aquilo que se ergue pelos simbolismos e pela força estética acima dos particularismos. O grande poeta Gérard de Nerval esculpiu em versos a força da catedral: "Notre-Dame é bem antiga: talvez possamos ver/Enterrar Paris que a viu nascer/Mas, dentro de mil anos, com o Tempo que medra/Como um lobo com um boi, essa pesada carcaça/Vai torcer seus nervos de ferro como uma passa/E, infelizmente, roer seus velhos ossos de pedra".

Foi isso que senti e escrevi quando o incêndio devorou a Notre-Dame de Paris. A França tratou de recuperá-la. Eu a vi, depois disso, doente, convalescente, amparada, cercada. Agora, ela reina de novo.

Novo Romance (Nouveau roman) – Uma moda? Um movimento literário? Uma nova maneira de escrever ficção? Começou nos anos 1950. Há quem diga que foi antes, nos anos 1940. Envolvia inicialmente escritores como Michel Butor, Nathalie Sarraute e Alain Robbe-Grillet, que ficaria conhecido como o "papa" do Novo Romance. Sim, eu fiquei amigo do "papa". Avançou pelos anos 1960. Incluiu outros nomes como os de Marguerite Duras. Sem contar Samuel Beckett. Teve em Claude Simon o seu Nobel, em 1986. O cerne estava em se libertar das facilidades da intriga e da linearidade causal. Fugir do herói tradicional, valorização do fluxo de consciência e da subjetividade do personagem. A forma era tudo. Para muitos tornou-se sinônimo de literatura francesa contemporânea e de chatice. Para outros encarnou o espírito vanguardista de uma época ou até o último suspiro do vanguardismo. Pedi a Robbe-Grillet, em Gramado, que o definisse. Não hesitou: "Um jogo no qual era preciso não se entregar a facilidades romanescas tradicionais como sair matando personagens para criar impacto". Teórico da turma, Robbe-Grillet escreveu *Por um Novo Romance* (1963). Por quais livros do Novo Romance bate mais forte meu coração? Três títulos: *A estrada de Flandres* (Claude Simon), *O Voyeur* (Robbe-Grillet) e *Moderato Cantibile* (Marguerite Duras). Vai firme, viajante.

Nouvelle Vague – Equivalente do Novo Romance no cinema. Apareceu também nos anos 1950. Estendeu-se até metade da década de 1970. Espalhou-se pelo mundo. Gerou rebentos, imitações, seguidores. Impôs-se como um estilo, uma maneira de fazer cinema, uma atmosfera, uma aura, um imaginário. Cinema de autor. Assinatura. Englobou, entre diretores, escritores, cineastas e atores, gente como Jean-Luc Godard, François Truffaut, Alain Resnais, Agnès Varda, Jacques Rivette, Jacques Demy, Louis Malle, Claude Chabrol, Eric Rohmer, Jean Rouch, Alain Robbe-Grillet, Roger Vadin, Jean-Paul Belmondo, Jean Seberg, Anna Karina, Jeanne Moreau... Entre os grandes filmes da Nouvelle Vague estão *Os Incompreendidos* (Truffaut, 1959), *Hiroshima, meu amor* (Resnais, 1959), *Acossado* (Godard, 1960), *Jules e Jim* (Truffaut, 1962), *Cleo de 5 a 7* (Varda, 1962), *O ano passado em Marienbad* (Resnais,

1961), *Lola* (Demy, 1961), *Os guarda-chuvas de Cherbourg* (Demy, 1964), *A Colecionadora* (Rohmer, 1967), *Fahrenheit 451* (Truffaut, 1966), *A bela da tarde* (Luis Buñuel, 1967), *A Imortal* (Robbe-Grillet, 1963) e *Meu tio da América* (Resnais, 1980). Na verdade, tudo é bom de Godard, Resnais, Malle, Truffaut, Rohmer. Vamos combinar, para não esquecer filmes maravilhosos, vale tudo da Nouvelle Vague, tudo, tudo, tudinho, até o que não citei para não alongar.

Em algum momento da vida, critiquei a Nouvelle Vague, debochei de Godard, falei mal de tanta teoria, tanta conversa, enfim. Hoje, sexagenário, confesso: eu amo a Nouvelle Vague de cabo a rabo. Pronto, falei. Como não me emocionar revendo *A Chinesa*, de Godard?

Nouvelle Vague é grande arte, quoi!

O

Odéon (Carrefour e Teatro) – Dois lugares icônicos de Paris. Na rue de l'Odéon, entre o carrefour (cruzamento) e o teatro, mora Régis Debray. A meia quadra do edifício do agora pacato e reflexivo Debray, brilhando na tarde ensolarada de maio, um cartaz, na minha última visita, provocava: "Façamos a revolução!".

No meu romance *Solo* (Record, 2008), o protagonista narra: "Andei a esmo, subindo e descendo, com a sensação de estar sendo seguido. Estive alguns minutos parado olhando os cartazes do teatro do Odéon. Sentei-me, por alguns minutos, numa cadeira do Jardim de Luxemburgo, de onde avistei a imensidão negra, como um dente cariado, da Torre de Montparnasse, o grande edifício de vidro escuro que domina a Rive Gauche. Almocei um *confit de canard* no Polidor. Se Paris é uma festa, eu não fui convidado". Convide-se, leitor, que não perderá a viagem.

Olympique de Marseille (OM) – Ranqueado em 2024 como o vigésimo clube mais rico do mundo. Fundado em 1889, já ganhou dez vezes a Copa da França, dez vezes o campeonato francês e uma vez (1992/1993) a Liga dos Campeões da Europa, batendo o Milan na final. Tem a sua casa no Estádio Vélodrome (67 mil lugares). Durante muito tempo foi comandado pelo empresário Bernard Tapie. Com seu fardamento azul e branco, tem uma torcida fanática. O grande rival contemporâneo é o PSG. Como muitos grandes, conheceu à descida aos infernos da segunda divisão.

Orangina – A Fanta francesa. Inventada por um espanhol, em 1936, que a batizou de "naranjina", foi comprada por um francês, que a rebatizou de Orangina e passou a explorá-la na Argélia, então colônia francesa. Depois da independência do país africano, a Orangina foi parar na França, tornando-se uma espécie de tradição nacional. Tem muita força no mercado dos refrigerantes gasosos. Gasta bastante em publicidade. Explora o humor. A sua garrafinha redonda, bojuda embaixo, faz parte das formas mais conhecidas da França. Mas, claro, tem em lata. Orangina, "fica melhor quando sacode". Eu gosto. Até parece natural!

Origem do mundo (A) – Uma professora nos Estados Unidos foi demitida, sob pressão do pai de um aluno, por ter mostrado imagens de *David*. Que *David*? Ora, o *David* de Michelângelo. Aquele mesmo da maravilhosa escultura em mármore de Carrara que pode ser vista na Galeria da Academia, em Florença. Ou, em cópia, em praça pública. Símbolo da beleza masculina e da Renascença, *David* exibe sua genitália desde 1504. Para Cecilie Hollberg, diretora da Galeria da Academia de Florença, "existe uma grande diferença entre nudez e pornografia". Ela chamou de "puritanismo inapropriado" a reação do zeloso pai norte-americano. Poderia ter chamado de estupidez e não estaria errada. Se *David* incomoda um pai americano, o que dizer de A *Origem do mundo*, esplêndido quadro de Gustave Courbet, exposto no Museu d'Orsay, em Paris. Pintado em 1866, mostra o "ventre lascivo de uma mulher". Em português cotidiano, exibe uma boceta sem dissimulações. Teria sido uma encomenda do diplomata turco otomano Khalil-Bey. Por que esse medo do nu? No Brasil, esse pai teria de pedir a supressão do carnaval.

Em 1968, a partir da rebelião juvenil francesa, viveu-se a utopia da liberação total, orgia liberatória depois de séculos de hipocrisia. Era proibido proibir e encher o saco com moralismo barato. Décadas depois, o filósofo Jean Baudrillard perguntaria: "O que fazer depois da orgia?" Jean, que morreu em 2007, já se incomodava com a ascensão do chamado politicamente correto, que, na sua ironia, impedia o jogo da sedução e igualava ambientes supersticiosos e iluministas no mesmo temor ao inapropriado. É verdade que muito abuso ainda se esconde sob a cobertura da cantada ou da liberdade de conquistar. A nudez de *David*, porém, nada tem a ver com isso nem ameaça a inocência das crianças. *A Origem do Mundo* me faz pensar sobre o mundo.

Uma vez, entrevistando Pierre Cabanne (cf. verbete), um dos biógrafos de Picasso, num café da rua de Vaugirard, um bêbado ouviu a nossa conversa e disse que Picasso era um "debochado". Em francês, significa alguém desavergonhado, capaz de atos libidinosos. O estudioso riu e sussurrou: "A época de Picasso era debochada". Se, em 1857, Gustave Flaubert e Charles Baudelaire foram processados por atentado ao pudor público por *Madame Bovary* e *As Flores do mal*, no começo do século XX já havia, especialmente na arte, um tom de ruptura absoluta com as interdições moralistas. Talvez um espírito conciliador proponha uma solução pacificadora para o "caso David": um tapa-sexo.

Nada pode esconder a beleza da vulva pintada por Courbet. A obra pertenceu ao psicanalista Jacques Lacan. Nada mais apropriado. Imagino as suas reflexões diante dessa imagem crua e verdadeira. Se Freud fosse o seu proprietário talvez revisse sua teoria sobre a inveja do pênis. Enfim, o humor sempre tem lugar. O pintor chegou a ser apelidado de "o escandaloso". Ele foi buscar referências em Ticiano, Caravaggio, Rembrant, Géricault e Delacroix. O Louvre foi a sua escola. As cores de seus quadros têm uma força incandescente. *A origem do mundo* confunde os algoritmos das redes sociais e mais ainda os seus usuários, que, volta e meia, berram contra a pornografia.

Courbet (1819-1877) nunca foi isentão. Teve papel destacado na Comuna de Paris, em 1871, que pôs fim ao reinado de Napoleão III. Foi acusado de atentar contra a Coluna Vendôme, que parece um pênis. Pagou multa. Experimentou as dores e as delícias do exílio. Morreu na Suíça. Amava as mulheres e a vida. Teve apoio, claro, de Charles Baudelaire. Já houve caso de espectadora imitando a tela diante da tela. A dona da vulva permanece desconhecida. Um lindo quadro realista, quoi!

Uma das tantas razões para se ir sempre ao Museu D'Orsay.

Orly – Falo do aeroporto do sul de Paris. Prático, mais perto da cidade, da qual está a dez quilômetros, pode-se chegar a partir dele rapidamente a Montparnasse. A empresa brasileira Azul voa de Viracopos para Orly, enquanto as demais descem em Roissy, ao norte de Paris. Em 11 de julho de 1973, o voo 820 da brasileira Varig, com destino a Londres, sofreu uma pane e tentou pousar em Orly. Caiu. Morreram 122 pessoas. Salvaram-se onze tripulantes e um passageiro, Ricardo Trajano, um gigante de 1m90 e 21 anos de idade. Conta-se, inclusive na Wikipédia, que Trajano voltou à loja de Copacabana onde havia adquirido o seu bilhete: “No ano passado comprei uma passagem para Londres, mas o avião caiu e eu não cheguei lá. Acho que tenho direito a outra”. A solicitação teria sido atendida sem muita dificuldade.

Entre os mortos, o presidente do Senado, Filinto Müller, conhecido como o mais fascista da equipe de Getúlio Vargas durante o Estado Novo (1937-1945), tendo sido o chefe da polícia política, responsável por prisões, tortura e o que mais fosse necessário.

Orly é um aeroporto moderno, confortável e bonito. Bem, na medida em que um aeroporto pode ser objeto de apreciação estética.

Orsay (Museu d'Orsay) – Instalado numa antiga estação de trens, o Museu d'Orsay é o templo dos impressionistas em Paris. É um dos lugares que mais visito. Houve o tempo em que eram visitas mensais. Todas as razões, cores, pintores e exposições me levam até lá. Tenho tentado explicar a minha obsessão pelo Museu d'Orsay. Arrisquei a seguinte hipótese em algum momento: saio cada vez menos para conversar. Não bebo álcool faz alguns anos. Fico perdido nas conversas de bar. Vou ao cinema, ao teatro, a shows, viajo. Ainda é pouco. A objetividade ainda vai me matar. Se bem que amo as paisagens e nelas encontro aconchego e toques sublimes. Certas tardes, paro à minha janela e contemplo os morros distantes como quem olha uma obra de arte no Louvre ou no Museu d'Orsay. Há tanta beleza nessas elevações melancólicas salpicadas de casinhas coloridas vistas a distância como pontinhos num quadro impressionista. Já me aconteceu até de aparar uma lágrima furtiva que se jogou do meu olho esquerdo. Ficou piegas.

Já fui ao Orsay por Claude Monet, por Edouard Manet, por Gustave Courbet, por Vincent Van Gogh e por Paul Gauguin. Ali me sentia em paz ou simplesmente feliz. Minha adaptação a essa Paris que adoro foi difícil. Eu andava pelas ruas como um zumbi torturado pelas minhas lembranças precoces e pela minha falta de paciência para me adaptar a um estilo de vida bastante diferente do brasileiro. Íamos ao Louvre e ao Museu de d'Orsay uma vez por mês para fugir da realidade. Eu sonhava com o nosso sol, com a nossa chuva generosa, com os nossos gritos, com os nossos restaurantes, onde sempre havia mais barulho do que numa manifestação política numa praça de Paris, com a nossa esculhambação cotidiana. Sim, eu sentia saudades da nossa desordem.

Paris nem sempre é uma festa. Inventei meus rituais para melhor me inserir nela. Ainda vou ao Museu d'Orsay para ver quadros dos impressionistas que, no século XIX, integraram o Salão dos Rejeitados e, de algum modo, me sentir como eles. Essa rejeição me atrai. Entre os recusados estiveram Édouard Manet, Paul Cézanne e Camille Pissarro. Meu quadro predileto, entre os que um dia foram rejeitados, é o *Tocador de pífaro* (*Le fifre*), de Manet. Não me canso de vê-lo na sua simplicidade. Um menino desajeitado tocando seu instrumento. A crítica atacou uma suposta deficiência técnica: faltaria profundidade. Recusado pelos jurados do Salão de Paris de 1866, foi defendido por Émile Zola, que poderia ter já no caso do quadro de Manet ter lançado: "Eu acuso os jurados e o Salão de Paris de academicismo puro e simples". O Museu d'Orsay é um dos melhores lugares de Paris. Amo.

Oulalah – A mais conhecida exclamação francesa. Use-a sempre que não souber o que dizer, mas sentir que é importante se posicionar.

P

Palavas-les-flots – Serena praia do Mediterrâneo a dez quilômetros do centro de Montpellier. O viajante que ama a beira do mar encontra sete quilômetros de praias de areia fina. Antigo vilarejo de pescadores, Palavas exibe um charme incrível, com seus restaurantes de um lado e outro de um canal, cardápios bem visíveis, pratos da culinária marinha, um jeitinho inconfundível de cidade do interior ou de cenário de filme, com costumes e padrões internacionais. Chega a parecer uma casa de bonecas de tão arrumada. Sente-se ali o prazer da vida, que pode ter dias de muita gente ou outros bem calmos, algo que, às vezes, remete para uma filosofia do bem viver ou estilo de vida marcado pela sabedoria do hedonismo. Pode-se ir até lá, saindo de Montpellier, de bicicleta, de tramway mais ônibus ou de carro. No quesito praias em Montpellier, a Espiguette, situada no Grau-du-Roi, figura como a mais bela e pura. Dez quilômetros intocados. Paga-se para entrar durante boa parte do ano por se tratar de um sítio de proteção ambiental. Lugar ótimo para quem gosta de "lézarder", ou seja, nosso bom lagartear.

Panteão – Mausoléu dos grandes da França, em estilo neoclássico, 110 metros de altura por 84 metros de largura, impressiona com sua cúpula vistosa e suas colunas imponentes. Finalizado em 1790, acessível pela rue Soufflot, homenagem ao arquiteto que concebeu o edifício, inicialmente para a Igreja Sainte-Geneviève, conserva os restos de uma turma da pesada, entre os quais, conforme a minha escala de valores e de deslumbramento, Voltaire, Rousseau, Zola, Victor Hugo, Pierre e Marie Curie, André Malraux, Alexandre Dumas e Joséphine Baker, aceita na necrópole dos gigantes em 2021. Certa vez, num dia de muito calor, eu esperava o ônibus linha 89 na sombra de um poste na parada mais próximo do Panteão. O motorista de outra linha parou diante de mim, abriu a porta da frente, riu e falou: "Genial essa maneira de escapar da canícula. O senhor merece um lugar ali atrás, no Panteão".

Paralimpíadas de Paris – De 28 de agosto a 8 de setembro de 2024. As paralimpíadas começaram em Roma, em 1960, embora tenham tido como origem os chamados "Jogos de Stoke Mandeville", começados em 1948. O site oficial do evento de 2024 estampou o programa com a devida antecedência: 22 esportes e 549 provas em onze dias de competição. Um triunfo da inclusão, da superação e da competência individual ou coletiva. O esporte tem esse espetacular poder de cimento social.

Parc des Princes – Estádio do Paris Saint-Germain (PSG). Correspondente internacional, muito fui a esse estádio acompanhar os brasileiros que por lá jogavam. Uma vez, cobrindo uma viagem da seleção brasileira, pude ver as estrelas da imprensa nacional, incluindo Galvão Bueno, batendo papo ao final do treino como velhos amigos que se encontram ao final de uma pelada. Pelo gramado do Parc des Princes passaram Ronaldinho Gaúcho e, antes dele, seu irmão Assis. Outros podem ser conferidos no verbete sobre o PSG. Situado a sudoeste de Paris, a um quilômetro do Bois de Boulogne, o estádio, com capacidade para 48 mil e 500 pessoas, pertence à prefeitura de Paris e é alugado ao PSG. Foi inaugurado em 1897. Chamava-se Vélodrome du Parc des Princes. Acolheu muitos esportes, entre os quais o ciclismo, mas especialmente o rugby, esse curioso modo de jogar com uma espécie de bola, que não é redonda, e tanto agrada pessoas no mundo inteiro.

Paris – Não contarei a história da capital francesa. Não falarei dos seus dias de paz ou guerra. Ela está por toda parte. Ao viajante apaixonado, mostro em tom de crônica a minha paixão por Paris.

Não sou um grande amante do turismo e dos longos deslocamentos. Já fui. Canso cada vez mais nas viagens aéreas. Aviões e aeroportos me entediam. Sofro com fuso horário: quatro ou cinco horas de diferença entre o Brasil e a França exigem de mim dois dias de recuperação. Durmo logo que chego, acordo de madrugada e tenho insônia. Viajo a Paris todo ano a trabalho. Deveria vir duas vezes por ano à reunião do conselho editorial da revista de sociologia e comunicação *Hermès*. Por falta de tempo ou medo das viagens, negocio para ser uma vez a cada ano, em junho ou novembro. Há mais obrigações a cada viagem.

O que faço em Paris no pouco tempo que sobra? Se for verão, leio à sombra das árvores do Jardim de Luxemburgo. Encontro amigos. Faço entrevistas. Pratico o mais radical pluralismo. Falo com direita e esquerda. Claro que sempre vou ver a Notre-Dame. Depois do incêndio que a abalou, fiquei ainda mais afeiçoado a essa igreja histórica. É um monumento tão grandioso que, reduzido à carcaça, como um navio encalhado, despojos de um naufrágio, permanecia imponente, majestosa, altiva, cercada de turistas, como se atraísse ainda mais gente para ver o que dela restara. Foi reconstruída. Paris é uma cidade para caminhantes incansáveis. Mesmo em dias de canícula, é preciso ter coragem de andar, tomando muita água. Observo tudo. As bancas de jornais, espaços típicos de cidades de grandes leitores, experimentaram uma grande transformação. Ou viraram pequenas lojas de conveniência ou desapareceram como as cabines de telefone.

O espetáculo que mais me agrada em Paris é dos finais de tarde: sentar num café de calçada e observar a humanidade passar. São homens e mulheres de todas as línguas, vestimentas, costumes e semblantes. Pouca coisa muda em cidades de tradição assentada. Gosto dessa permanência, dessa quase imutabilidade, dessa perseverança no que foi testado e aprovado. Paris parece não viver acossada pelos fanáticos por novidades. É um paradoxo: sempre nova e diferente, sempre a mesma.

Já fiz muitos balanços da minha relação com Paris, com a França, com o Velho Mundo. Assim: não consigo idealizar a Europa. Conheço suas qualidades e seus defeitos. Reconheço a maior organização das coisas e não deixo de perceber algo como uma melancolia no comportamento das pessoas. Triste Europa. Sempre tão perto da perfeição e da barbárie, da ciência e do terrorismo, da cultura e do ódio, da democracia e da intolerância, da solidariedade e de novas formas de fascismo.

Já vi pessoas sendo roubadas no metrô parisiense e já passei meses deixando a porta aberta do apartamento onde morava por falta de tempo ou de ânimo para arrumar a fechadura. Já senti medo em São Paulo e já senti medo em Paris. Adoro essa cidade luxuosa, com seus enclaves de pobreza, que nunca será minha. Caminho por lugares que conheço como a palma da minha mão e vejo linhas que se perdem em bifurcações de destino incerto. Ando pelas ruas de Ménilmontant e me sinto ao mesmo tempo em casa e num lugar desconhecido, um cruzamento de culturas e de esperanças tensas, território livre de contato com nossos "outros".

Pego um trem na estação Montparnasse e vejo mais de um quarto de século da minha vida tomar o rumo silencioso da periferia. Eu me vejo lendo e empilhando livros sobre teoria literária num cubículo que me parecia o mais amplo dos espaços de utopia e de ilusões. O homem que eu vejo subir e descer de ônibus, metrôs e trens em Paris, esse homem que eu fui, ainda me espia de um café bebendo uma água mineral Perrier. É um homem que raramente bebe álcool, ignora os bons vinhos franceses, ora degusta um Pomerol e sonha em ser escritor, sente saudades do Brasil, segue os cursos de monstros intelectuais como Umberto Eco, Jacques Derrida, Michel Maffesoli e Pierre Bourdieu, aprende na informalidade com Jean Baudrillard e nos encontros com o sábio Edgar Morin. É um homem que tem pressa de aprender, de viajar, de acumular conhecimentos e de voltar para casa como um pássaro.

A cada vez, piso sobre marcas invisíveis dos meus passos, sigo minhas pegadas imaginárias, que foram reais, e tento capturar cada momento em que decidi, bifurquei, saltei no escuro, quando então me tornei o que sou sem ter previsto como seria. Eu me lembro de Baudrillard me dizendo na Closerie des Lilas: “Teremos cada vez mais escritores e menos leitores”. Eu me lembro de uma cigana me avisando em Saint-Germain: “É longo o caminho”. Eu me lembro de ter lido em Jean-Yves Tadié: tudo é permitido desde que se encontre um leitor. Eu me lembro de ter me dito no Jardim de Luxemburgo numa tarde de verão: eu conheço o meu lugar, mas não sei se voltarei a ele. As ruas que eu vejo em Paris não são turísticas nem famosas. São ruas misteriosas em que homens comuns avançam com firmeza: para onde? Por que mesmo?

Em Paris, em 33 anos, passei alguns dos meus melhores e dos meus piores dias. Os melhores foram aqueles em que me senti livre e criativo como um Rimbaud partindo para as suas aventuras na África. Os piores foram aqueles em que me senti entre parênteses, contemplando o mundo dos outros, acompanhando a marcha das estações, esperando a árvore do nosso pátio voltar a ter folhas. Nasci, morri e renasci a cada ciclo da natureza. Em alguns instantes, fui tomado por uma sensação mística de transcendência e de transfiguração. Em outros, experimentei uma acachapante convicção de estar com os pés soldados na terra. Um dia, saí caminhando sem rumo, tentando memorizar para sempre o que via como se fosse um arqueólogo de minha própria existência: prédios, carros, árvores, uma mulher de amarelo, uma criança de vermelho num patinete azul, cerejeiras em flor, telhados, ruas.

Tudo se esfumou aos poucos. Ainda vejo, no entanto, a mulher de amarelo dobrando uma esquina e a criança do patinete gritando: "Maman, regarde". Por que guardei coisas tão insignificantes e perdi outras tão importantes? Por que me lembro do dia em que falei para um garçom na praça da Sorbonne, "o importante é produzir diferença e descobrimento"? Por que me recordo do seu sorriso de cumplicidade? Por que me lembro da loura cuidando do jardim quando o frio já cobria tudo de solidão? Cada passo que dou, sempre que volto, é um passo que já dei. Dia desses me reencontro na volta de uma esquina ou num café.

Sempre acabo recitando os versos de Cesar Vallejo:

"Eu morrerei em Paris, com aguaceiro,
um dia que não sei, mas já recordo.
Morrerei em Paris, talvez – não fujo
numa quinta de outono, como hoje."

Já vi minha alma se dividir entre Paros, Paris e Palomas. Agora, talvez para sempre, ela se equilibra entre Palomas, Porto Alegre e Paris. Como disse, três lugares para as minhas cinzas. Sem pressa.

Paris, umbigo do meu mundo. E de tantos outros.

Paris IV – Instalada numa das alas do prédio da Sorbonne, no Quartier Latin, a Universidade Paris IV recebia estudantes franceses em letras e estrangeiros para cursos de língua, literatura e cultura. Para mim, era a casa do CELSA, que surgiu como Centro de Estudos Literários e Científicos Aplicados, em 1957, e tornou-se, em 1985, Escola de Altos Estudos em Ciências da Informação e da Comunicação, conservando sua marca consagrada. O campus Levallois-Perret pulsava com a energia juvenil e a paixão pelos textos. Em 2014, fui professor visitante na Paris IV. Em 2018, deu-se a fusão entre as universidades Paris-Sorbonne e Pierre-et-Marie-Curie, nascendo a Sorbonne Universidade.

Em minha primeira aula na Paris IV, uma aluna muito jovem me perguntou se eu gostava de Ernest Hemingway. Excelente começo. Meu curso era sobre mídia, imaginário, tecnologia e globalização, parte no Quartier Latin, parte na periferia chique da capital francesa, metrô Pont de Levallois, Neuilly-sur-Seine, em meio aos prédios de empresas poderosas como L'Oréal, Vuitton e Citroën. A jovem estudante me alertou: "Paris é linda, mas nem sempre é uma festa". Minha anfitriã, a professora Nicole d'Almeida, e seus colegas me ofereceram condições para uma experiência singular. Paris IV entrou de vez nos meus afetos.

Paris não é a França – Expressão repetida por todo francês do interior, que parece significar: o melhor não está na capital. O importante é jamais discordar dessa afirmação nem a questionar. Trata-se de um dogma. Qualquer tentativa de refutação não mudará opiniões e poderá fazer inimizades para sempre. A melhor resposta é: de fato. Paris é considerada desse ponto de vista uma cidade insuportável, estressante, esnobe, pesada, etc. Gente acostumada com a cidade de São Paulo tende a ver Paris como uma tranquila cidade interiorana. Enfim, fica a dica: não discorde. Afinal, de fato, Paris não é a França.

Paris V – Chamava-se assim: Paris V, René Descartes, Sorbonne. Era onde Michel Maffesoli lecionava. Ali, fiz meu doutorado, de 1991 a 1995. Foi uma revolução na minha vida. Havia outros brasileiros, que se tornaram amigos para sempre, entre os quais André Lemos (UFBA), Cláudio Paiva (UFPB), Luiz Martino (UnB) e João Jesus Paes Loureiro (UFPA). As aulas aconteciam na Sorbonne Velha, várias delas no sisudo, mas simpático, Anfiteatro Durkheim (cf. verbete). Na Paris V, sem exagero, vivi alguns dos melhores dias da minha vida. Nunca aprendi tanto, de modo ao mesmo tempo livre e acompanhado, em aulas, bancas, sempre seguidas de um coquetel, que surgia de caixas guardadas nas proximidades, eventos de todo tipo, grupos de estudos, dos quais coordenei o Seminário Franco-Brasileiro, um dos mais antigos do CEAQ, o Centro de Estudos sobre o Atual e o Quotidiano, dirigido por Maffesoli.

Em 2019, a Paris V fundiu-se com a Paris VII Diderot, surgindo a Universidade de Paris, uma gigante com 58 mil estudantes e 4.500 integrantes do corpo docente. Guardo as lembranças vivas daqueles anos 1990 intensos, marcados pela força das ideias, dos debates, das leituras, do cosmopolitismo e do aparecimento da internet em escala acessível aos consumidores. Comprei meu primeiro Mac, um Classic, e mergulhei no novo mundo, entre viagens, entrevistas e muitas teses.

Partículas elementares – Um dos grandes livros de Michel Houellebecq, que traduzi para o Brasil (Sulina). Começa com um provocativo prólogo, que diz assim em seu primeiro parágrafo: “Este livro é, antes de tudo, a história de um homem que viveu a maior parte da sua vida, durante a segunda metade do século XX, na Europa ocidental. Geralmente só, esteve, entretanto, de longe em longe, em relação com outros homens. Viveu em tempos infelizes e conturbados. O país em que nascera deslizava, lenta, mas inexoravelmente, para a zona econômica dos países intermediários; frequentemente acossados pela miséria, os homens da sua geração passaram, além disso, a vida na solidão e na amargura. Os sentimentos de amor, de ternura e de fraternidade humana tinham, em ampla medida, desaparecido; nas relações entre eles, os seus contemporâneos demonstravam, quase sempre, indiferença ou mesmo crueldade. No momento do seu desaparecimento, Michel Djerzinski era considerado, por unanimidade, como um biólogo de primeiro plano e pensava-se, seriamente, nele para o Nobel; a sua verdadeira importância só se revelaria um pouco mais tarde”.

O sociólogo francês Bertrand Ricard, em artigo para o Caderno de Sábado, do *Correio do Povo*, de Porto Alegre, apresentou duas razões para se ler Michel Houellebecq: “Antes de tudo, porque Houellebecq, assim como Lobo Antunes, faz parte dos raros escritores que jamais cedem a qualquer forma de pressão para seduzir jurados de Nobel. Ele busca, acima de tudo, descrever o mundo tal qual ele é, como ele o vê, não como o mundo poderia ou deveria ser

[...] Em segundo lugar, é preciso ler Houellebecq porque ele está, quase sempre, um passo à frente, uma ideia, um pensamento adiante em relação aos demais [...] Por fim, Michel Houellebecq não hesita em recorrer à ciência, como em *Partículas elementares*, ou à sociologia, para dar estofo ou ampliação às suas narrativas. Longe de um mero efeito de estilo, trata-se sobretudo para ele de demonstrar a que ponto a ciência, mole ou dura, impregna nossos modos de pensar e nossas ações individuais ou coletivas". *Partículas elementares* é um dos mais belos romances que já li ao longo de toda a minha vida de leitor voraz.

É hora, viajante que ainda não fez as malas.

Pascal – Crônica-verbete. Quem não conhece Pascal? Não, ele não participou do Big Brother Brasil ou outro nem ganhou o Oscar. Também não é influenciador digital nem celebridade do mundo do esporte. É apenas um dos maiores pensadores franceses de todos os tempos. Nasceu em 1623 e morreu em 1662. Viveu, portanto, apenas 39 anos. Mas foi uma celebridade do seu tempo. Polemista, inventor, matemático, cientista, filósofo, especulador, sonhador e escritor. Nas horas vagas, dava palpites em teologia. Inventou a precursora da máquina de calcular e a carroça a cinco centavos (primeiro ônibus da história). Esteve do lado dos jansenistas contra os jesuítas na querela da "graça": a pessoa nasce predestinada à salvação ou pode alcançá-la pelo que faz?

A grande disputa que protagonizou foi resumida por ele mais ou menos assim, de modo bastante didático: 1)

Pedro é um homem justo a quem faltou a graça de Deus em determinada ocasião. 2) Pedro é um homem justo que faltou com a graça de Deus em determinada ocasião. A primeira situação, defendida pelos jansenistas, na esteira de Santo Agostinho, diz que Deus não quis, em certo momento, conceder sua graça a Pedro. Na segunda situação, atribuída aos jesuítas, Pedro decide, em certa ocasião, recusar a graça que lhe era oferecida por Deus. No primeiro caso, só Deus pode tirar a graça concedida e o homem jamais pode estar seguro de continuar a ser beneficiado por essa dádiva divina. No segundo caso, o homem, por suas atitudes ou decisões, rompe ou afasta-se de Deus. Velho debate sobre o livre-arbítrio, sobre a margem de autonomia humana face ao criador ou sobre o determinismo divino. Quem quiser detalhes, leia as *Provinciais* de Blaise Pascal. Ou seus *Pensamentos*. Pascal era um místico de espírito aberto que repudiava todo tipo de fanatismo. Não seria de uma torcida organizada.

Um dos capítulos mais interessantes das suas reflexões tornou-se conhecido como o "argumento da aposta". Trata da existência de Deus. Segundo Pascal, só há duas possibilidades: ou Deus existe, ou Deus não existe. O que está em jogo nisso? A vida de cada um. A ideia de jogo utilizada é sedutora. Se eu aposto um e posso ganhar três, isso me mobiliza. Se posso ganhar mais ainda, certamente vou pensar em apostar. Se posso ganhar tudo e não perder nada, então, por que não apostaria? Se aposto na existência de Deus, ganho uma vida terrena de fidelidade, respeito, honestidade, humildade, amizade, caridade, etc. Além disso, se ganho a aposta, Deus existindo, levo a vida eterna como recompensa extrema. Um "plus" considerável. Se Deus não existe, não se ganha a vida eterna, mas não se perde a boa vida terrena que se teve. Em qualquer caso, ganhar-se-ia ao acreditar em Deus. Nada se perde.

As chances de ganhar são de 50%. Ao contrário, se o indivíduo não faz essa aposta na existência de Deus, a sua vida será vazia e sem esperanças. A perda será imediata e a possibilidade de ganho não existirá. Como se vê, pode-se chegar a Deus por múltiplos caminhos, inclusive pelo cálculo das probabilidades ou pelo pragmatismo lógico. Pascal, no entanto, trilhou outros caminhos. Teve o seu momento de revelação. Na noite de 23 de novembro de 1654 ele sentiu a presença de Deus. Passados mais de três séculos da sua morte, continua sendo lido, admirado e debatido. Mas Pascal teve também os seus críticos geniais. Voltaire o resumiu assim: "Ele lança eloquentemente injúrias contra o gênero humano". Pascal havia dado a sua resposta: "Se o homem se eleva, eu o rebaixo. Se ele se rebaixa, eu o elevo". Uma das questões que o preocupavam era: o que é a felicidade? Eu pergunto agora, em plena revolução tecnológica: a felicidade pode estar na crença?

Pas-de-la-mule (rue du) – Que nunca mudem esse nome! Quanta poesia. Ela vai do boulevard Beaumarchais até a Place des Vosges. Conta-se que quando foi aberta, lá por 1603, havia por ali uma pedra servindo de escada para montar a cavalo. Conta-se também que nobres e plebeus, nas névoas da história, chegavam até ali cavalgando mulas.

O imóvel de número 2 dessa rua de nome singular data do século XVII. Paris nunca perdeu ocasião de emplacar seus heróis nas suas ruas e avenidas, mas soube conservar o pitoresco e a imaginação popular em nomes que ainda fazem sonhar e sentir a força do cotidiano: rue du Pas-de-la-Mule; rue du Pot-de-Fer; rue des Acacias; rue des Amandiers; rue de l'Arbre-Sec; rue des Arbustes; rue de l'Arc en Ciel; rue de l'Ave-Maria; rue des Quatre-Vents; rue Serpente, des Pendus, rue de l'Avenir, etc.

Em Porto Alegre, onde vivo, a Rua dos Nabos a Doze, por exemplo, homenagem a um sorumbático e encapotado vendedor de nabos por vintém, virou General Bento Martins. Quantos séculos se precisa para que a imaginação popular conceba algo tão extraordinário e isso seja anulado para reverenciar um militar? Às vezes, em se tratando de nomes de rua, é preciso ir a passo de mula. De resto, uma vez, em Paris, na rue du Pas-de-la-Mule tomei um coice. Eu estava tão deslumbrado olhando para o que me encantava que tropecei num homem magro, alto, rígido como um poste. Ele me fulminou: "Atenção, sua besta!" Saí a passo de mula.

Passeur (passador) – Termo empregado para designar quem ajuda a difundir a cultura de um país em outros. Tenho a alegria de ser considerado por muitos franceses como um *passeur* das suas ideias, obras, produção, no Brasil, com traduções de livros, convites para eventos, entrevistas, intermediação de encontros e o que aparecer.

Perrot (Michelle) – Historiadora, professora na Universidade Paris VII, Michel Perrot, nascida em 1928, me recebeu para uma entrevista em seu apartamento na rua Madame, em Paris. Junto com Georges Duby, ela publicou uma *História das mulheres*. Falamos muito sobre feminismo. Guardo os seus ensinamentos: "O movimento feminista é plural, com várias correntes. São os movimentos feministas. Quanto mais o feminismo se desenvolve, mais ele é variado". Erudita, simples, direta, ele me cativou por sua firmeza e tranquilidade. Ao se despedir me disse: "Precisamos pensar o presente a partir do futuro". Gostei.

Piaf (Edith) – A melhor de todas. Eu amo Piaf. Não contarei aqui a história dela. Na cerimônia de meu Doutorado Honoris Causa, na Universidade Paul Valéry, Montpellier 3, meus colegas me brindaram também com Maria Bethânia no telão cantando "je ne regrette rien". Sempre ouço quando preciso me lembrar que de nada me arrependo. Sublime. Piaf tem uma voz e um dos repertórios mais lindamente tristes da história da canção popular. Recomendo Piaf uma vez por semana. E o filme *La môme, Piaf, um hino ao amor*, dirigido por Olivier Dahan, pelo qual Marion Cotillard recebeu o Oscar de melhor atriz, em 2007.

Picasso (Museu) – O lugar certo para quem admira o pintor catalão, célebre por suas obras cubistas, por suas paixões e por sua vida intensa. Instalado no antigo Hôtel Salé (5, rue de Torigny), no Marais, tem cinco mil itens de Picasso para serem vistos. Sempre que posso, passo lá para rever três obras: “Paul en Arlequin” (1924), que aprendi a admirar quando era estudante de história e essa obra estampava a capa de um livro de história da arte; o deslumbrante “Retrato de Dora Maar” (1937); e “Grand nu au fauteuil rouge” (1927). O viajante minucioso fica livre para ver obra por obra, mas não pode ignorar essas três, ou terá de me dar explicações algum dia.

Piketty (Thomas) – Entrevistei Thomas Piketty, o mais importante economista francês atual, em Porto Alegre. Ele era convidado do ciclo de conferências Fronteiras do Pensamento. Nascido em 1971, professor e pesquisador na Escola de Altos Estudos em Ciências Sociais e na Escola de Economia de Paris, com formação na França e nos Estados Unidos, ficou mundialmente conhecido com o livro *O Capital no Século XXI*, que vendeu mais de três milhões de exemplares no mundo, no qual, com dados estatísticos, mostra a crescente concentração de riqueza no capitalismo, contrariando uma tese cara a certos liberais.

Perguntei-lhe a razão de citar escritores como Balzac e Jane Austen. Quis saber se a literatura, no entender dele, ajuda a compreender o mundo da economia com sua enorme complexidade. A resposta foi diretamente ao ponto: “Com certeza. Karl Marx já disso isso sobre Balzac, embora a gente não veja isso tão claramente na sua obra. A literatura é excelente instrumento para penetrar no mundo do dinheiro e nas relações que ele fixa entre as pessoas. O escritor mexicano Carlos Fuentes, no seu último livro, *A vontade e a fortuna*, aborda o capitalismo mexicano com um presidente que lembra Vicente Fox e um bilionário que detém realmente o poder eterno tanto político quanto econômico e social. E uma juventude que hesita entre a revolução e a condição de herdeira de fortunas quase num sentido balzaquiano. O poder de penetração da literatura pode ser muito maior que o das ciências sociais. São formas de expressão complementares. As ciências sociais devem ser modestas. Os economistas ainda mais. A modéstia nem sempre é a primeira virtude de um economista. Vou investir mais nisso do que já fiz em meu livro. A arte conta muito".

Por fim, fui ao ponto central da sua obra: o capitalismo concentra riqueza em vez de distribuí-la? Resposta contextualizada: "Não sou contra o capitalismo e a propriedade privada. Nasci em 1971, tinha 18 anos quando caiu o muro de Berlim. Era jovem demais para ter sido comunista. Pode ser que existam pessoas, no Brasil ou fora dele, que ainda vivam na Guerra Fria. Não é problema meu. O que me interessa é saber qual forma de capitalismo ou de propriedade privada temos e quais os seus impactos. Acredito no mercado, mas entendo que precisamos de instituições públicas democráticas muito fortes para enquadrá-lo. Necessitamos de impostos progressivos sobre a propriedade, de serviços públicos de qualidade, de infraestrutura, de regras para o mercado de trabalho, de sindicatos organizados, de tudo o que nos ajude a controlar as forças do mercado para que estas funcionem no interesse geral. A democracia deve controlar o capitalismo, não o contrário. É uma conclusão baseada nas lições da história. Só depois dos grandes choques como a Primeira Guerra Mundial, a revolução bolchevique e a crise de 1929 é que surgiram mecanismos de redução de desigualdades na Europa e nos Estados Unidos. A redução da desigualdade estimulou o crescimento econômico e obrigou o capitalismo a desenvolver sistemas como o da previdência social. Existem várias maneiras de organizar o capitalismo, que não é o mesmo na Suécia, onde o Estado recolhe 50% das riquezas em impostos, para sustentar os serviços prestados à sociedade, e na Ásia e América".

Para entender o século XIX, o viajante insaciável deve ler Balzac e Marx. Para entender o capitalismo atual, Thomas Piketty.

Boa viagem.

Pirâmide do Louvre – Nada mais parisiense. Inaugurada em 1º de abril de 1989, no reinado de François Mitterrand II, obra do chinês Ming Pei, não tem, como diz a mitologia popular, 666 vidros, ou seja, o número da besta, mas, oficialmente, 673. O viajante que só confia na sua própria experiência pode tentar contá-los. Poucas vezes se teve uma ideia tão genial para a entrada de um prédio monumental. A pirâmide do Louvre tem três réplicas menores. Existe uma quinta. Essa cabe ao observador descobrir. Uma pista: chama-se pirâmide invertida. Já me dispus a ver pirâmide do Louvre com sol, com chuva e com neve. Esta, porém, faltou ao encontro. Em qualquer estação, é belíssima.

Plantu – Sempre fui admirador do cartunista francês Plantu. Acabei por conhecê-lo em Porto Alegre, na Escola de Comunicação, Artes e Design da PUCRS, onde ele palestrou.

Jean Plantu começou a publicar em 1972 as suas charges no prestigioso jornal *Le Monde*. Desde 1985 os seus cartuns saem na capa desse que é um dos meios de comunicação mais famosos e influentes do mundo. Os seus desenhos saem também na revista *L'Express*. Nada lhe escapa: política, religião, costumes, comportamentos e absurdos das sociedades ditas civilizadas e racionais. Plantu é uma abreviatura de Plantureux, que, em francês, significa copioso, abundante, farto. Um sobrenome adequado para um humorista generoso e fértil. Na sua longa trajetória de cartunista não lhe faltam polêmicas, processos, prêmios e grandes momentos. Yasser Arafat colocou a estrela de Davi sobre um desenho de Plantu. Shimon Peres rubricou uma charge antes assinada por Arafat. Plantu criou, com ajuda do secretário-geral da ONU, Kofi Annan, a *Cartooning for Peace*, organização pela defesa da liberdade de expressão. Os presidentes franceses são obrigados, volta e meia, a reagir às suas provocações certeiras e sempre divertidas. Perguntei-lhe: O atentado a *Charlie Hebdo* mudou sua maneira de trabalhar, afetou a sua forma de desenhar ou de ver o mundo e o humor? Resposta: "Não. Continuo a fazer o que sempre fiz e como sempre fiz. Estou nessa atividade há muito tempo. Já é toda uma vida. Mas os acontecimentos envolvendo a *Charlie Hebdo* me transformaram e afetaram como pessoa. Eu conhecia aquelas pessoas, acompanhava o trabalho delas. Perdi um amigo, o cartunista Tignous, entre elas. Impossível não se sentir atingido. Foi algo terrível. Esse atentado me perturbou, mexeu comigo e me fez, mais uma vez, pensar sobre o mundo no qual estamos vivendo. É uma época muito complexa".

Outra pergunta: há um limite para o humor? Resposta límpida: "Estamos vivendo um tempo de explosão da intolerância. É preciso saber reagir e lidar com isso. A lei francesa permite caricaturar qualquer um. Nada pode impedir um humorista de satirizar, por exemplo, o profeta Maomé ou qualquer outro símbolo religioso. Um editorialista de jornal ou de revista pode, muitas vezes, nuançar alguma coisa. Aliviar. A característica do humor, entretanto, especialmente da charge, é forçar o traço, carregar no ataque, ir direto ao ponto, chegar ao limite, bater até mesmo um pouco abaixo da linha da cintura. Mas o leitor sabe que é uma caricatura. Tem consciência do que vê".

Platini (Michel) – Craque de futebol. Brilhou na seleção francesa dos anos 1980. Quando o entrevistei, em Paris, provoquei-o sobre que tipo de treinador escolheira. Respondeu confiante: "Eu ficaria com Cruyff em razão de sua mentalidade favorável ao espetáculo. Estou convencido de que o futebol não existe sem o público e sem a beleza. É a história que dá o peso de um clube [...] As individualidades contam, volto a Cruyff, mas há muito mais: o espetáculo custa muito caro. Com dinheiro, eu trabalharia pelo espetáculo e o sucesso. Cruyff, é verdade, parte do sistema para os jogadores. Eu, do meu jeito, pegaria os maiores talentos e depois definiria o sistema". Sabia tudo de futebol. Numa das suas respostas, ele me disse algo que ainda pode servir de reflexão para os neotáticos arrogantes: "Eu fui treinador durante cinco anos e aprendi que a capacidade de um técnico consiste em encontrar um esquema certo para os jogadores de que dispõe".

Pomerol – Quando, como Rimbaud, eu sentava a beleza em meus joelhos e a injuriava, eu gostava muito desse vinho tinto da família dos Bordaux, produzido principalmente na comuna de Pomerol, no sudoeste da França, na Gironda, mas também em Libourne e em Lalande-de-Pomerol. O mais famoso dos Pomerol é o Pétrus. Por que eu gostava tanto? Sem entrar no estilo lírico dos amantes de vinhos, era o que mais parecia aveludado. Tomei belos porres de Pomerol ouvindo Edith Piaf. Quem tem muito e gosta de viver, pode pagar mil euros por um grande Pomerol. Eu me contentava em pagar, em dias de extravagância, 29 euros por um *Château La Pointe*. Há mais baratos. Minhas libações não eram caras.

Pont des Arts (Le) – Se me pedem encarecidamente uma sugestão de programa inesquecível em Paris, não vacilo: passar uma virada de ano, regada a champanha, francês, óbvio, no Pont des Arts, confraternizando com desconhecidos, gritando "bonne année, bonne année", sentindo o frio cortante entrar por frestas inexistentes, com fogos de artifício saindo de algum lugar para iluminar os céus de Paris e, embaixo, as águas do Sena agitadas como num quadro impressionista. Das tantas vezes que fizemos isso, tenho a memória do rosto gelado, da alma aquecida e da sensação de que o novo ano só poderia ser maravilhoso.

O Pont des Arts (Ponte das Artes) é uma passarela de madeira que permite cruzar o Sena da altura do Instituto da França para a frente do grande pátio quadrado do Louvre. Na história dessa passarela suportada por arcos metálicos tem de tudo: pedágio, "suicídio provocado" de general francês durante a ocupação nazista, personagens de romance, como em obras de Balzac, promessas de amor, beijos intermináveis, cadeados românticos e performances artísticas.

Numa hora de profunda nostalgia, pensando naqueles dias de festa na Ponte das Artes, cometi um poema em prosa: e assim se passaram os anos como, se me permite o poeta Pablo Neruda, pegadas de gaivotas nas praias. Passaram deixando rastros na pele, essas rugas que lembram sulcos onde foram semeadas esperanças, ambições e utopias. Na rua, outro dia, uma mulher me desafiou a declinar a passagem dos anos com o maior número possível de fórmulas. Para mim, disse ela, os anos se passaram como perfumes na ventania. Disse isso e se foi. Voltei para casa e não parei mais de pensar nesses anos que correram sem me avisar. E assim se passaram os anos como livros que não deveriam ter chegado ao fim, como tardes de verão que se esvaíram em risos sem razão de ser, salvo, talvez, a força da vida no seu vendaval.

E assim se passaram os anos como essas viagens que sonhamos refazer para nunca mais, como esses amores que já não sabemos se, de fato, existiram, como essas alegrias tão intensas e efêmeras de algum momento perdido no tempo, no espaço e nos escaninhos da memória, esse labirinto de bifurcações que levam ao silêncio e a jardins de flores sem perfume ou de perfumes sem flores. E assim se passaram os anos como os poemas que não escrevi, as chuvas que não contemplei, as imagens que não guardei, as paisagens que não admirei, o voo do pássaro na eternidade do azul que não filmei, mas gravei neste imaginário feito de estranhezas. Lembro com exatidão dos caminhos que não tomei, estradinhas que se espiralavam à nossa frente sem que jamais as desbravássemos. E assim se passaram os anos desde aquele ano passado sob o vento gelado e os abraços calorosos no Pont des Arts.

Por vezes, quem não sabe disso, os anos passam velozes como uma crônica. Outras vezes, arrastam-se como romances tristes nos quais os personagens tentam encontrar-se. Fragmentos navegam na correnteza. A pedra que servia de trampolim foi corroída pelas intempéries, que é como chamamos os desgastes da alma. Nestes anos que passaram sem que eu visse, lentos ou velozes na mesma proporção, a ponte de onde se contemplava o riacho ou o rio deixou de existir e, o que mais me impressiona, o riacho também. E assim se passaram os anos como o som dos sinos da capelinha que ainda repicam nos desvãos do meu cérebro, que se parece cada vez mais como um velho e melancólico sótão.

Esses anos que passaram me trouxeram manias, tiques, obsessões, lembranças e esquecimentos. Há frases que grudam na minha cabeça comportando-se como tiranas. Durante meses, fui acossado por "agora estou aqui". Depois, bem depois, foi "era no tempo das coisas". Hoje, é o "e assim se passaram os anos". Na vida, tive o tempo do álcool, o tempo do café e o tempo do chá. No tempo de álcool, pensei em dominar o mundo. No tempo do café, escrevi noites sem parar. Neste tempo do chá, mais penso do que deliro, embora minhas ponderações sempre tenham algo de delirante, como um absinto depois do amor. Na Ponte das Artes.

Nem tudo eu disse no primeiro jorro. O que não disse então, acrescentei desta vez. O Pont des Arts é um dos mais belos lugares de Paris. O lugar ideal para virar o ano e fazer promessas de amor.

Power Inferno – Poucos intelectuais interpretaram tão profundamente o terrorismo quanto o francês Jean Baudrillard. Em *Power inferno*, que traduzi para o Brasil (Sulina, 2003), ele condensou os paradoxos do terror: "Se o objetivo do terrorismo é desestabilizar a ordem mundial exclusivamente pelas suas forças, então ele é absurdo: a relação de forças é tão desigual – e, de qualquer maneira, já há tanta desordem nessa ordem mundial e tanta desregulação – que é inútil tentar produzir mais". O Ocidente está acostumado a negociar. A negociação exige que o outro queira receber algo em troca para mudar o seu comportamento. Os terroristas não têm valor de troca. Sabem que vão morrer. Morrem para existir. Não negociam. O Ocidente está habituado a oferecer a preservação da vida como moeda forte a todos que o atacam.

Baudrillard observava: "O terrorismo não inventa nem inaugura nada. Leva simplesmente as coisas ao extremo, ao paroxismo". Leva ao extremo a ruptura do terrorista com o seu bem mais precioso: a própria vida. Os homens que atacaram *Charlie Hebdo* tornaram-se reféns de si mesmos a partir da primeira morte. Era o que buscavam. A execução do policial sobre a calçada sintetizou esse corte. Qualquer um se perguntaria: o que eles querem para parar? Nada. Daí a conclusão de Baudrillard: “Aquilo que ressuscita o terrorismo é alguma coisa que não se negocia num sistema de diferenças e de trocas generalizadas”. Esse é o problema. Não há campo possível de entendimento. Os fundamentalistas transformam o ponto forte das sociedades democráticas – a tolerância – em ponto fraco: sabem que o Ocidente não pode responder na base do olho por olho, dente por dente para não cair na intolerância que rejeita. Não há mais limite. Essa é a consequência.

O terrorismo toma o Ocidente inteiro como refém, obriga-o a suspeitar de todo mundo e produz uma obsessão pela segurança. O que pretendem dizer com seus atos inomináveis? Que sentido desejam dar a esses atos? Baudrillard mostrava que é mais complicado: “Os terroristas atentam contra um sistema de realidade integral através de um ato que não tem, no seu momento de realização, nem sentido nem referência verdadeiros num outro mundo”. Inexiste utopia no ato terrorista. Somente refutação abstrata. O poder do terrorismo está na sua ausência de sentido. A única saída para eles e para o Ocidente é a possibilidade da morte como desfecho da caçada policial.

O terrorismo continua a fazer vítimas. Power inferno sempre.

Prévert (Jacques) – Poeta (1900-1977), autor de poemas que fazem parte da canção francesa como “Folhas mortas” [*Les Feuilles mortes*]. “Os pombinhos” [*Les petits pigeons*] e “Canção do Sena” [*Chanson de la Seine*]. Entre os seus intérpretes, Juliette Gréco e Yves Montand.

Procope (Le) – Apresentado como o mais antigo café de Paris, fundado em 1682 por um siciliano, Francesco Procopio Dei Coltelli, atravessou o Antigo Regime, as revoluções, as quedas das monarquias, as diferentes repúblicas e as intempéries de todo tipo servindo comidas e o cenário para planos delirantes. Transformado em restaurante nos anos 1950, já não recebe revolucionários como nos áureos tempos das grandes utopias, mas tem muito charme. O Procope (13 rue de l’Ancienne Comédie), em Saint-Germain-des-Prés, a dois passos do Odéon, serve comida francesa de boa qualidade. Atrai muito turista, o que não o recomenda para turistas que não gostam de congêneres. Uma vez, pensei em desapropriar um dos seus belos cardápios. Era grande demais para facilitar atentados ao patrimônio privado em público. Humildemente, então, pedi um, o que, depois de algumas consultas, foi concedido.

Promenades – Passeios. Passear em Paris é como fazer sexo. A gente já sabe como é, fez muitas vezes, conhece os lugares, inclusive certos atalhos, mas sempre quer mais. Eu ainda passeio em Paris duas vezes por ano. Não quer dizer que faça sexo na mesma proporção. Pensando bem, cabe precisar essa afirmação: passear em Paris é como fazer sexo com a mesma pessoa durante muitos anos. A gente já sabe como é, fez muitas vezes, conhece os lugares, inclusive certos atalhos, mas sempre quer mais. Bem, sei,

sei, há quem canse de viajar e não queira mais se repetir. Mas justamente passear em Paris é como fazer sexo com a mesma pessoa durante muitos anos tendo vontade de fazer mais. Esse é o mistério de Paris. Não cansa. Não se esgota. Há sempre algo novo a descobrir por quem não se limita a fazer o mesmo ou a visitar somente o Louvre e a Torre Eiffel. Talvez toda uma vida não seja suficiente para explorar eroticamente toda a arte desse belo museu a céu aberto.

Pode até parecer clichê. Ou irreal. Mas para quem gosta é assim que funciona. O apaixonado por Paris, assim como o apaixonado por uma pessoa, ama seus cheiros, doces ou acres, seus recantos, suas colinas (quem não se encanta com a Sacre-Coeur lá no alto?), suas curvas, seus museus, suas roupas e seus cafés. Nada como os cafés de Paris. Nada como o café de uma pessoa que se ama. O novo tem o seu charme. Nada, porém, como o reencontro com uma terra longamente acariciada. Confesso que já tive e ainda tenho vontade de beijar Paris de cima a baixo.

Todo mundo sabe que uma cidade é um corpo. É preciso que a gente se encaixe nele. A sensualidade de Paris começa nos elevadores dos hotéis. Quase sempre apertados. Paris é profundamente feminina para bem ou para mal. Tem dias que amanhece amuada, de cara fechada, fazendo beicinho, cinza. Por nada. Pode ficar assim por semanas inteiras. De repente, muda tudo, surge produzida, luminosa, ensolarada, sensualíssima, ousada, provocativa, luxuosa, luxuriosa e tira todo mundo do sério, exigindo *promenades*. O transbordamento pode ser com uma taça de champagne ou com uma caminhada. Resplandecente.

Paris pode ser tão dura quanto certas pessoas. Quando não quer mais, de nada adianta insistir. Não duvido que outras cidades também sejam assim. A verdade é que sempre preferi observar o comportamento feminino. Nunca encontrei alguém que dissesse: Já fiz sexo uma vez. Para que fazer de novo? Nunca encontrei alguém que dissesse: Já fui a Paris uma vez. Para que ir de novo? Claro que existem os imorais, os polígamos, os adúlteros e os insaciáveis. Tenho um amigo que quer ter, ao mesmo tempo, Paris, Londres e Berlim. Doce ilusão. Cedo ou tarde, terá de escolher. Paris exige tudo, mas se dá a todos luminosamente.

Prost (Alain) – Ídolo francês do automobilismo, tetracampeão de Fórmula 1, Prost, nascido em 1955, protagonizou grandes duelos com os brasileiros Nelson Piquet e Ayrton Senna. Estiveram em pódios juntos. Tentei fazer uma entrevista com ele sobre Senna, depois do acidente que matou o brasileiro. Prost sinalizou que a entrevista poderia acontecer. Depois, não quis mais. Em 2023, teria dito que sabe algo sobre Senna que jamais contará. Lamento não ter entrevistado esse monstro das pistas, mas tenho certeza de que não seria para mim que ele faria a sua grande revelação. Para mim, ele continua sendo um dos maiores de todos os tempos, fera de uma época de grandes confrontos.

Proust (Marcel) – Um dos maiores escritores de todos os tempos, talvez o maior do século XX, nascido em 10 de julho de 1871. Oriundo de uma família abastada, frequentou a alta sociedade, viajou e se sentiu pronto para viver a grande aventura da criação literária: contar a vida como uma rememoração infinita. Gay e de saúde frágil, Marcel Proust faria da literatura um estilo de vida. Mario Quintana foi um dos seus tradutores no Brasil, para a lendária casa gaúcha Editora Globo. Por que Proust foi tão grande? Ele chegou a ser recusado pela grande editora Gallimard. Em 1912, o renomado escritor André Gide, editor na Gallimard, ao ler a página sobre a xícara de chá, no manuscrito do jovem autor, devolveu o original como incompreensível e chato. Proust pagaria a primeira edição na Grasset. A Gallimard recusou James Joyce como obsceno, Céline por prolixidade e outros por chatice. Eis um consolo para quem é rejeitado pelas grandes. Gide confessou ter sido esse o maior erro da sua vida. Acertou em cheio.

Proust foi grande pela sutileza, pela precisão nos detalhes, por reconstituir uma época por meio das lembranças do personagem e por fazer da narração um sussurro, sem ênfase nem grandiloquência. Fico com o espelho de Proust: “Os que produzem obras geniais não são aqueles que vivem no meio mais delicado, que têm a conversação mais brilhante, a cultura mais extensa, mas os que tiveram o poder, deixando subitamente de viver para si mesmos, de tornar a sua personalidade igual a um espelho, de tal modo que a sua vida aí se reflete, por mais medíocre que aliás pudesse ser mundanamente”. Edgar Morin, ao completar cem anos de idade, por e-mail, declarou o seu apreço por Proust: “Por sua arte e pela complexidade dos seus sentimentos”.

Marcel Proust nasceu em bairro burguês (96 rue de la Fontaine), morou no boulevard Malesherbes, andou muito na Champs-Élysées, pelos subúrbios chiques de Saint-Honoré e Saint-Germain, pelo Bois de Boulogne e, fora de Paris, pelas praias da Normandia. Talvez seu fantasma ainda vá ao Café des Anglais, no boulevard des Italiens, ou ao Café de la Paix, pertinho da Ópera Garnier. Depois de morar no boulevard Hausmann, o escritor morreu na rua do Amiral-Hamelin, 44. Está enterrado no Père-Lachaise, em Paris. O viajante proustiano pode ir ao departamento Eure-et-Loir, cuja capital é Chartres, para visitar sua catedral magnífica e o vilarejo de Illiers, onde o narrador de *Em busca do tempo perdido* passava férias, na infância, na casa de sua tia Léonie. Em homenagem a Proust o lugar agora se chama Illiers-Combray, incorporando o nome fictício criado pelo escritor.

Como não admirar um escritor capaz de criar um personagem tão denso e verossímil a ponto de concluir, como faz Swann, depois de tanto sofrer por Odette, garota de programa chique e empoderada da época: "Pensar que perdi anos da minha vida, que queria morrer [...] por uma mulher de quem não gostava, que não fazia o meu tipo!"

Marcel Proust está por toda parte. É só andar pela França.

PSG – Muito antes de ser comprado por árabes, o Paris Saint-Germain, fundado em 1970, foi o clube de muitos brasileiros, entre os quais Ronaldinho Gaúcho. Na temporada 1994/1995, O PSG de Valdo, Raí e Ricardo foi semifinalista, pela primeira vez, na principal competição europeia, a Liga dos Campeões, sendo eliminado pelo então poderoso Milan. A Itália mandava nas competições de clubes. A equipe parisiense consolou-se ganhando dois títulos nacionais, a Copa da Liga e a Copa da França. As conquistas, embora bem menores, foram comemoradas na presença do presidente da República, François Mitterrand, e do presidente eleito, Jacques Chirac, no estádio Parc des Princes. O treinador era o português Artur Jorge. Considerados como os verdadeiros talentos da casa, os brasileiros desempenharam papel importante na ascensão do Paris Saint-Germain. A grande estrela, porém, era o goleador Jorge Weah, hoje presidente da Libéria.

Quando o PSG chegou ao topo nacional, escrevi sem disfarçar certo contentamento patriótico (fora de casa o nacionalismo aumenta): Valdo cobrou o escanteio da esquerda. Ricardo desviou e fez 1 a 0 para o PSG. Lance clássico no Parc des Princes. Gol do título. 35 mil espectadores deliraram. A equipe dirigida pelo português Artur Jorge é matematicamente campeã francesa, duas rodadas antes do final da competição, com 55 pontos, sete a mais do que o segundo colocado, o Olympique de Marselha. A festa tomou conta das ruas de Paris, com muita buzina e rojões. Valdo e Ricardo foram carregados nos ombros dos torcedores que invadiram o gramado após o final da partida. Verdadeiros heróis da conquista. Era a glória na França.

Quem poderia dizer que o PSG se tornaria um dos grandes da Europa e que um dia seria – por pouco tempo e sem conquistar o objetivo principal, a sempre cobiçada

Liga dos Campeões, perderia uma final para o Bayern de Munique – o time de Lionel Messi, eleito oito vezes melhor do mundo, de Kilian Mbappé, jovem artilheiro, motor da França no bicampeonato mundial, e do brasileiro Neymar? Correspondente de jornal brasileiro na França, muitas vezes fui aos treinos do PSG para entrevistar os brasileiros. Valdo eu conhecia desde quando era repórter setorista do Grêmio, na segunda metade dos anos 1980.

Q

Quai de la Mégisserie – Na primeira vez que pisei no Quai de la Mégisserie tinha sol. Era março de 1991. Olhei em torno e fiquei deslumbrado. Tudo era lindo: do outro lado do rio, a Conciergerie. De repente, bem ao fundo, enxerguei a Torre Eiffel. Quando fui à janela do nosso quarto de hotel, vi a Notre-Dame. Decidi andar um pouco e vi muitas lojas de pássaros. Era triste vê-los engaiolados. Por outro lado, havia movimento, gente entrando e saindo, falando. Paris pulsava num dia agradável antes do final do inverno. Essa rua, que margeia o Sena, vai da Praça do Châtelet ao Pont Neuf (Ponte Nova). Não sei se muita gente conhece essa rua, mesmo entre franceses. Para mim, ela faz parte de uma memória afetiva inapagável. Ainda retorno para fazer a mesma caminhada e lembrar dos meus primeiros dias em Paris, assim como retorno, em Porto Alegre, ao bairro Navegantes para sonhar com meus 18 anos, meus cabelos compridos e minhas convicções quanto ao futuro.

Quartier Latin – Para meu gosto, o verdadeiro coração de Paris. Situado no 5º arrondissement, o "bairro latino" da cidade confunde-se com a história da capital francesa. Encravado na margem esquerda do Sena, abriga um universo enorme de monumentos, de instituições, de cenários, de livrarias, de cafés, de imaginários e de nomes que ficam na memória ou retornam em livros de todo tipo: Sorbonne, Collège de France, Panteão, ruas Mouffetard, Saint-Jacques, Place de la Sorbonne, Jardim de Luxemburgo. O Quartier Latin para mim é flexível. Ele se espicha conforme as necessidades do meu coração e dos meus olhos.

Palco de barricadas e sonhos, viveu, em maio de 1968, dias de sangue, sonho e repressão. Talvez tenha sido o seu último grito de rebeldia maior. Daniel Cohn-Bendit é uma lenda viva. Filho de judeus alemães, nasceu na França em 4 de abril de 1945. Tornou-se célebre aos 23 anos de idade, quando, pelas suas ideias e seus cabelos ruivos, ficou conhecido como "Danny le rouge", Daniel, o vermelho. Daniel foi o grande líder da revolta dos estudantes franceses em maio de 1968. O mundo nunca mais foi o mesmo depois. Foi outro, pior e melhor.

Uma parte de minhas cinzas deve ser jogada no Quartier Latin. Espero que haja cinza suficiente para espalhar em Montparnasse, no Bom Fim, em Porto Alegre, e no povoado de Palomas, em Santana do Livramento, na região da campanha do Rio Grande do Sul, no pampa.

Quoi – Termo coloquial francês muito aproximado do "né" em português. Estrangeiros, especialmente brasileiros, adoram usar quando sentem que já estão bem à vontade na língua dos compatriotas de Balzac. Um italiano e um brasileiro brigaram em francês por diferenças nacionais.

– Je suis brésilien, quoi!

– Je m'en fous, quoi! [não me interessa, em tradução familiar]

O resto da discussão seria em idiomas próprios.

R

Radeau de Méduse (Le) – Quadro de Géricault (1791-1924), que se pode ver no Louvre. Essa balsa da Medusa me impressiona e assusta. Na minha novela *Nau Frágil* ela aparece em São Paulo: "Sob o viaduto, ao som das buzinas em conserto, na oficina da esquina, e ao sabor do monóxido, despejado por matracas estridentes, a mulher enrijecia-se. Já não contemplava o quadro que espelhava para Gil. Por trás dela, a Balsa da Medusa traficava sacudida por vagalhões colossais e fétidos, corrompidos por ventos paraguaios empoeirados e irregulares".

Conta-se que Géricault inspirou-se no naufrágio de uma fragata que seguia para o Senegal, em 1816. Conta-se também que o pintor quis simbolizar com sua obra tenebrosa o destino da humanidade. O que eu vejo nesse quadro de mortos amontados e sobreviventes desesperados? Vejo a vitória da morte sobre a vida. Com o perdão do viajante sensível, permito-me um centavo de pessimismo: todos caminhamos para o naufrágio. É só uma questão de tempo, não necessariamente de clima.

Récamier (Le) – Um restaurante que Cláudia e eu amamos é o La Cigale Récamier (4 rue Récamier). Ali se come ao ar livre, em meio a franceses, com poucos turistas (turista odeia turista) suflês (doces ou salgados) espetaculares. É algo leve, delicioso e bonito. Vai bem com um simples vinho da casa. Fica perto da igreja Saint-Sulpice. Pode-se encontrar Catherine Deneuve por lá. Paris é uma cidade normal. Um bom passeio a ser feito com simplicidade. Sem afetação. *Voilà.*

Na primeira vez, fui lá para ser entrevistado por Marianne Payot, repórter de cultura da revista *L'Express*, uma das mais importantes da França, sobre meu livro *En Patagonie avec Michel Houellebecq*. Esses jornalistas franceses são esquisitos. Leem os livros antes de conversar com o autor. Pagam o almoço. Preparam o material com dois meses de antecedência. É chocante. Que estranho!

O Récamier está sempre na moda. É frequentado pelas estrelas da mídia e por intelectuais. Vi no Récamier Alain Touraine, que infelizmente já nos deixou, o eterno amigo de Fernando Henrique Cardoso, numa conversa ao pé do ouvido com Alain Duhamel, uma das celebridades do jornalismo político parisiense. A coluna social também me interessa. Pedimos *soufflé de fromage* (suflê de queijo). Dizem que o Récamier serve o melhor suflê de Paris. Eu nunca fui tarado por suflê. Confesso, no entanto, que fiquei de quatro. Só não saí uivando de prazer para não espantar a enigmática Catherine Deneuve, que estava sentada na mesa à nossa frente fumando sem parar. Foram oito cigarros em pouco menos de duas horas. Uma chaminé loura e sempre elegante.

O suflê lembra um cogumelo. No começo, a gente pensa assim: como é que vou comer isso sem pagar mico. Em seguida, rende-se à evidência: é algo tão leve e delicado que dispensa qualquer esforço. Ainda mais quando acompanhado por um tinto leve da Borgonha escolhido por nossas anfitriãs, em perfeito conhecimento de causa. Depois do impulso dado por esse almoço de entrevista, o Récamier passou a fazer parte de nosso itinerário particular a cada ida a Paris. A satisfação é certa, o ambiente legal demais, como se diz, não tem erro. Fica a dica.

É só conferir e dizer.

Rémond (René) – Eu não era admirador desse intelectual quando fui morar na França. Sabia da sua importância, mas era quase indiferente ao seu trabalho. Em determinado momento, porém, comecei a ler o que dele aparecia nos jornais. Resolvi entrevistá-lo. Historiador, René Rémond (1918-2007 foi presidente honorário da Universidade Paris X e presidente da Fundação Nacional das Ciências Políticas da França. Uma ponte entre o passado e o futuro francês: foi o pesquisador indicado para analisar inúmeros acontecimentos históricos que brilhavam na cena internacional em 1994, entre os quais os 50 anos do desembarque dos aliados na Normandia, em 6 de junho de 1944. Autor de inúmeros livros de investigação histórica profunda ou de divulgação de conhecimentos básicos, escreveu, por exemplo, uma *Introdução à História do Nosso Tempo*, em três volumes: *O Antigo Regime e a Revolução*; *O Século XIX*; e *O Século XX: de 1914 aos Nossos Dias*. Uma fonte segura de informações.

Organizador do relatório, transformado em livro, *Paul Touvier e a Igreja*, encomendado a uma comissão histórica pelo cardeal Decourtray e que foi um dos documentos básicos do processo de Touvier, por crime contra a humanidade, Rémond revelou o papel de religiosos católicos na proteção, após a Segunda Guerra Mundial, ao homem que enquanto chefe de polícia de Lyon colaborou com os nazistas durante a ocupação alemã.

Assim eu o apresentei na época. O que me fez passar a ter por ele uma consideração especial? Duas respostas a perguntas que fiz. Em ambas, havia conhecimento, bom senso e franqueza. Perguntei-lhe: os aliados da Segunda Guerra Mundial comemorarão grandiosamente neste 6 de junho os 50 anos do desembarque na Normandia. Qual a importância dessa festa histórica: simular uma mobilização através da lembrança em favor de uma ordem mundial democrática em perigo ou exorcizar fantasmas do passado? Resposta sincera: "Os motivos para o empenho em produzir uma comemoração extraordinária são simples: a superstição das cifras como 10 anos, 50 anos, 100 anos... E é provavelmente a última vez que poderão estar presentes alguns dos atores. Muitos dos soldados que desembarcaram em 1944 na Normandia vão retornar agora pela primeira vez. E pela última. Há uma significação sentimental. Trata-se de uma homenagem aos camaradas mortos: o culto pelos antigos combatentes de seus irmãos de armas que perderam a vida no campo de batalha. Por fim, persiste o deslumbramento com a amplitude da operação. A chamada operação *Overlod* não tem precedente e nem equivalente na história. Os meios colocados em jogo atingiram uma dimensão inimaginável e foram objeto de uma preparação logística estupenda, cujo segredo foi guardado até o último momento. Nove mil navios conduziram as tropas. Milhares de aviões. Navios construídos especialmente para a operação, assim como portos artificiais. Toda a capacidade inventiva do homem foi mobilizada para acionar uma máquina ousada que funcionou como um relógio. Trabalho realizado em tempo rápido, pois tudo começou a ser planificado em 1943. A comemoração evoca o primeiro ato de libertação da França, da Europa, da queda do nazismo, do fim da guerra e do fracasso de uma das tentativas mais perversas de hegemonia mundial. Afora isso, devemos contar as significações voltadas para um futuro de paz, de uma ordem internacional, de solidariedade e de democracia". Como falava bem.

Sempre fui um bom ouvinte. Queria ficar ali escutando. Perguntei: o processo de Paul Touvier, com a condenação do colaborador à prisão perpétua, suscitou polêmica. Mesmo o presidente François Mitterrand confessou em entrevista o seu desinteresse pelo julgamento de um velho homem envolvido em crimes de 50 anos atrás. Qual a lição extraída para a História? Resposta: "Eu não estou inteiramente de acordo com o presidente da República. Ele tem razão em dizer que é difícil, com o afastamento no tempo, de fazer-se um processo justo. Muitas testemunhas já morreram e a memória dos atores sociais é frágil. Cinquenta anos é muito tempo: um recorde. É raro que se consiga julgar alguém tanto tempo depois. Trata-se de um caso limite, não generalizável, em termos de dificuldades, a outros processos do passado. Touvier conseguiu se esconder durante quase meio século e escapar à Justiça. Parece-me excelente que o processo tenha acontecido, pois a partir do momento em que uma questão é colocada e existe um vazio na opinião pública, o único meio de apresentar uma resposta e fazer valer a verdade é o processo público contraditório. Não digo que o processo de Touvier tenha contribuído para a reconciliação, mas certamente ajudou à clarificação. Sem ele, as dúvidas restariam e dentro de alguns anos haveria ainda divisão: alguns afirmariam a inocência de Touvier, perseguido injustamente, e outros diriam tratar-se de um grande criminoso protegido pelas instâncias que o deveriam julgar. Ele não é um inocente e não foi protegido. Através dele fez-se um pouco o julgamento do regime de Vichy. Mas apenas um pouco. O processo não substitui o trabalho do historiador". Voltei para casa mais otimista sobre quase tudo.

Renoir (hotel) – Simpático hotel três estrelas (39, rue du Montparnasse). Situado no coração do velho Montparnasse, acolhe os viajantes numa rua bordada de creperias com mesas nas calçadas, desembocando, de um lado, no Boulevard du Montparnasse, ao lado da famosa La Coupole, e, do outro lado, num universo de sonhos, teatros e nostalgia. Ótimo para quem quer se sentir numa Paris pulsante, sempre viva, a bom preço e com boa comida ao alcance dos cartões.

Réserve Rimbaud (restaurante em Montpellier) – Coroado com uma estrela no Guia *Michelin*, distinção que enche de orgulho qualquer casa e, mais ainda, todo chef, o Réserve Rimbaud, em Montpellier, oferece pratos deliciosos e uma paisagem deslumbrante, às margens serenas do rio Lez, à sombra de majestosos plátanos. Pode-se comer ao ar livre contemplando as águas de aquarela do tranquilo Lez. Inesquecível para mim, pois foi ali que a presidente da Universidade Paul Valéry, Montpellier 3, Anne Fraïsse, com toda a sua equipe, ofereceu-nos um almoço por ocasião da cerimônia do Doutorado Honoris Causa que me foi atribuído. Apesar de estrelado, os preços são acessíveis. Um serviço completo (entrada, prato principal e sobremesa) pode custar 45 euros. A carta de vinhos deixa especialistas satisfeitos. Posso garantir: nota dez! Especialidades. Para degustar em francês: *homard bleu, melon et amandes fraîches*. Um restaurante com o nome do poeta Jean-Arthur só pode embriagar como um navio próximo de "arquipélagos siderais".

Rhumérie (La) – Ancorada no triângulo dourado de Paris (166 Bd. Saint-Germain), a casa, como o nome indica, oferece coquetéis com o melhor rum do planeta. Já são noventa anos de sucesso. Boa para quem deseja se sentir, depois dos primeiros drinques, num paraíso tropical. Ali, convidado por Yves Simon, tomei *Daiquiri* como se estivesse novamente em Cuba. Experimentei também um *Hemingway* e um *Granadier*. Tem rum branco, rum velho, coquetel sem álcool e muita gente com ar misterioso, ou nem tanto, falando de sol, poesia e saudades. Para o brasileiro que rapidamente sente falta de casa, tem caipirinha.

Rimbaud (Jean-Arthur) – No auge da minha paixão por Rimbaud, que nunca passou, escrevi assim: eu invejo Rimbaud. Queria ser um poeta tão genial quanto ele. Eu e a torcida do Flamengo. É só uma maneira de falar, claro, pois Rimbaud nunca foi centroavante nem treinador de futebol. Eu adoraria ter escrito minha obra antes dos 20 anos de idade. Amaria ter ido viver como traficante de poesia na África e na Arábia ou qualquer coisa do gênero, da lenda, da ficção, da mitologia. Poeta e traficante de armas na Arábia. Daria excelentes crônicas.

Só existiam fotos do Rimbaud jovem. Há uma reprodução da foto mais célebre dele, com cara de anjo, no hotelzinho em que me hospedo em Paris, o Cluny-Sorbonne, onde Jean-Arthur morou e elogiou a bela janela, ou o que podia ver através dela. Fica ao lado do hotelzinho onde o colombiano Gabriel García Márquez morou e concebeu o seu *Ninguém escreve ao coronel*. Eu me hospedo ali, embora tenha condições de pagar um hotel melhor, só para ver se aprendo algo dos mestres por contágio “transtemporal”. Ainda não funcionou. Descobriu-se uma boa foto de Rimbaud adulto. Ele aparece no meio de sete pessoas no Hotel Universo, de Áden, no Iêmen. Isso para mim já soa como poesia: Hotel Universo, Áden, Iêmen. É uma foto do começo dos anos 1880. Nela, Rimbaud não tem cara de poeta. Nem de anjo. Tampouco de traficante.

Tem cara de quê? De homem comum. Eu daria a vida para ter escrito "Le bateau ivre" (o barco ébrio). Mais ainda, morreria para ter inventado a cor das vogais e a "alquimia do verbo". Simplesmente esta passagem já me bastaria: "Eu sonhava com cruzadas, viagens de descoberta cujas narrações jamais foram feitas, repúblicas sem histórias, guerras religiosas sufocadas, revoluções de costumes, deslocamento de raças e de continentes: eu acreditava em todos os encantamentos". Eu daria tudo para que encontrassem uma foto minha no Hotel Universo, Áden, Iêmen. Preciso ir ao Iêmen tirar uma foto. Ela seria encontrada no facebook. Quanto a mim, voltaria de barco, embriagado, eu e o barco. Rimbaud morreu aos 37 anos de idade, depois de ter uma perna amputada por causa de um carcinoma. Jamais buscou a fama. Tornou-se celebridade sem o saber. Punha a beleza no colo.

Rimbaud, o filho – Não direi muito sobre esse livro de Pierre Michon, que traduzi com alegria e paixão. Basta um fragmento do texto para o viajante literário sentir o ritmo da narrativa: "Diz-se que Vitalie Rimbaud, nascida Cuif, filha da campanha e mulher má, doente e má, deu à luz Arthur Rimbaud. Não se sabe se, primeiro, ela maldisse e, em seguida, sofreu, ou se amaldiçoou por ter de sofrer e nessa maldição permaneceu; ou se anátema e sofrimento, ligados em seu espírito como os dedos das mãos, acavalavam-se, intercambiavam-se, relançavam-se, de maneira que entre os dedos encardidos, cujo contato irritava, ela moía a vida, o filho, os vivos e os mortos. Mas se sabe que o marido dessa mulher, pai do filho dela, tornou-se, vivo, um fantasma, no purgatório das guarnições longínquas, onde nunca passou de um nome, quando o filho tinha seis anos. Discute-se se esse pai ligeiro, capitão que futilmente fazia anotações em gramáticas e lia o árabe, abandonou conscientemente essa criatura obscura, que, à sua sombra, queria arrastá-lo, ou se ela se tornou assim pela obscuridade na qual foi atirada por essa partida; não se sabe nada. Diz-se que a criança, tendo de um lado da carteira o fantasma e, do outro, a criatura de imprecação e de desastre, foi um modelo escolar e teve pelo antigo jogo dos versos uma forte atração; talvez escutasse, no velho *tempo* sumário de doze pés, o clarim fantasma de guarnições distantes; e também os pais-nossos da desastrosa criatura, que, para escandir o sofrimento, encontrou Deus, assim como o filho, pelo mesmo efeito, chegou aos versos; e nessa escansão ele uniu, idealmente, o clarim e os pais-nossos. Os versos são uma velha alcoviteira."

Rive gauche – A margem esquerda do Sena, onde sempre morei e onde sempre me hospedo, tem alguma coisa de mítico. A maior riqueza está na margem direita. A esquerda, porém, vive das utopias dos intelectuais, dos mitos de Saint-Germain-des-Prés, das histórias de escritores em Montparnasse, da Sorbonne e de tantas lendas, requintes e obras.

Robbe-Grillet (Alain) – Nasceu em Brest, na Bretanha, em 1922. Formado em agronomia, tornou-se um dos criadores do Novo Romance. Autor de *O Ciúme, Encontro em Hong-*

-*Kong*, *Les Gommes*, *Le Voyeur*, etc. No cinema, escreveu o roteiro do inesquecível *O Ano passado em Marienbad*. Tive a honra de ser amigo de Robbe-Grillet e de sua mulher, Catherine. Tivemos bons encontros no boulevard Maillot. Ele me chamava de seu último discípulo e me dizia para acariciar a pele das palavras. Os seus livros e filmes são frestas para espiar a cultura francesa em ato. Em 1995, intermediei a sua vinda para ser presidente do Festival de Cinema de Gramado, no Rio Grande do Sul. Passamos uma temporada alegre vendo filmes, falando de filosofia e literatura, comendo churrasco e nos divertindo com três jovens atores franceses, Sophie Broustal, Olivier Sitruk e Bruno Putzulu. Quando Alain Robbe-Grillet morreu, em 2008, estávamos em São Miguel dos Milagres. Escrevi:

Estávamos fazendo um passeio de bicicleta por vários povoados de Alagoas quando o celular de Cláudia tocou. Era meu amigo Luis Gomes, editor da Sulina, recém-chegado de um mês na França, com duas notícias de morte: de "seu" Vitor Hugo, pai do nosso inesquecível amigo Ricardo Carle, e do escritor francês Alain Robbe-Grillet. Desci da bicicleta, contemplei o cenário e me sentei à beira de um rio, num vilarejo chamado Lajes. Uma senhora muita velha, fumando uma bagana de cigarro, vinha do rio com dois baldes de água. Apenas uma rua separava a aldeia do leito do rio, onde crianças e adolescentes banhavam-se e mulheres lavavam roupas. Na calçada, homens jogavam dominó. Fiquei triste. Eu me sentei à margem do rio, mas, contrariando o título do livro célebre de Paulo Coelho, não chorei. Robbe-Grillet só aceitava alegrias.

O viajante que se prepara pode ler algum dos seus livros ou simplesmente ver *O ano passado em Marienbad*. Eu releio uma carta sua. Nela, ele me fala da importância de saber viver, jogar e sonhar.

Rocamadour – Viajante movido pela fé ou aberto ao valor histórico das religiões, vá a Rocamadour, no Sudoeste da França, departamento do Lot, na Occitânia, e visite tranquilamente a sua cidade medieval encravada num rochedo. Ande por suas ruas ou ruelas esculpidas na pedra, passe por suas portas de fortaleza, suba a escada dos peregrinos, aprecie a basílica de Santo Salvador, veja a cripta e as capelas de Santa Ana, São Blásio, São João Batista e a de Nossa Senhora, na qual o ponto místico mais elevado é a imagem da Virgem Negra de madeira, digna de culto desde os distantes tempos medievais. Em Rocamadour a história se espirala e vai ao tempo de Zaqueu de Jericó, convertido por Jesus Cristo. Rocamadour e sua virgem negra aparecem no livro *Submissão*, de Michel Houellebecq. Pierre Lagier publicou um romance que pode interessar ao viajante leitor de obras em francês: *Le secret de la vierge noire* [O segredo da virgem negra].

Rocheteau (Dominique) – Jogador de futebol. Defendeu a seleção francesa na Itália, em 1982, e México, em 1986. Nas duas, foi semifinalista. Em 1984, estava na equipe francesa que ganhou a Eurocopa. Jogou no Saint-Etienne, no PSG e no Toulouse. Era goleador. Por que o cito? Por uma razão muito pessoal. Como ele, eu tinha cabelos compridos quando jovem. Quando jogava peladas, era chamado de Rocheteau. Ficava bem contente. Rocheteau faz parte da minha memória afetiva. Não era craque. Mas jogava bem e teve uma bela carreira.

Rodin (Museu) – Íamos a pé de Montparnasse até o Museu Rodin (77 rue Varenne), tendo a cúpula dourada dos Inválidos como referência de beleza, de fausto e de orientação para evitar desvios para outras fulgurâncias da cidade-luz, ou cidade-arte. É sempre bom visitar os jardins do Rodin nos dias de primavera. Ficar ali entre embasbacado com as obras e deliciado com o ambiente. Pensar naqueles blocos esculpidos pelo artista e enxergá-lo na pele do ator Gérard Depardieu. Passar o maior tempo possível observando detalhes em *O Pensador,* nos *Burgueses do Calais*, na Porta do Inferno, no *Ugolin devorando seus filhos,* no monumental e um tanto assustador Balzac. Tudo isso perfumado pelo roseiral e habitado pelo espírito de um tempo de obras-primas, o tempo de um escultor intrépido, uma força da natureza decidido a arrancar da pedra sopros de vida e flagrantes do cotidiano.

Roissy CDG – Gigantesco aeroporto internacional de Paris, o principal da França, batizado em homenagem ao maior herói moderno do país, o general Charles de Gaulle, figura central da luta contra o invasor nazista. O aeroporto chama-se, de fato, Paris-Charles de Gaulle. Roissy, nome da localidade onde está situado esse paquiderme, é um mundo sob a forma de hangar. Na linguagem do antropólogo Marc Augé, um “não-lugar”. Mas um “não-lugar” com certo estilo. No inverno, fico impressionado com o calor do aquecimento em Roissy. No verão, com o calor que se sente lá dentro. Às vezes, sonho com aquelas vozes femininas anunciando voos, atrasos e tudo mais, com a cadência que só uma francesa pode imprimir a uma fala. Roissy é todo um imaginário. Tenho também na minha memória afetiva olfativa os perfumes das grandes marcas de luxo que fazem de Roissy um dos grandes shoppings do mundo.

Roland Garros – Estádio e torneio de tênis. Sinônimo de tênis no saibro. Para brasileiros, palco das grandes conquistas do catarinense Guga, Gustavo Kuerten, tricampeão em Paris (1997, 2000 e 2001). Atenção, pronuncia-se a letra esse ao final de Garros. Não se diz “Garrô”, mas “Garrôs”. O estádio fica junto ao Bois de Boulogne. Foi construído, com quatro quadras iniciais, para a final da Copa Davis de 1928. Está para o tênis como o Maracanã para o futebol. Quando se pensa em tênis, dois nomes surgem naturalmente: Roland Garros e Wimbledon. Roland Garros não brilhou no tênis. Conta-se que tinha mais jeito para o rugby. Entrou para a história por ter inventado a metralhadora embarcada em avião, que não chegou a usar. Ele foi um grande aviador, herói da Primeira Guerra Mundial. Na minha primeira visita a Roland Garros tive a sensação de entrar num templo.

Roudinesco (Elisabeth) – Conheci Elisabeth Roudinesco em Paris. Fiz uma entrevista com ela em sua residência, na avenida Denfert-Rochereau. Depois, tornei a vê-la umas duas vezes em Porto Alegre. Quando penso nela, penso em Jacques Lacan, imensa figura da psicanálise, biografado por essa intelectual sempre pronta para uma boa polêmica e autora de livros de grande repercussão na mídia.

Descendente de uma família de produtores de vinagre, Jacques-Marie Émile Lacan nasceu em 13 de abril de 1901, em Paris, e morreu em 9 de setembro de 1981 na capital francesa. Em 80 anos de vida intensa, mergulhou na aventura intelectual e passou da psiquiatria à psicanálise como um furacão. Brilhante, mas com um discurso de difícil decodificação, obscuro, investiu contra a *ego psychology* (a adaptativa psicanálise à americana) em nome de um retorno a Sigmund Freud.

No inverno de 1932, apareceu a grande obra de juventude de um ambicioso Lacan, futuro mito e chefe de escola: *De la Psychose Paronoïaque dans ses Rapports avec la Personalité*. Tese de doutorado em medicina, o texto, baseado no estudo do caso de Marguerite Pantaine, tornada célebre por Lacan como Aimée, caiu nas graças dos surrealistas. O doutorando começava a eliminar o biologismo de Freud e a preparar, ainda sem uma ideia da revolução que provocaria, uma nova base para a psicanálise. Começava uma história que parece sem fim.

Marguerite jamais perdoou Lacan. Para ela, o médico comportou-se como um ambicioso sem escrúpulos, alheio ao destino da mulher real e preocupado apenas em construir uma teoria da loucura feminina. Paulo Nizan fez o elogio da tese de Lacan encontrando nela a influência do materialismo dialético e a revolta contra as ciências oficiais. René Crevel destacou o novo espírito, ao gosto do surrealismo, capaz de captar a complexidade do sujeito humano individual e socialmente.

A partida estava dada. Ao longo da carreira, Lacan lutou para dar à psicanálise um estatuto filosófico. No auge da celebridade, atraía centenas de pessoas às sessões do seu seminário. Entre as ideias que disseminou, duas noções pairam acima do conjunto: o inconsciente estruturado como uma linguagem e o inconsciente do sujeito enquanto discurso do outro. Pela casa de Lacan (5 rue de Lille), verdadeiro templo de uma religião pagã, circularam pacientes, amigos e intelectuais em uma busca incessante da palavra do mestre.

Escritor fragmentário, marcado pela linguística estrutural e erudito, Lacan teve dificuldade para parir um livro. Graças a François Wahl, conseguiu reunir, corrigir e cimentar os textos que foram publicados em 1966 pela editora Seuil. Écrits (Escritos]) tornou-se a bíblia do lacanismo. Depois da morte do psicanalista, amado por uns, odiado por outros, ilegível para a maioria, os herdeiros legais e da teoria disputam o patrimônio intelectual do pensador parisiense. Coube a Jacques-Alain Miller, casado com Judith, a filha predileta de Lacan, a tarefa de zelar pela obediência rigorosa aos ensinamentos do sogro.

Personagem excêntrico, polígamo, vaidoso e genial, Jacques Lacan interpretou o genuíno intelectual de Paris: teatral, hermético, campeão das frases de efeito, das fórmulas enigmáticas e das interpretações desconcertantes.

Numa conferência na Bélgica, em 1972, Lacan aparece como um homem sofrido, espirituoso, preocupado com a própria gravata e, mesmo assim, responsável por uma palestra densa, delirante e desconcertante. Conferência interrompida por um garoto, no espírito de 1968, que virou uma jarra de água sobre a mesa do convidado, proferiu uma oração insurrecional, jogou água sobre a citada gravata do psicanalista-filósofo e foi retirado da sala.

Um dos últimos gurus da França, Lacan está enterrado no pequeno cemitério de Guitrancourt, face a uma colina. Fecundo, o seu pensamento continua a gerar polêmicas, a provocar paixão, a produzir embates, a iluminar caminhos e a fornecer subsídios para o avanço do conhecimento. O inconformismo lacaniano resiste. Lacan está por aí.

Elisabeth Roudinesco publicou um livro incontornável sobre esse monstro da psicanálise: *Jacques Lacan: Esboço de uma vida, história de um sistema de pensamento*. Em nossa última entrevista, em Porto Alegre, após o lançamento do seu livro, *Freud no seu tempo e no nosso*, provoquei-a: Lacan era um gênio, mas tinha algo de canalha, e Freud? Resposta sólida: "Quanto a Lacan, é verdade. Freud era mais calmo e mais simples. Lacan era transgressor e moderno. Freud é outra coisa, antes de tudo, legível. Cada escola psicanalítica cria o seu Freud. Eu trabalhei para reconstituir a sua verdade histórica. Mostro Freud na relação com sua mulher e com os filhos, sua correspondência da juventude com a cunhada, o seu tabagismo, suas coleções, tudo".

Arrisquei um pouco mais: as ideias de Freud ainda se sustentam? Resposta inflamada: "É uma questão absurda.

Superada. Não perguntamos se as ideias de São Luís ainda se sustentam. Não tem sentido. Escrever história é fazer o passado existir no presente para refletir sobre o futuro. Será que as ideias de Darwin ainda se sustentam? Sim e não. Será que as ideias de Durkheim ainda se sustentam? Não me faço esse tipo de pergunta. Fiz uma radiografia de uma época. Para mim, a questão importante é histórica: quem foi Freud? Meu livro está dividido em quatro partes. Numa delas, examino todas as interpretações sobre Freud feitas por historiadores e psicanalistas. O método está na primeira parte. Parti da ideia de que Freud tinha por hipótese que tudo o que estava no inconsciente dos homens se consumava na realidade e concluí que ele era o produto da sua época".

Lacan, Freud e Roudinesco aguardam o viajante intrépido.

Rouen – Joia da Normandia. Cenário da melhor literatura ao longo da história. Michel Houellebecq, em *Partículas elementares*, escreve: "Certa noite, sonhou com um parque de atrações situado em Rouen, na margem direita do Sena. Uma roda-gigante quase vazia girava sob um céu lívido, dominando a silhueta dos cargueiros atracados, de estruturas metálicas corroídas pela ferrugem". A professora Léa Masina, em artigo para o Caderno de Sábado do *Correio do Povo*, anotou sobre a obra-prima de Flaubert: "Ao adentrar o ambiente rarefeito das cidades provincianas francesas, como Yonville, Tostes e mesmo Rouen, o leitor apreende, pela metáfora, o repúdio de Emma à estreiteza e à mediocridade, justificando seu desejo de transcendência”. Gustave Flaubert, em *Madame Bovary*, faz de Rouen a cidade mais importante, próxima da qual se situa a fictícia Yonville, onde Emma vive infeliz com o marido. O narrador onisciente precisa: “Yonville-l’Abbaye (assim chamada por causa de uma antiga abadia dos capuchinhos, cujas ruínas não existem mais) é uma cidade a oito léguas de Rouen...”

Poderosa cidade medieval francesa, centro comercial e cultural ao longo dos séculos, Rouen tem na sua catedral o principal cartão de visitas. O que é uma cidade? A soma de suas marcas. A Catedral Notre-Dame de Rouen, em estilo gótico, começada em 1145, ficou pronta em 1506. Só se pode descrevê-la como deslumbrante ou belíssima.

A Normandia – esse “país dos homens do Norte” – é um capítulo especial da história francesa. Por ela passaram vikings, normandos, obviamente, alemães e americanos desembarcados na Segunda Guerra Mundial para salvar a Europa do nazismo. O inesquecível “Dia D”, 6 de junho de 1944, aconteceu nas praias da Normandia. Nunca é demais ler *O mais longo dos dias, a história do Dia D, o desembarque na Normandia* (L&PM), de Cornelius Ryan. Deu certo. Podia ter dado totalmente errado. Coincidências, erros de avaliação, ausências e interceptações de mensagens cifradas somaram-se num cenário inverossímil.

Rommel, a “raposa do deserto”, comandante nazista encarregado de evitar o desembarque aliado, calculou mal a data da invasão e, em 4 de junho, resolveu visitar a mulher, na Alemanha, que fazia aniversário em 6 de junho.

Levou-lhe de presente um par de sapatinhos artesanais. Ponto para os aliados. Em contrapartida, uma operadora de teletipo, treinando para aumentar a velocidade, passou, por engano, esta mensagem aos Estados Unidos: "URGENTE TRANSMISSÃO DA ASSOCIETED PRESS PARA NOVA YORK ÚLTIMA HORA QG DE EISENHOWER ANUNCIA DESEMBARQUE ALIADOS NA FRANÇA". O serviço de contraespionagem alemão, no quartel do 15º Exército, interceptou o comunicado. O oficial alemão Meyer considerou que só poderia ser um erro. Era um erro, certo. Quando soube, Eisenhower só resmungou. A história sempre tem imprevistos.

Um sargento americano, por engano, endereçou para a sua irmã, em Chicago, um pacote com informações sobre a "Operação Overlod", nome da operação de desembarque na Normandia. Um professor de física, Leonard Dowe, autor de palavras cruzadas de sucesso para o *Daily Telegraph* foi inquirido pela *Scotland Yard*. No período antes do desembarque, suas charadas levavam a respostas com as palavras *overlod*, Omaha (codinome de uma das praias da invasão), *amora* (codinome de dois portos artificiais a serem instalados depois do desembarque) e *netuno* (nome das operações navais dos aliados). Tudo coincidência. Um general americano e um coronel britânico deixaram escapar, em eventos sociais, o local e o período do desembarque. Foram afastados e rebaixados. O avanço dos navios aliados teve de ser abortado depois que vários deles já estavam visíveis aos adversários praticamente a olho nu. Falta de condições meteorológicas adequadas. Não foi fácil dar meia-volta, ainda mais ouvindo numa rádio nazista uma música popular adaptada dizendo, por coincidência, "eu desafio você de novo a vir até aqui".

Eisenhower precisava de luar, com nascimento tardio da lua, e maré baixa depois da aurora para ter êxito. No começo de junho, só três dias seriam assim: cinco, seis ou sete. Era tudo. A Alemanha sabia o nome da operação e as frases em código que a detonariam, os versos do grande poeta Paul Verlaine, "les sanglots longs des violons d'automne" (os longos soluços dos violinos do outono) e, como confirmação, "blessent mon coeur d'une langueur monotone" (ferem meu coração com um langor monótono). Ouça como canção na voz de Trenet. Meyer interceptou a primeira parte. Não lhe deram bola. O general Alfred Jodl achou que Von Rundstedt já tivesse tomado as providências. Este pensou que Rommel estivesse a par. Rommel estava de folga. Assim foi. Tudo isso que culminaria com o desembarque na Normandia, cuja capital é Rouen, onde muitos grandes autores dispõem seus personagens.

Rue de Rennes – Elegante via de ligação entre Saint-Germain-des-Prés e Montparnasse. Larga, robusta, ostentando riqueza e satisfação. Rua que se tornou para nós sinônimo de abertura para diferentes mundos: expedições em busca de livros na Fnac, "lèche vitrine" (olhar vitrines) com visitantes, caminho para os cafés de Saint-Germain, até, nos primeiros tempos, lugar de compras baratas na Tati, loja popular bastante tradicional, do tipo 1,99, com suas sacolas plásticas rosas quadriculadas, que depois ficou só com sua sede em Barbès, na região norte de Paris, até que esta foi abatida pela pandemia do coronavírus. Compramos nela um dia uma bonita lâmpada, que, ao ser ligada, em casa, esfarelou-se como se fosse uma bela e bem preparada mágica.

Em 17 de setembro de 1986, diante da Tati da rue de Rennes, na esquina da Fnac, um atentado a bomba, assumido pelo "Comitê de Solidariedade com os Presos Políticos Árabes e do Oriente Médio", vinculado ao grupo terrorista Hezbollah, matou sete pessoas e feriu cinquenta. No local funcionava também a redação da revista *Le Point*. A comercial e dinâmica rua de Rennes ficou manchada de sangue para sempre. Adoro caminhar por ela na primavera. Detesto fazer o mesmo no inverno. Tenho a impressão de que serei quebrado pelos ventos gelados.

S

Sacre-Coeur – Uma miragem sobre a colina de Montmartre. A basílica é obra muito recente, tendo ficado pronta em 1923. Consagra ao catolicismo um lugar onde cultos pagãos teriam sido amplamente praticados por gauleses e por romanos. Teria, de fato, sido construída para expiar os supostos crimes dos revoltosos da Comuna de Paris?

Saint-André des Arts – Oficialmente situada no bairro de La Monnaie, entre a praça Saint-Michel e a rua Dauphine, é uma espécie de dédalo serpenteando onde bate forte o coração mais pitoresco de Paris.

Saint-Germain-des-Prés – Quer sentir uma vibração intelectual quase palpável, vá a Saint-Germain-des-prés. Há algo de mágico, de imaginário nesse lugar. Deixe-se ficar nos seus cafés sem prestar atenção nos garçons, caminhe em suas ruas como se investigasse os rastros de um antepassado essencial, visite livrarias, leia trechos de livros, não tenha pressa, examine seus prédios históricos, sente-se para ler um livro escolhido para a ocasião, ouça uma canção francesa, ou um pouco de jazz, feche os olhos e sonhe com os existencialistas, intrometa-se entre Sartre e Simone, convide François Sagan para um drinque, imagine-se batendo um papo com o cético frasista Cioran, ou com o estupendo escritor egípcio Albert Cossery, autor de *Os homens esquecidos de deus*, assuma pose de intelectual e faça uma tese numa mesa de calçada para amigos perplexos com sua nova desenvoltura, assuma-se como revolucionário, pós-tudo, pré-alguma coisa radical, diante de um novo tempo, prometa uma obra-prima filosófica para o verão seguinte, se for escritor, sonhe com o Nobel e com a glória. Espiche até a Maison d'Amérique Latine e faça um discurso, mesmo silencioso, contra o colonialismo ou em favor de uma nova utopia. Eu já fiz tudo isso e sempre me senti muito bem. Recomendo fortemente.

Saint-Guilhem-le-Désert – Conta-se que em Paris um executivo acostumado a viver em altíssima velocidade, com uma agenda sempre transbordando, perdeu, repentinamente, a capacidade de entender seus movimentos. Podia mexer-se, mas já não sabia por quê. Entrou em pânico.

Começou a correr. Usou carros, helicópteros e aviões. Foi de uma cidade a outra. Queria saber o que o impedia de continuar dando sentido aos seus movimentos frenéticos. Finalmente, transtornado, teria parado em Saint-Guilhem-le-Désert, uma aldeia por onde, na Idade Média, os peregrinos passavam rumo a Santiago de Compostela. Não é uma história de Paulo Coelho. Poderia ser. Lá, o homem teria, enfim, conseguido pensar. Não se sabe o que pensou. Sabe-se que leu obras de filosofia. Sabe-se que tentou ser outro sem perder o seu eu.

Em meu romance *Solo* (Record, 2008), o personagem narrador, diz: "Não sei quanto tempo permaneci em Saint-Guilhem-le-Désert, um lugar isolado e misterioso a cerca de meia hora de Montpellier. Talvez tenha ficado uma semana ou mesmo um mês. Sei apenas que o lugarejo cercado de montanhas, com suas casas mergulhadas no passado, me comoveu. Certamente não foi pelo fato de o povoado ter o seu nome ligado ao lendário Guilherme de Orange, que lutou contra os sarracenos na Espanha. Talvez tenha sido pela forma como a lua banhava aquele círculo de pedras traçando formas estranhas. Ou como o sol inundava a pracinha com seu plátano secular e imenso, onde eu bebi vinho e chá".

Algo acontece com ele, algo místico, ao menos, incomum: "Sei também que ao entrar na Abadia de Gellone, que impera no coração do lugar como um ancião sábio e impassível, eu me senti trêmulo. Descobri nas paredes da igreja que se trata de um ponto no caminho de Santiago de Compostela. No interior soberbo do templo, frases numa placa simples me interpelaram violentamente: 'Eu sou a luz do mundo, quem me segue nunca andará em trevas, mas terá a luz da vida' (João, 8:12). 'Creiam na luz enquanto é tempo; assim vocês se tornarão filhos da luz' (João, 12:36)". Numa atmosfera dessas, tudo é impressionante.

É ainda o personagem quem relata: "Todos os dias, enquanto permaneci em Saint-Guilhem-le-Désert, eu fui à igreja para reler essas frases. Quis morar na casa 14 da Rue Chapelle des Pénitents, nos fundos da igreja. Não me lembro direito do que fiz. Vivi um período nebuloso e quieto. Estive quase sempre bêbado. Logo eu que, antes, não bebia. Falo disso assim, como quem faz um relatório, informe, pois nada fazia sentido. Tudo se acumulava como uma massa disforme de dados e de sensações desconexas. Dessa maneira ficou. A minha primeira reação foi simplória: eu chegara até ali somente para descobrir que precisava fazer o caminho de Santiago de Compostela. Eu devia me tornar um filho da luz para ganhar a luz da vida. Era simples demais".

Por fim, o mais importante, como descoberta: "Em Saint-Guilhem-le-Désert eu conheci a solidão no seu estado puro, total, absoluto, sem presenças nem lembranças. Somente um imenso vazio feito de luzes fugidias. Eu conversava, vez ou outra, com um morador".

Nossa descoberta de Saint-Guilhem-le-Désert se deu com amigos, Olivier, Emanuelle e Félix, filho deles, um bebê. O viajante espiritualizado sentirá a presença de energias poderosas. O viajante racionalista, como eu, verá um dos mais belos lugares da velha França.

Saint-Louis (Ilha de) – Uma das belezas de Paris. A ilha de Saint-Louis e a ilha de la Cité fazem da capital francesa um lugar ainda mais belo e pitoresco. Adornam o Sena. Os guias nunca falham: a ilha de Saint-Louis é a menor, cinco pontes dão acesso a ela, na Idade Média vacas viviam felizes nos seus pastos, Charles Baudelaire adorava passear nesse recanto bucólico de Paris. Pode-se tomar um delicioso sorvete no Amorino Paris ou no Bertillon. Há quem diga que é o melhor sorvete da cidade-luz. A imagem da Notre-Dame vista de trás, ao cair da tarde, é deslumbrante. Uma caminhada, um livro, um beijo. Eis!

Saint-Michel (Monte) – Pode-se começar pelo tradicional num guia clássico: um dos pontos turísticos mais visitados, comentados e admirados da França. Como este é um dicionário de lembranças afetivas, melhor ir por outro caminho: prepare sua mente para armazenar imagens tão lindas e em tamanha quantidade que será necessário um HD externo ou todas as nuvens do local. Contextualização minimalista: ilha rochedo situada na Normandia, no departamento da Mancha, que parece um cartão-postal no meio de uma paisagem pintada com chá. As visitas têm certo ar de peregrinação, de mistério, mesmo em meio a vagas alucinantes de turistas determinados a nada perder do cenário fotografável. Outra abordagem: subir a *Grande Rue*, refletir na Abadia de Saint-Michel, comer no restaurante da *Mère Poulard*, ou hospedar-se no hotel da casa, acompanhar o movimento das marés com ar de cientista, estudar história da França, ler autores esotéricos, sonhar com um passado medieval, passar um final de semana, sentir-se num retiro espiritual, tudo é possível nesse ambiente entre o mar e o céu.

Tive de fincar os pés no chão. Achei que ia levitar.

Saint-Sulpice (église) – Afinal, o que nos atrai num monumento? A sua fama, a sua imponência, a sua história, fato de que recebe muitos visitantes? O que encanta na igreja Saint-Sulpice, em Paris? Para quem gosta deste gênero, pode-se começar por aí: é cenário do livro de Dan Brown, *Código da Vinci*, best-seller mundial. Para quem prefere dados quantitativas bons para comparações, eis: a maior igreja de Paris (120 metros de fundo, 57 metros de largura, 30 metros de altura). Para quem prefere localizações e, mais do que isso, lugar nobre, fica em Saint-Germain-des-prés. É muita antiga? Não. Data do século XVII, embora com fundações do século XII. Ou seja, para os padrões franceses, é nova. Quanto ao estilo? Há quem veja no estilo o essencial: nave barroca, fachada clássica. Chama a atenção por suas torres redondas. Detalhe: uma delas é mais alta do que a outra. O que eu mais gosto em Saint-Sulpice: a capela com pinturas de Engène Delacroix (1798-1863), feitas a partir de 1849. Tema considerado inusitado: anjos combatentes. "São Miguel matando o dragão", "Jacó luta com o anjo" e "Heliodoro expulso do templo". Delacroix não era crente. Essas pinturas foram restauradas em 2016. Revê-las depois do restauro é como vê-las pela primeira vez.

Dito tudo isso com a seriedade exigida, vamos ao afetivo, ao que resta na memória espontânea das vivências: Saint-Sulpice sempre me pareceu um espectro. Imagem deslocada num espaço de luxo. As suas torres surgem em frestas dos prédios quando se caminha nas imediações. Uma das imagens mais singulares que guardo na memória é a do italiano Umberto Eco mostrando a igreja para um casal, como se fosse um guia comum, mas com seus gestos amplos, mãos sempre em movimento, um entusiasmo espantoso enquanto pessoas se aglomeravam para vê-lo.

Saint-Tropez – Paraíso francês, recanto de praias perfeitas como Sylvabelle, Salins, Graniers. Pérola da Côte d'Azur. Recanto de artistas e de milionários ao longo do tempo. Roger Vadim, em 1956, filmou *E Deus criou a mulher*, com a deslumbrante Brigitte Bardot, em Pampelonne, fazendo o mundo inteiro sonhar com Saint-Tropez.

Sainte-Chapelle – Imagine um lugar construído para receber um pedaço da cruz do martírio de Jesus Cristo e a coroa de espinho, relíquias obtidas por aquele que seria São Luís! Imagine isso num espaço com tanta arte que ele mesmo se torna relíquia! Imagine um cenário em que luz e pinturas se encontram no ponto exato. Eis a Santa Capela com seus maravilhosos vitrais. São 1.113. Um ambiente tão envolvente que sempre tenho momentos de divagações quase místicas e sinceramente penso em transcendência. Terminada em 1248, a Santa Capela tem dois ambientes: a capela baixa, onde predominam o azul, o vermelho e o dourado; e a capela alta. É sempre emocionante visitá-la.

Salão do Livro de Paris – Enorme e poderoso, o Salão do Livro de Paris já teve muitos lugares até chegar ao Grand Palais Ephemère. Tenho uma lembrança forte dele na época em que acontecia na Porta de Versalhes, onde também ocorria o Salão da Agricultura. Afinal, cultivar é o verbo que pode unir esses dois mundos. Cada um, claro, no seu tempo. É essa lembrança que vou expor aqui como a parte que pode levar ao todo.

Eis o que escrevi e que ainda mexe comigo. Salman Rushdie foi alcançado pela ira de um fanático 34 anos depois de ter sido condenado à morte pelo aiatolá Khomeini. Prova de que o ódio nunca se apaga depois de ter sido disseminado pelos que se apresentam como representantes de uma verdade revelada a ser protegida. O atentado contra o escritor me faz lembrar da única vez em que estive perto dele. Como esquecer as cenas que vou relembrar agora, leitor?

Era domingo, 19 de março de 1995, e o 15º Salão do Livro de Paris, na Porta de Versalhes, trepidava com a presença de Salman Rushdie, que daria uma entrevista coletiva para jornalistas. Como correspondente na França corri para o encontro. O escritor ainda vivia os anos mais duros da "fatwa", a condenação à morte imposta pelo regime fundamentalista iraniano sob a acusação de ele ter blasfemado contra o profeta Maomé no livro *Versos satânicos,* publicado em 1988. Poucas vezes vi um esquema de segurança tão pesado. Nem mesmo na coletiva de Fidel Castro promovida pela Unesco na capital francesa.

Entrar no Salão do Livro naquela manhã ensolarada exigiu paciência com a revista policial minuciosa. O principal motivo da presença do escritor anglo-indiano ali era um debate intitulado "Escritores em dificuldade", com a participação dos filósofos Claude Lefort, então presidente do Comitê Francês de Apoio a Salman Rushdie, e Alain Finkielkraut, além dos editores Hubert Nyssen, da Actes-Sud, e Christian Bourgois, responsável pela publicação dos *Versos satânicos* em francês, de Franses D'Suza, membro do Comitê Internacional de Defesa de Rushdie, e do cineasta Claude Lanzmann. Chegar perto de Rushdie foi uma operação de paciência e força de vontade.

Lefort, que eu havia entrevistado e sempre se mostrava simpático comigo, prometera ajudar se possível, sem qualquer garantia.

Salman Rushdie entrou sorrindo na sala de conferências, como se a vida não lhe trouxesse qualquer preocupação, não mais do que qualquer pessoa. Isso aconteceu minutos depois de o local ter sido vasculhado por agentes de segurança acompanhados de cães farejadores de explosivos. Ah, se eu tivesse um celular na época. Cláudia, "minha fotógrafa", não pudera me acompanhar. Sem registros fotográficos, o importante era ouvir o homem e tentar falar com ele. Houve uma batalha entre câmeras de televisão, repórteres e organizadores para decidir como as coisas se passariam: os profissionais de imagem queriam ficar em pé na frente de todo mundo. Um jornalista da TF1, a Globo francesa, pedia prioridade para a imagem. Tudo isso com ansiedade no ar.

Claude Lefort e Alain Finkielkraut, pensadores iluministas e muitas vezes críticos da espetacularização da arte, duelavam com os "oponentes" como cavaleiros desesperados em meio a uma turba descontrolada. Lefort pedia, ordenava, implorava: "Ordem, por favor". Foi então que o próprio Rushdie, de microfone em punho, derrubou a resistência dos teimosos com uma tirada de humor: "Tem um aspecto positivo nisso: é como se eu voltasse à vida normal e participasse sem problemas de uma briga banal". O riso espalhou-se generosamente.

Os renitentes recuaram. Sobraram dois câmeras na frente. Era hora de falar. Vitorioso, Claude Lefort retomou a palavra, saudando Rushdie em nome dos "amantes da liberdade". Aos desavisados, como se pudesse haver algum por ali, lembrou que se tratava de um evento político e histórico. Dias depois, ele me diria que o evento lhe deixara a sensação de que seria difícil a vida dos encarregados de proteger o escritor. Rushdie, por seu turno, seria direto, destacando a incoerência dos países ocidentais, bons de discurso e ruins de práticas capazes de funcionar:

– Até hoje a comunidade internacional não se propôs a expulsar o Irã da ONU ou a adotar verdadeiras sanções contra uma nação que atenta contra os direitos humanos.

Houve desconforto na plateia. Nem todos eram jornalistas ali. Havia intelectuais, diplomatas, escritores e sabe-se lá quem mais.

O escritor, cuja morte valia prêmio milionário, mostrou sua língua afiada apontando negligências, desinteresse e demagogia:

– Seria melhor que os políticos admitissem a primazia dos negócios, do dinheiro e do poder em relação à liberdade e à dignidade humana.

Irônico, Salman Rushdie comentou:

– O problema parece que é a tal da geopolítica.

Ninguém estava ali para brincar.

Rushdie meteu o dedo inteiro na ferida:

– É triste estar numa feira do livro cercado de policiais, a não ser que agora a polícia se interesse por literatura. Agradeço a proteção. Queria não apenas ser defendido, mas ver o Ocidente partir para a ofensiva. O Irã possui um regime impopular, tem grandes dificuldades econômicas e teria de ceder diante de fortes pressões internacionais. Falta vontade política.

Nada de novo no front. Rushdie seria recebido pelo primeiro-ministro francês Edouard Balladur e pelos candidatos à presidência da França, o socialista Lionel Jospin e o conservador Jacques Chirac, que ganharia a eleição. O presidente François Mitterrand, em fim de mandato, não se motivara para encontrar Rushdie. Estava ocupado com a badalada e criticada na mídia visita do cubano Fidel Castro, que desfilou com seu uniforme militar, como um mito em exposição, diante de olhos incrédulos como os meus. Não é todo dia que se vê um Fidel Castro em carne e osso. Nem toda semana que se está em sala com Castro e Rushdie. Paris, naqueles dias, não era uma festa: era pura polêmica.

Alain Finkielkraut, autor de *A derrota do pensamento*, best-seller no qual triturou a sociedade do entretenimento, disparou sua artilharia contra o obscurantismo islâmico. Rushdie sorria.

Na sala, dentes rangiam. O filósofo considerou o islamismo radical mais "selvagem do que a inquisição" e deplorou o seu alcance planetário. Um muçulmano levantou-se e, quando a palavra parecia não ter dono, questionou:

– Por que o senhor insiste em atacar o nosso profeta?

Vi perplexidade nos olhos de alguns jornalistas que eu conhecia de outras coletivas, de verdadeiras coletivas, pois estávamos ali numa situação singular, inédita, embasbacados com a presença de Rushdie. O escritor respondeu como que procurando lentamente as palavras:

– Eu não faço isso. Contei nos *Versos satânicos* a história de um encontro do profeta com o diabo. Nada inventei. Isso consta nos textos sagrados. Meu livro trata antes do problema da imigração e critica muito mais o Ocidente.

O homem que o havia questionado parecia não crer no que ouvia. O seu lábio inferior tremeu. O seu contra-ataque foi curto e seco:

– É blasfêmia. Todo muçulmano sabe disso.

Visivelmente desalentado, Salman Rushdie preferiu evitar o confronto. Falou da sua tristeza por viver na clandestinidade, de não ter horizonte quanto ao tempo em que seria obrigado a esconder-se e da rapacidade dos editores, inclusive no Irã, dispostos a tudo para ganhar dinheiro com sua obra, pirateando-a sem o menor constrangimento. Nessa pegada, aproveitou para tocar num ponto sensível: o relativismo. Não poder criticar os costumes dos outros, disse, significa legitimá-los. Um homem levantou-se e saiu da sala. Rushdie estava trocando de editor na França. Bourgois não pôde nem entrar no leilão pelo novo livro do autor de *Haroun e o mar de história*. A explicação veio direta e implacável:

– Bourgois não é um herói. Várias vezes, recusou-se a publicar os *Versos satânicos* e só o fez sob pressão. Esse é o motivo da ruptura.

A franqueza do convidado pareceu chocante. Ele se explicou:

– Falar para mim é viver. O silêncio será a minha morte, pois me alimento de palavras e não tenho outra saída. Mas ainda creio que tudo vai mudar. Quero ouvir dos presidenciáveis franceses que o eleito tomará providências para acabar com o tamanho escândalo que me envolve.

O Comitê Francês de Apoio a Salman Rushdie lançou nota clamando por novo sopro, nova energia, novo élan, na luta contra a "estupidez" do islamismo radical. A palavra liberdade arrancou sorrisos e produziu alguma agitação. Mãos foram levantadas. Havia indignação no ar. Rushdie citou *Lolita* e *Ulisses* como exemplos de obras atacadas pela ignorância da época, sem, contudo, que Nabokov e Joyce tenham sido condenados. Pediu que os ofendidos com o seu livro não o lessem ou o criticassem. Por fim, confessou o grande desejo da sua vida de então:

– Viver como um homem normal.

Publiquei pela primeira vez esse relato em meu livro *Visões de uma certa Europa* (Edipucrs). Anos depois, encontrei Claude Lefort num supermercado em Paris (intelectuais também compram comida). Perguntei-lhe se ainda lembrava daquela manhã de março com Salman Rushdie:

– Como esquecer um grande escritor encurralado pelo fanatismo?

Insisti num ponto: o que mais lhe chamara a atenção:

– A entrada e a saída dele. Foi um dos maiores aparatos de segurança que vi na vida. Ainda assim, ele parecia tão vulnerável diante de todos.

Parecia certo que um dia a mão de um fanático o alcançaria. Salman Rushdie está vivo e bem. Mas em agosto de 2022 ele tomou 15 facadas e perdeu a visão de um olho. O pior passou. O Salão do Livro de Paris é isso para mim: o lugar onde literatura e vida real se encontram.

Sauternes – Li que é erro grave servir *foie gras* acompanhado de um vinho Sauternes, que é licoroso. Segundo o especialista, fazia-se isso quando o *foie gras* era servido ao final de um almoço ou jantar, o que já não acontece. Ao contrário, agora é entrada. Qual seria o problema? As nossas papilas gustativas ficariam bloqueadas de açúcar.

Não tenho a menor dúvida de que esse parecer deve ser muito sério. O problema é que gosto de *foie gras* com Sauternes. Isto é, gostava, pois parei de beber álcool. Foi Yves Simon quem me levou a esse hábito ao escolher um Sauternes tão bom que nunca o esqueci. A lista dos vinhos brancos para acompanhar *foie gras* é rica: Jurançon, Sauternes, Monbazillac. Não sou exímio conhecedor de vinhos. Quando bebia, tinha meus preferidos. Vivi uma paixão pelos Sauternes com *foie gras*. Paixões, por óbvio, ignoram advertências racionais. É assim.

Scribe accroupi (Le) – *O escriba sentado* é uma das razões para se ir ao Louvre muitas vezes na vida. Nem falo na Vênus de Milo ou na Vitória de Samotrácia para não chover na viagem. Essa peça egípcia representa um alto burocrata no seu trabalho há mais de 4.500 anos. Esse número me arrepia. Descoberta no século XIX pelo arqueólogo francês Auguste Mariette, a obra de 53 centímetros de altura foi presenteada ao Louvre em 1854 como recompensa por trabalhos arqueológicos compartilhados. Ele me parece tão real, tão verossímil, tão verdadeiro que me sinto, ao olhar seus olhos, olho no olho, atravessando a barreira do tempo, viajando ao Egito antigo, encontrando o faraó, desbravando o cotidiano desse homem anônimo imortalizado como expressão de uma habilidade fundamental: escrever.

Já ouvi conversas assim diante do *Escriba sentado*:

– Quem fez isso?

– Um egípcio.

– Por que não é devolvido para o Egito?

– Porque foi presente dos egípcios.

Questão encerrada? Boa pergunta? Pergunta inapropriada?

Select (Le) – Meu lugar preferido para comer um *confit de canard* ao ar livre, na primavera, contemplando elegantes moças de bicicleta no boulevard du Montparnasse, depois da leitura à sombra de árvores nalgum café de algumas páginas de *Suave é a noite*, de Scott Fitzgerald, ou de *O Sol também se levanta,* de Ernest Hemingway. Afinal, a geração perdida norte-americana gosta do Select.

Sena – O sangue de Paris. A serpente que dança. Desenhado com lápis para fazer de Paris um quadro de museu a céu aberto. Rio poesia, cantado em prosa, verso, rap e outros registros artísticos. O Sena corre até a Mancha por 773 quilômetros, coleando por 12 departamentos. Nasce a 447 metros de altura, no planalto de Langres, na Borgonha, e deságua no mar entre Havre e Honfleur. Um ancião que resiste aos seus 14 mil anos. Como na França tudo se organiza e controla, a prefeitura de Paris comprou a nascente do Sena, cujas margens, na capital, entre as pontes Sully e Iéna, foram tombadas pelo patrimônio histórico. Alguns dos prazeres da vida: passear à beira do Sena na primavera e garimpar livros nos seus tradicionais *bouquinistes*. Não tem preço. É lindo. O Sena é um rio, só rio, um rio que se declina no feminino.

Serpente que dança (A) – Célebre poema de Charles Baudelaire. Uma das suas maravilhosas flores do mal. "Que j'aime voir, chère indolente,/De ton corps si beau,Comme une étoffe vacillante,/Miroiter la peau!/Sur ta chevelure profonde/Aux âcres parfums,/Mer odorante et vagabonde/ Aux flots bleus et bruns,/Comme un navire qui s'éveille/ Au vent du matin,/Mon âme rêveuse appareille/Pour un ciel lointain./Tes yeux, où rien ne se révèle/De doux ni d'amer,/Sont deux bijoux froids où se mêle/L'or avec le fer./A te voir marcher en cadence,/Belle d'abandon,/On dirait un serpent qui danse/Au bout d'un bâton..."

Flor rebelde, erótica e deliciosa que eu traduzi de modo escandalosamente infiel, livre, abusado, buscando retornar ao Baudelaire maldito: "Babo de ver, gata indolente,/ No teu corpo de modelo,/Como uma lingerie insolente,/

Tremeluzir o pelo./No teu cabelo profundo,/Acres perfumes,/Mar odorante e vagabundo,/Ondas azuis e negrumes,/ Como um navio de esguelha/Ao vento da manhã,/Minha alma sonhadora aparelha/Para uma terra pagã./Teus olhos que nada revelam/De doce nem de fatal,/São joias frias que modelam/O ouro com o vil metal./Quem te vê nesse andar que balança,/Linda e morta de tesão,/Imaginaria uma serpente que dança/Na ponta de um bastão..."

Sète – Local de nascimento de Paul Valéry e Georges Brassens, situada no sul da França, a mediterrânea Sète é porto de pesca, comunidade pulsante do interior e, ao mesmo tempo, lugar com estilo, uma maneira de ser, de viver, de comer. Especialidades da casa: ostras, macarronada, sopa de peixe. O mais típico mesmo é a *tielle de Sète*, uma torta com massa de pão, molho de tomate e lula ou polvo. Entre o mar e o lago de Thau, Sète vive em ritmo próprio. Dá vontade de ficar.

Sfez (Lucien) – Nascido na Tunísia, professor da Sorbonne, Paris I, Lucien Sfez (1937-2018) passou quatro meses em Porto Alegre como docente visitante no Programa de Pós-Graduação em Comunicação da PUCRS. Veio com uma bolsa da CAPES para intelectuais de altíssimo nível. Autor de ao menos três obras de referência, *Crítica da comunicação, A saúde perfeita* e *Técnica e ideologia*, ele espalhou, nessa temporada brasileira, o seu saber. Era generoso e, ao mesmo tempo, temperamental. Podia explodir por nada. Adorava "espaguete *al dentíssimo*. Fomos ao Copacabana, então o mais tradicional restaurante italiano da capital gaúcha, onde conhecíamos todo mundo. Sfez pediu o seu prato preferido. Quando foi servido, observou que estava cozido demais para o seu gosto. O garçom voltou à cozinha com a massa. Passados longos dez minutos, retornou. Sfez deu o seu veredicto: ainda muito cozido. Terceira tentativa: sempre cozido demais. Na quarta, o garçom voltou com um pacote de massa Barilla. Quebrou o espaguete cru dentro do prato de Lucien Sfez. O velho pensador tomou um choque. Na sequência, começou a rir freneticamente, sacudindo-se sem parar.

Depois, abraçou o garçom e riram juntos por alguns minutos. Quando caminho pela rua Saint-Martin, em Paris, penso nele e nos seus rompantes. Quantas vezes ele e Anne Cauquelin, sua companheira, especialista em arte, nos receberam para jantar no apartamento em que moravam próximo do Centro Pompidou! Numa dessas vezes, levamos Clóvis de Barros Filho conosco. Sfez era transplantado do coração. Outra vez, em breve passagem em Paris, demos com ele na saída do restaurante Polidor. Abraçou-nos carinhosamente e protestou com seu ar malvado: “Pretendiam fugir de mim, hein?” Adorava o Jardim de Luxemburgo.

Shakespeare & Co. – Que bela história. Criada por Silvia Beach, em 1919, na rua Dupuytren, tendo se mudado depois para a rua do Odéon, 12, onde ficou de 1921 a 1941, a Shakespeare & Co. existe hoje na rua de la Bûcherie, 37. Em 1922, Silvia Beach publicou nada mais nada menos do que *Ulisses*, de James Joyce, o mais radical grito da modernidade em literatura, ainda hoje considerado uma referência.

Quando o livro se tornou centenário, em 2022, perguntei: pode-se falar de *Ulisses*, lançado há cem anos pela Shakespeare & Company, num país atolado no obscurantismo e na ignorância? Pode-se falar de um livro transgressor, rebelde, difícil, belo, perturbador, impossível de ser digerido? Pode-se falar dessa história, passada no dia 16 de junho de 1904, de Leopold Bloom, o marido errante em busca de anúncios para um jornal, e de sua infiel esposa Molly? Releio pedaços. Talvez já tenha entendido uns 40%. Parece que as traduções o tornam mais difícil. No meio das dificuldades, clarões de beleza e epifania. Há quem escreva para ser compreendido e quem escreva para inventar leitores e novas compreensões. Joyce subverteu tudo. Só talvez não tenha inventado seus imitadores. É raro encontrar um que se aproxime do mestre. A tentação, porém, de repetir *Ulisses* é gigantesca.

Em *Ulisses* tudo é moído na máquina das associações mentais, nem tão livres assim, dos delírios de linguagem, dos saltos e arrancos da vida, das referências culturais irlandesas que escapam à maioria e da vertigem narrativa. Paradoxalmente fica melhor quanto menos se entende. Eu adoro esta passagem: "Seus olhos baixados seguiam os veios silentes da prancha de carvalho. Beleza: encurva-se, curvas são beleza. Deusas feiçoadas, Vênus, Juno: curvas que o mundo admira. Posso vê-las no museu da biblioteca de pé no vestíbulo redondo, nuas deusas. Ajuda a digestão.

Não lhes importa o que o homem fita. Tudo de ver. Jamais faltando, quero dizer a sujeitos como Flynn. Suponhamos que o fizessem Pigmalião e Galateia, que é que ela diria primeiro. Mortal! Põe-te em teu lugar. Emborcando néctar numa farra com deuses, baixelas de ouro, tudo ambrosial. Não como o almoço de latoeiros que temos, carneiro cozido, cenouras e nabos, garrafa de Allsop. Néctar, imagina o beber eletricidade: alimento dos deuses. Amoráveis formas de mulher esculpidas junonianas. Amoráveis imortais. E nós a empanturrar comida num buraco com outro atrás: comida, quilo, sangue, esterco, terra, comida: ter de alimentar-se como se atiça locomotiva. Elas não. Nunca olhei. Vou olhar hoje. O zelador não verá. Abaixar-me deixando cair alguma coisa e ver se ela". Não é esplendidamente complexo?

Uma casa que deu à luz a obra-prima de James Joyce merece ser visitada, em qualquer endereço, em qualquer época, com qualquer dono.

Silvère Lotringer (1938-2021) – O resumo de seu currículo dizia assim:

"É francês, mas vive nos Estados Unidos há mais de 30 anos. Professor de filosofia e de literatura comparada na Universidade de Colúmbia, Nova York, ele foi aluno destacado de Roland Barthes e de Lucien Goldman, tendo se doutorado na École Pratique des Hautes Études. Ele é autor, entre outros livros, de *Oublier Artaud* (com Jean Baudrillard) e *Fous d'Artaud*. Nos Estados Unidos, publicou ensaios sobre os modernistas franceses Georges Bataille, Simone Weil, L.F. Céline, Marguerite Duras, Robert Antelme, assim como estudos sobre arte, estética e cultura. É famoso como editor da revista *Semiotext(e)*. Sylvère Lotringer divulgou nos EUA a *French Theory*, publicando os maiores filósofos pós-modernos e pós-estruturalistas, Foucault, Deleuze, Guattari, Baudrillard, Virilio, Lyotard". Nada mal, hein!

Eu o convidei para o Seminário Internacional da Comunicação, na PUCRS, em Porto Alegre. Ganhei um amigo. Passamos do "vous" ao "tu" em pouquíssimo tempo. Guardo com carinho as suas mensagens, como esta: "Quis escrever para ti várias vezes, mas esperei terminar seu *Um escritor no fim do mundo* para fazê-lo. Estou quase terminando e não vou esperar mais um ano para entrar em contato novamente. Devo dizer que gostei muito da sua viagem com Michel Houellebecq e ri muito na sua companhia. Porque é sobretudo tu quem sobressai desta confrontação, que nem existe de fato: o teu humor, a tua humanidade, a tua inteligência e a tua modéstia, a tua alegria em escrever, especialmente em tão boa companhia. Estou esperando impacientemente pelo fim". Silvère era um homem de lealdades, de grandes amizades e de uma incrível capacidade de mobilização pelo que amava. Quando vou aos Estados Unidos, penso muito nele. A teoria francesa mais inovadora deve-lhe a sua disseminação em território americano. Foi decisivo.

Simon (Claude) – Prêmio Nobel da literatura de 1985. Considerado parte do chamado *Novo Romance* (*Nouveau Roman)*, morreu em 2005. Dele, traduzi *O Bonde* (Sulina,

2003). Começa assim: "As graduações em bronze amarelo e em relevo desenhavam sobre o painel um arco de círculo na direção do qual apontava o cabo da alavanca que, para dar partida ou acelerar, o condutor empurrava com pequenos golpes de palma da mão, trazendo-a de volta à posição inicial e cortando a corrente ao aproximar-se de uma parada, apressando-se, então, para girar o volante, situado à direita (parecido, embora menor, com aqueles que, nas cozinhas, antigamente, acionavam as bombas d'água) e, com um barulho de correia, apertava os freios. O cabo da alavanca só conservava do verniz inicial um leve traço escuro, a madeira já estando exposta depois de muito tempo, acinzentada, ou até mesmo encardida, e o condutor ficava em pé diante de uma espécie de coluna de plataforma oval, sobre a qual se encontrava esse limitado painel de controle". Vai bem com um Pomerol.

Simone de Beauvoir – Ela foi a mulher essencial do século XX, se deixarmos de lado musas da aparência como Greta Garbo, Marlene Dietrich e Marilyn Monroe. Rompeu com tudo. Rasgou sutiã, teve amores necessários e amores contingentes, renegou a família burguesa e garantiu que não se nasce mulher. Torna-se mulher. Estava falando da condição cultural do papel feminino, que seria preponderante em relação à anatomia. Afinal, segundo o seu companheiro e amante, a existência precede a essência. Em alguns casos, porém, nem a soma da anatomia com a cultura salvava as aparências. A solução foi mesmo abandoná-las. Escritora, polemista, pensadora e existencialista, a francesa Simone de Beauvoir foi muito mais do que a eterna companheira do filósofo Jean-Paul Sartre. Ajudou a mudar o mundo. Morreu em 1986.

O seu romance *Os mandarins*, que descreve o imaginário francês entre 1944 e 1948, ganhou o Prix Goncourt de 1954. Um grande sucesso. Em 1949, Simone publicou *O segundo sexo*. É nesse livro que ela expõe o essencial das suas ideias sobre a condição feminina. É dele que lhe vem a fama. Foi ele que inspirou a primeira geração de feministas. Depois disso, Gilles Lipovetsky já escreveu *A Terceira mulher*. Simone acreditava que toda a sua vida, mesmo a mais corriqueira e banal, merecia figurar em livros. Nunca lhe faltou, portanto, material para encher páginas e páginas de confidências, memórias, ficções quase verdadeiras e verdadeiras ficções sobre como as coisas de fato aconteceram. Era uma máquina de narração do seu cotidiano. Tudo lhe parecia interessante. Tornava-se, fluía, vivia, influenciava.

Simone e Sartre viveram uma "relação aberta", nome que se dava, na época ao que hoje se chama, creio, de poliamor, a possibilidade de pular a cerca sem ser cobrado ostensivamente, salvo se a coisa ficasse séria demais e ameaçasse o amor principal, pois tudo sempre tem uma hierarquia. Sartre adorava ficar com alguma seguidora. O ciúme devia ser recalcado ou transformado em obra literária. Certo é o seguinte: Simone de Beauvoir teve papel gigantesca na erosão do falocentrismo.

Elisabeth Badinter escreveu, em 1986, um artigo intitulado "Mulheres, vocês lhe devem tanto". A revista *Nouvel Observateur*, que publicou o texto, preferiu, como gostam de fazer os jornalistas, esquentar um pouco o título: "Mulheres, vocês lhe devem tudo".

Acertou.

Slimani (Leila) – Leila Slimani é marroquina. Vive em Paris. Ganhou o Prêmio Goncourt, o Nobel da literatura francesa, por seu livro *Canção de Ninar*, história de uma babá que matou as crianças sob seus cuidados. Leila esteve em Porto Alegre como convidada do ciclo de palestras Fronteiras do Pensamento. Fui encontrá-la para uma entrevista, que saiu no Caderno de Sábado do *Correio do Povo*. Antes, obviamente, li o seu romance com todo o cuidado. Tenho esse hábito. Tenho também a vaidade de falar com grandes da literatura. Não esqueço a semana em que levei à minha casa dois ganhadores do Goncourt, Michel Houellebecq e Patrick Chamoiseau. Sou humano. Cheio de defeitos, de ilusões e de pequenas glórias bobas. Guardo meus textos para novas experiências, como este dicionário afetivo, amoroso, apaixonado.

Canção de ninar parece uma reportagem: linguagem simples, frases curtas, nenhum adensamento da narrativa, descrição clara, temática relevante, nada de "literatura" enfeitada. Leila Slimani foi publicada em mais de 30 países e vendeu mais de um milhão exemplares. De que fala Leila Slimani? Da necessidade de combater o fundamentalismo islâmico, do lugar da mulher na sociedade atual, da dificuldade de ser mãe e conduzir uma carreira profissional ao mesmo tempo, da necessidade de combater preconceitos e valorizar conquistas do iluminismo como a tolerância e o direito à autonomia pessoal em relação a qualquer princípio de identidade e de comunidade. Sem uma retórica literária nem fixação pelo próprio umbigo, fala do que interessa no dia a dia das pessoas. Não faz romance. Conta a vida.

Como é a narrativa de Leila? Assim: "O bebê está morto. Bastaram alguns segundos. O médico assegurou que ele não tinha sofrido". Nascida em 1981, em Rabat, no Marrocos, mora em Paris desde 1998. Jornalista, foi presa em cobertura da Primavera Árabe. Perguntei-lhe sem rodeios: no seu livro *Canção de ninar* as frases são curtas, claras, simples e sem palavras difíceis. Não a criticaram por fazer um texto mais supostamente jornalístico do que literário? Resposta: "Não. Existe agora uma nova literatura que explora novas formas e tenta usar um estilo mais livre e capaz de estabelecer um contato mais direto com o leitor. O mais importante é a adequação entre o assunto e a forma. Em *Canção de ninar* eu conto uma história dura, terrível, que não podia ser narrada com muito lirismo e poesia. É uma situação asfixiante e fria que exige uma linguagem simples. Quanto mais simples, no caso, mais assusta. O leitor é obrigado a encarar a situação. Não permito que ele se desvie pela poesia ou pela beleza. Eu quero colocá-lo diante de um realismo frio e despojado. A gente conta melhor a loucura e a vertigem quando há distanciamento entre o autor e o personagem. Aprendi a observar como repórter". Um livro imperdível. Falei.

Sorbonne velha – Quanta história! O resumo é clássico. Robert Sorbon cria o seu colégio em 1253. Esse colégio evolui em 1257 para uma faculdade de teologia. O resto é tudo, uma longa e sinuosa trajetória de conhecimento, polêmicas e choques, tendo sido fechada, em 1791, pelos revolucionários, que não queriam qualquer pedra do Antigo Regime. Pérola da época medieval, bastião do catolicismo escolástico, farol das primeiras décadas do século XX, passando por mutações de todo tipo, a Sorbonne associou o seu nome para sempre ao termo universidade. Do universal ao ultraparticular: para mim, a Sorbonne representa tudo, uma virada de vida, os grandes encontros intelectuais, a aposta no conhecimento como meio de ascensão social.

Num momento de delírio, parei diante da tumba do Cardeal Richelieu, na Capela da Sorbonne, e esperei, diante do seu esplêndido túmulo em mármore de Carrara, feito por Girardon, algum conselho do mais famoso e poderoso ministro de Luís XIII. Ao sair, sem qualquer resposta, consultei o celular distraidamente: era 4 de dezembro. Richelieu morreu em 4 de dezembro de 1642. O que isso significa? Não tenho a menor ideia. Na falta de melhor, chamo de coincidência. Talvez o problema tenha sido que há vários Richelieu repousando ali.

A velha Sorbonne, ou *Sorbonne Vieille*, mora no meu coração. Entrei ali nervoso e cheio de esperanças. Saí renovado e aflito. Por que aflito? Sabia que travaria grandes batalhas para o meu tamanho. Mas me sentia, ao menos, bem preparado para os confrontos. Sempre que volto, contemplo a fachada e agradeço. A Sorbonne me transformou.

Sorel (Julien) – Meu personagem favorito na literatura francesa, protagonista de *O vermelho e o negro*, de Stendhal. De certo modo, como diz meu amigo Sergius Gonzaga, professor de literatura, todo jovem que sai do interior para a capital, cheio de ambições e de planos, é Julien Sorel. Eu me identifico com a sua coragem, como diz o poema de Vinícius de Moraes, de "comprometer-se sem necessidade" e com a sua incontinência na hora em que o julgavam, podendo ser condenado à morte, como seria: tudo estava a favor dele, melhor seria ficar calado, mas ele pede a palavra e critica a elite mesquinha e medíocre, da qual fazem parte os seus julgadores. Como não se arrepiar com a passagem em que o abade Pirard define Sorel: "Com essa coisa indefinível, pelo menos para mim, que há no seu caráter, se o senhor não fizer fortuna, vai ser perseguido: não há meio-termo para o senhor. Não vá errar". Os erros, porém, são quase inevitáveis. Nas quedas, as vinganças são terríveis, especialmente de parte daqueles a quem nada se deve, salvo o fato de que as vitórias obtidas os fazem sentir-se derrotados.

Sorel tinha inteligência e beleza. Era muito para o filho de um carpinteiro. A inteligência sozinha já é afrontosa, ainda mais que pode atrair a atenção das mulheres sapiossexuais. Sorel são todos os que sonham acima das suas possibilidades materiais e se alçam pelo talento acima da classe de origem. Continua totalmente atual.

No machismo da época, o arrivismo só era possível aos homens. O arrivismo, em princípio, é uma categoria pejorativa. Mas pode ser também uma etiqueta para definir o combate dos desclassificados sociais em busca do ingresso no mundo das elites. Madame Bovary não tinha direito ao arrivismo. A língua muda com os costumes ou apesar deles. Houve o tempo das divas, das vedetes, das estrelas, das musas e das manequins. Depois veio o tempo das celebridades e das modelos. Houve o tempo das cortesãs e das prostitutas e das garotas de programa. Houve também o tempo dos arrivistas. A palavra saiu de moda, como se as pessoas cansassem dos termos e precisassem de outros para designar o mesmo de modo a tornar a realidade menos cansativa.

Certamente os mais velhos se lembram da palavra arrivista e a empregaram em algum momento. A literatura deu ao mundo grandes arrivistas. Os dois mais conhecidos de certo público talvez sejam Julien Sorel e Eugène de Rastignac, personagem de Balzac, que surge no extraordinário *Pai Goriot*. Como tudo, passa! Houve um tempo em que as pessoas, certas pessoas, dividiam-se entre os que pendiam para Julien Sorel e os que preferiam Rastignac. Quase todo jovem interiorano chegando a uma cidade grande, disposto a subir na vida a qualquer custo, imaginava-se na pele de Julien ou de Rastignac. Stendhal fez de Julien o arrivista perfeito, uma mistura de charme, ingenuidade, talento, esperança, cinismo, inveja, determinação, beleza juvenil e capacidade para enternecer o coração de mulheres mais velhas, mulheres, como definiria monumentalmente Balzac, de 30 anos. Qual jovem interiorano com pretensões literárias não foi a um ponto alto da sua cidade a conquistar e não exclamou romanticamente feito um Rastignac para uma Paris de província, "agora é entre nós dois".

Sorel foi subindo pela sua tenacidade, mas também pelo amor das suas mulheres. Era um oportunista? Um canalha? Com certeza. Mas o seu arrivismo, assim como o de Rastignac, tinha algo que, pelo jeito, se perdeu para sempre: o desejo de glória cultural. Sim, eles queriam riqueza, belas mulheres, poder e dinheiro. Mas, ao mesmo tempo, buscavam reconhecimento espiritual. As mulheres de 30 anos de idade de hoje são pouco mais do que meninas. A adolescência termina por volta dos 25. Os novos arrivistas não leram Balzac nem Stendhal. Rastignac e Julien Sorel continuam vivos, andando por aí, mais reais do que muitos seres reais, embora a passagem do tempo os tenha empurrado para um limbo onde já não inspiram os jovens de hoje, que se identificam com outros personagens, menos densos, menos literários, mais esportivos.

Sim, nas páginas de Balzac, Stendhal e Flaubert, três gigantes da literatura do século XIX, volta e meia há um personagem sonhando em ser escritor e agarrando-se ao jornalismo como ponte para a literatura. Balzac passou a vida tentando pagar as suas contas. Stendhal só teve a sua obra reconhecida cerca de 50 anos depois da sua morte. Se Flaubert, como todos sabem, disse "madame Bovary sou eu", Balzac poderia ter feito o mesmo com Rastignac. Todo estudante de jornalismo deveria ler em janeiro a bíblia da crítica de mídia, *Ilusões perdidas*, de Balzac, e olhar-se no espelho de Julien Sorel.

Soufflé – Especialidade deliciosa da culinária francesa. Aprendi a gostar dessa iguaria quando a editora do CNRS preparava a publicação do meu livro *En Patagonie avec Michel Houellebecq*. Convidado a almoçar no Récamier (ver verbete), peguei gosto pelos suflês. Um suflê de queijo tem seu valor. Um suflê açucarado merece respeito. Falei.

Soufflot (Le) – Há muitas maneiras, creio eu, de se apresentar um lugar. O Soufflot (16 rue Soufflot) é um café na cara do Panteão, o monumento cemitério onde repousam os grandes da França. Quem me levou ao Soufflot pela primeira vez foi Dominique Wolton, que, por morar perto, o usava como escritório. Pedia um café e passava manhã ou tarde lendo, escrevendo e telefonando. Uma vez, resolvi conferir se, de fato, esse método funcionava. Sentei ali, com uma pauta a cumprir, pedi um cafezinho e comecei a disparar telefonemas enquanto esperava o meu entrevistado presencial. Deu neste texto, que transcrevo aqui:

Edgar Morin, quase aos 97 anos de idade, lembra de maio de 68 com alegria. Estava no Rio de Janeiro quando tudo se acelerou. Voltou a Paris. Prefere, recém-instalado em Montpellier, a cidade mais ensolarada da França, pensar no futuro. Já o escritor Michel Houellebecq contenta-se em imaginar que no futuro, quando do centenário de maio de 1968, estará morto, o que o dispensará de comentar o assunto. O sociólogo Dominique Wolton, francês nascido em Camarões, de pai inglês, instalado num dos seus cafés preferidos da rua Soufflot, de frente para o Panteão, tece laços, amarra as pontas, articula relações, lança pontes, reaviva lembranças, tenta entender.

Pergunto o mais simples: o que estava fazendo em maio de 1968? Dominique Wolton sorri. Os seus olhos brilham: "Estava tentando existir. Tinha 21 anos. Morava na periferia de Paris. Rodava numa mobilete, que me foi roubada. Estava fascinado pelas manifestações". Onde atuou? "Principalmente no teatro do Odéon. Foi ali, em meio ao pessoal do teatro, que me vi mais engajado. Tudo era novidade. Havia um pessoal de esquerda mais clássica que tentava controlar os acontecimentos. Eu andava ao lado dos manifestantes, entre eles, mas, ao mesmo tempo, sem fazer totalmente parte da coisa. Observava tudo, curtia, sempre com um ar, um tom, um jeito um tanto anarquista".

Wolton esteve, mais tarde, próximo de Raymond Aron, o intelectual liberal, o anti-Sartre, que defendeu Charles de Gaulle contra os estudantes e virou herói dos assustados. Numa entrevista filmada, Dominique questionava Aron sobre os seus posicionamentos. Eu quero saber se para Dominique Wolton o ano de 1968 tem um significado especial e se ainda impacta a vida atual. A resposta vem bem ao seu estilo: "Tudo tem seu tempo. Maio de 68 mudou nossa maneira de ser no cotidiano. Já passou. Tudo se integrou na paisagem. Agora os problemas são outros. O que queremos para amanhã? Uma república ou um mercado?" Crítico severo de Emmanuel Macron, Dominique Wolton vê a França regredindo e a Europa patinando. O que ele quer? Mais tolerância, negociação, solidariedade, inclusão social e perspectivas de futuro.

As utopias acabaram? A economia venceu a política? Dominique toma o seu café, contempla o Panteão, manipula freneticamente o seu telefone celular e pondera: "O grande problema de hoje é a ideologia tecnicista. Imaginar que a tecnologia por si mesma poderá nos fornecer um mundo melhor é ridículo. Em 1968, com seus excessos e devaneios, queria-se um mundo melhor para as pessoas a partir de necessidades e perspectivas humanas. Acreditava-se na política e na ação dos homens. Passados cinquenta anos, tudo é tecnologia. O culto ao jovem narcisista predomina. Na educação tudo deve ser adaptado para satisfazer a criança mimada que não quer se submeter a qualquer esforço. Nega-se o professor em nome de mais computadores nas escolas". Aí ele se indigna. Solta o verbo. Acusa os intelectuais de traição. Vocifera contra o deslumbramento dos tecnófilos de plantão.

A revista que Dominique Wolton fundou e dirige, *Hermès*, ligada ao CNRS, o Centro Nacional de Pesquisa Científica da França, festejava trinta anos. Ele se orgulha de fazer dela um espaço de reflexão contra o tecnicismo. Como sou jornalista, provoco, Wolton reage com o vigor que o caracteriza: "A tecnologia é ferramenta no jornalismo. Ela sozinha não faz bons jornalistas nem bons jornais. Quem faz a qualidade do jornalismo é a cultura dos profissionais". Sorrio. Dominique inicia novo espaço argumentativo. O sol cobre a calçada onde tomamos café da manhã. Um ar de 68 sopra sobre nós. Era Dominique Wolton, aos 71 anos, vibrando de emoção e de entusiasmo visceral.

Constatei que o Soufflot funciona bem para entrevistas. Funciona melhor ainda quando se pede uma garrafa de vinho. Ou um aperitivo.

Stade de France – Construído em 33 meses para a Copa do Mundo de 1998, vencida pelos donos da casa, lembra uma caravela, com seus 18 mastros, fica em Saint-Denis, na periferia norte da capital francesa. Pode ser visto do trem que vai do aeroporto Charles de Gaulle (Roissy) a Paris. Tem capacidade para 80 mil pessoas. Já foi local de atentado terrorista e já bombou em shows de Johnny Hallyday e Céline Dion. É bonito, mas traz más lembranças para brasileiros que, como eu, gostam de futebol e até hoje não entendem a escalação de Ronaldo Fenômeno para o jogo final depois de ele ter tido uma convulsão na véspera.

Sterckers (Olivier) – Em Paris, sempre penso no meu finado zumbido no ouvido. A chegada da "melhoridade", termo inventado certamente por um exímio utilizador da ironia, provoca algumas interessantes alterações no comportamento da gente: desenvolvemos um interesse infinito por conversas sobre doenças, das quais passamos a ter até algum orgulho:

– Prostatite crônica? Ora essa, já tive.

– Pode ser, mas eu tive uma complicação...

– Eu também. Complicação é comigo mesmo.

– Não vais querer me dizer que tiveste mais doenças do que eu. Nesse campo, meu amigo, sou imbatível, campeão.

– Imbatível? Já tiveste fissura anal?

– Bom... Bem... Isso não.

– Mentiroso.

Sim, eu tive zumbido no ouvido, quando morava em Paris, e fui operado. O zumbido ficou na cidade-luz. Tive sorte. O zumbido apareceu, fui ao médico, que me indicou o doutor Olivier Sterckers, do Hospital Beaujon, em

Clichy, onde trabalhou, na minha opinião, o maior escritor do século XX, o médico maldito e até simpatizante do nazismo, Louis-Ferdinand Céline, repudiado por todo mundo em relação aos seus valores morais, mas reconhecido como um gênio literário. Terminou o ano. Tive de renovar meu seguro médico. Já havia feito uma bateria de exames do ouvido. A seguradora não quis cobrir a operação. Alegou que eu já tinha a doença antes da assinatura do novo contrato.

Safados! O Dr. Sterckers não vacilou. Reduziu de cinco para dois dias o meu tempo de permanência no hospital e abriu mão dos seus honorários. Eu era um jovem doutorando meio duro. E o zumbido? Sintoma de perda de audição (50% de deficiência do ouvido esquerdo). Nosso pequeno edifício ouvia a televisão lá de casa. Nome da doença: "otospongiose" ou otosclerose. Antes da cirurgia, o sereno doutor Sterckers me olhou seriamente e perguntou preocupado:

– O senhor pretende fazer pesca submarina?

– Como?

– Mergulho em profundidade.

Eu só pretendia ouvir bem e baixar o volume da televisão para não ser expulso do edifício, horizonte que me parecia cada vez mais possível. Respondi que jamais mergulharia mais do que numa boa banheira. Ele explicou algo que ainda me faz refletir longamente:

– É só para saber se ponho dois ou quatro buraquinhos.

Deve ter posto dois. O médico, pelo que me explicou pacientemente, colocou um caninho dentro do meu ouvido. O Doutor Sterckers me libertou. O zumbido é apenas uma das lembranças de Paris, assim como o enterro de Marlene Dietrich e o baile dos bombeiros a cada 14 de julho. O doutor Sterckers já se aposentou. Devo muito a ele. Este verbete é a síntese de uma crônica que lhe dediquei certo dia.

Submissão – Meu amigo Michel Houellebecq entrou na crista da onda no Brasil. Sou velho. Uso gírias da minha juventude, palavras que só pessoas de certa idade utilizam. Falo "pequena" para me referir a uma "gata", que também chamo de "mina" e "broto". Houellebecq não sabia, mas passou a dar as cartas e jogar de mão por aqui. Expliquei isso para ele quando nos encontrarmos. O seu livro *Submissão*, tradução provocativa do termo "islã", arrasou nas boas casas brasileiras do ramo. Como toda obra de Michel, é uma sátira política corrosiva, implacável e muito divertida. Tem forma, conteúdo e muita ironia.

Os livros de Houellebecq saíram primeiro no Brasil pela Sulina e depois pela Record. A turma fashion não acreditava na literatura de Michel Houellebecq, um francês com mania de escrever simples, claro e de construir personagens que pensam. *Submissão* saiu pela Alfaguara, selo da Objetiva, que se fundiu com a Cia. das Letras, sob o controle desta. Michel Houellebecq finalmente virou autor da Cia. das Letras no Brasil. Que importância tem isso? No Brasil, significa aceitação.

Submissão deveria ter sido lançado na França no dia em que aconteceu o atentado ao jornal *Charlie Hebdo*. Michel Houellebecq, que satiriza a islamização da França, precisou suspender tudo e passar alguns dias escondido.

Foi acusado por alguns de ajudar a incendiar os extremistas com seu humor politicamente incorreto. Em *Submissão*, um partido muçulmano chega ao poder na França, em 2022. A Sorbonne, financiada por árabes, como um clube de futebol, vira Universidade Islâmica de Paris Sorbonne. O novo reitor tem mais de uma mulher. A mais jovem está no esplendor dos seus 15 anos de idade.

Entrevistei Michel Houellebecq, na casa dele, na França, depois dos atentados terroristas. Primeira pergunta: na última vez que eu estive aqui, em novembro de 2014, dizendo que não podias revelar o conteúdo do novo livro, contaste a história e disseste que colocarias fogo na França. Falavas metaforicamente, claro. Depois disso, aconteceu o atentado a *Charlie Hebdo* e o livro saiu. Como viveste tudo isso e como te sentes agora? Resposta de Michel Houellebecq: "Foi um choque. A violência atingiu limites inimagináveis. Deu-se uma ruptura entre mim e a esquerda, mas também há ruptura na França. A sensação é de que o conflito é irreversível e a guerra civil inevitável. Isso tem mais a ver com meu livro do que com os atentados. Esse período dramático ainda não acabou. Eu esperava que meu livro incendiasse a França, mas, evidentemente, não da maneira que aconteceu. O mais difícil de aceitar é que, no fundo, os fatos são inexplicáveis. Há dez anos, o número de muçulmanos era o mesmo, mas se falava pouco disso. Agora, é o único assunto em pauta".

Avancei: é muito difícil escrever de novo depois de uma obra-prima? A solução é criar um personagem que sirva de porta-voz para o autor? Recebi como resposta: "Foi o que Joris-Karl Huysmans, de quem falo em *Submissão*, fez, mas não é a única fórmula possível. Eu nunca fiz isso. Meus personagens não são meus porta-vozes mesmo quando se chamam Michel ou moram no *Chinatown* de Paris. Tentei, para me renovar, alterar radicalmente os cenários em alguns dos meus romances. *Plataforma* deveria ter sido totalmente ambientado na Tailândia. Um livro não ocidental. Não consegui. Huysmans contou, depois de uma obra-prima, a história de uma decepção. Foi coerente".

Aproveitei a ocasião: qual é a tua obra-prima? Resposta objetiva: "*Partículas elementares* e *A possibilidade de uma ilha*. São meus livros mais bem-acabados. *Submissão* não tem a mesma clareza. É bem feito, mas menos ambicioso. A ambição é importante num livro". Cutuquei: em *Submissão*, doutorandos questionam o professor sobre a possibilidade de definir poetas maiores e menores. Faltam critérios? Houellebecq: "O personagem toma a questão como idiota, mas não é. Trata-se de uma distinção boba, cultural. Ninguém sabe de verdade. A reputação adquirida condiciona a leitura e os novos julgamentos".

T

Télérama – Semanal, sofisticada, cult, a principal revista de televisão da França. Em certa época, garantia os melhores debates em qualquer reunião de amigos, pois ia muito além dos programas de tevê. Guardei a sua edição sobre os 40 anos de maio de 1968. A revista fez um balanço do acontecimento com vários intelectuais a partir da opinião atravessada do então presidente Nicolas Sarkozy. O marido de Carla Bruni criticou o lema de 68, viver sem limites e gozar sem entraves, e acusou o movimento de ter acabado com a educação baseada na excelência e no mérito. Segundo ele, a herança de maio de 68 "introduziu o cinismo na sociedade e na política". Deu o que falar.

A força de Télérama era tanta que despertava o meu lado de "anarquista epistemológico", conforme a expressão do físico Paul Feyerabend. Só para contrariar eu comprava no supermercado e citava em acirradas conversas intelectuais a revista Télé 7 jours, publicação de fofocas sobre celebridades e resuminhos da programação da semana na televisão. Nunca houve uma revista como Télérama no Brasil.

Televisão – Nós abreviamos televisão por tevê. Os franceses dizem "télé". Há um forte canal privado, a TF1, que sempre apresentamos como a Globo francesa, e canais públicos como FR2 e FR3. Acompanhei o surgimento de Arte, canal franco-alemão. Durante muito tempo, o Canal Plus brilhou no esporte e no humor com os *Guignols de l'info*, marionetes satirizando políticos em voga. Sempre me impressionaram telejornais apresentados sem ênfase, conversados, por um único jornalista, como Patrick Poivre d'Arvor, chamado de PPDA, que reinou no Jornal de 20 Horas da TF1 por décadas. Também me chamava a atenção o fato de durarem quase uma hora sem cortes publicitários. Tornei-me fã de Claire Chazal, uma jovem jornalista, com ar sisudo de senhora, que substituía PPDA nos finais de semana. Ainda não sei realmente o que me encantava nela. Era confortável voltar à França todo ano e ver que eles continuavam na telinha, inclusive as senhoras do tempo, como Fabienne Amiach e Évelyne Dhéliat. Depois, PPDA e Chazal sobraram, as senhoras do tempo se aposentaram, a roda girou e a vida seguiu.

A televisão francesa nunca me pareceu formal como a brasileira durante muito tempo, estabelecendo um paradoxo: cultural formal, televisão informal e vice-versa. Também não me parecia etarista. Era possível ser velho e continuar na telinha. Vi muito filme bom no Cinema da Meia-Noite, da FR3, aos domingos, numa minúscula tevê em preto e branco comprada de um brasileiro rápido, e aprendi muito sobre a França profunda vendo o Jornal das 13 horas, da TF1, apresentado pelo simpático Jean-Pierre Pernaut, que já faleceu. Era conhecido como o Jornal das Vacas. Com frequência havia uma reportagem sobre vacas normandas, bretãs ou de algum outro local da França rural. Quando penso em cinema na televisão francesa, penso na voz monocórdica e bela de um sujeito chamado Frédéric Mitterrand entoando dados e análises como se cantasse em louvor de diretores e filmes.

Uma vez, ao chegar ao hotel, no Quartier Latin, em Paris, liguei a televisão para espairecer e me sentir em casa. Caí na TF1. Jean-Pierre Foucault, um Luciano Huck mais velho e menos mauricinho, apresentava algo como “Quem quer ganhar milhões”, um programa de perguntas meio tolo para competidores memoriosos e telespectadores entediados. Foi aí que uma competidora disse que não gostava dos sapatos e das calças do apresentador. Sem vacilar, Foucault tirou os sapatos. E as calças. Tocou o programa até o fim, no inocente horário das 18 horas, só de cueca. Era uma dessas cuecas tipo sunga e a câmera não parava de focar o instrumental do comunicador. Definitivamente a televisão francesa progredia muito naqueles dias pouco gloriosos.

Tive tempo, por sorte, de ver um belo documentário sobre Alberto Moravia na Arte (televisão franco-alemã para seis pessoas na época) e a destruição, às 3 horas da madrugada, no canal público FR2, de uma escritora espanhola, autora de um livro de autoajuda pretensamente irônico sobre como evitar decepções amorosas e ainda ganhar dinheiro. Nada me entusiasmou tanto pedagogicamente como Foucault só de cueca.

Foucault ainda pedira emprestado o sapato de salto alto da competidora e radicalizara a sua imagem perfeitamente televisiva: paletó, gravata, cueca e salto alto. Discuti sobre essa imagem revolucionária com vários especialistas da comunicação e da estética, entre os quais Lucien Sfez, Anne Cauquelin, Dominique Wolton, Michel Maffesoli e Edgar Morin. Para mim a televisão divide-se em antes e depois da cueca de Jean-Pierre Foucault. A França retomou a vanguarda.

Tertre (Place du) – Deliciosa pracinha dos altos de Montmartre, atrás, por assim dizer, da Sacre-Coeur. Adorada por turistas, fervilhando de pintores, verdadeira babel de línguas, não perde o seu encanto nem o seu ar de praça de cidade do interior. Lá de cima da colina de Montmartre a vista de Paris é deslumbrante. Monumentos como a Torre Eiffel e o Arco do Triunfo surgem no campo de visão como figuras de um álbum que se foi formando ao longo de uma viagem na irrealidade dos projetos subitamente transformados em realidade. Andar por lá é caminhar sobre os rastros de tanta gente determinada a tornar o mundo mais belo, de Van Gogh a Picasso, passando por Toulouse-Lautrec, sem esquecer o passante Charles Baudelaire, que, em algum momento, deve ter capturado as atmosferas de Paris lá de cima. Modigliani também era frequentador dessas paragens. Talvez daí, de tanta gente espichando o pescoço para ver mais longe, tenha surgido uma marca de sua obra.

Algumas vezes na França, em tantos anos, fui abordado por ciganas, o que muito me aconteceu em Porto Alegre, Salvador e outras cidades brasileiras. Na pracinha do Tertre, uma cigana me disse assim: “Fique em Paris, há uma relação forte sua com a cidade, que retribui”. Em Saint-Germain-des-Prés, outra cigana foi taxativa: “O seu destino é aqui”. Gostei de saber. Por enquanto, ainda tenho outros planos.

TGV – Trem de Grande Velocidade. Aquilo que no Brasil, embora não se tenha e talvez pelo costume de ouvir disparos zunindo, chama-se de trem-bala. Para quem acha que a França ficou para trás, o TGV é tecnologia francesa, movido a eletricidade, atingindo 320 quilômetros por hora. Imagine, viajante irônico, se não haveria um TGV ligando São Paulo e Rio de Janeiro se a França Antártica tivesse sobrevivido! Eu tenho uma convicção: quer mudar o Brasil?

Transfere a população francesa para o nosso país tropical. Nas primeiras duas semanas eles só querem caipirinha e praia. Na terceira semana começam a reclamar do trânsito, dos cortes de luz, do preço da feijoada, etc. Três meses depois, fazem a revolução. Já imagino o bordão: 1789 é agora. O TGV me fascina. Vai-se de Paris a Montpellier em tão pouco tempo que não se consegue terminar de ler uma edição inteira do *Le Monde*. O único problema é que certas belas paisagens passam tão rápido que é preciso fazer a viagem de novo para recuperar certos detalhes fundamentais.

Tintin – Personagem de quadrinhos criado pelo belga Hergé em 1929. Como não gostar desse jovem repórter ruivo que se mete em mil deliciosas aventuras? Sucesso absoluto no mundo, com mais de 250 milhões de exemplares vendidos, Tintin não dorme no ponto. Excelente leitura para quem quer aprender francês. *Tintin au Tibet* é genial. Eu o lia quando pensava em me tornar budista, o que não pude por absoluta incompatibilidade com qualquer filosofia ou religião da paciência.

Torre Montparnasse – Nunca entendi direito o valor estético da Torre de Montparnasse, imenso edifício de vidro escuro, inaugurado em 1973, que pode ser visto de qualquer ponto de Paris, obra dos arquitetos Jean Saubot, Engène Beaudouin, Urban Cassan e Louis de Hoÿn de Marien. Ainda me pego conferindo números em sites sobre sua grandeza acachapante: 210 metros de altura, 59 andares, seis níveis subterrâneos, 7.200 janelas, 150 mil toneladas de peso, 70 metros de alicerce, 25 elevadores, etc. Sim, ela é enorme e foi até chamada de único arranha-céu de Paris. Só o bairro ultramoderno da Défense pode servir-lhe de espelho em termos de ousadia e efeito de modernidade.

Conta-se que foi obra da mente megalomaníaca do empresário Xavier Neil, então detentor da décima oitava maior fortuna da França. Foi o presidente Georges Pompidou quem deu o sinal verde, em 1969, para a construção desse moderníssimo edifício. Aliás, um conjunto, englobando quatro prédios, sendo um deles um centro comercial. Um dos atrativos da Torre Montparnasse é um elevador que leva do térreo ao 56º andar em 38 segundos. Sem dúvida, fornece uma das mais belas vistas de Paris, só sendo batida pela da Torre Eiffel. Fato é que sempre morei à sombra da Torre de Montparnasse. Ela sempre foi o meu Norte, a minha referência, o meu monumento, por assim dizer, quase particular. Vez ou outra, sonho com ela. Sempre achei que pode ser o cenário perfeito para um livro policial com muitos crimes terríveis.

Touraine (Alain) – Quando o sociólogo francês Alain Touraine morreu, aos 97 anos de idade, dediquei-lhe uma crônica. Ele ficou conhecido no Brasil como amigo do presidente Fernando Henrique Cardoso. Especialista em movimentos sociais, foi mestre do meu amigo Dominique Wolton. A primeira vez que o vi pessoalmente foi num auditório da Escola de Altos Estudos em Ciências Sociais (EHESS), em Paris. Ele falava naquele dia sobre movimentos sociais na América Latina. A segunda vez que o vi em cena foi na defesa de tese de doutorado de Estado, uma espécie de superdoutorado, de Patrick Tacussel, professor na Universidade de Montpellier, orientando de Michel Maffesoli. E assim foi academicamente falando durante algum tempo.

Encontros muito formais.

Então, certa tarde, bati com ele entre as gôndolas do supermercado Inno, em Montparnasse, na capital francesa. O Inno era um grande supermercado de frente para a Gare Montparnasse. Confesso que logo olhei para a cestinha de metal que Touraine carregava. Estava sozinho e não parecia disposto a fazer muitas compras. Havia uma garrafa de vinho tinto e um queijo tipo Comté na sua cesta. Gostei daquilo. O Comté (ver verbete específico), queijo bem limpinho, sempre foi o meu preferido entre os famosos mais de trezentos queijos franceses. Hesitei um pouco. Sempre achei chato importunar celebridades em público. Não resisti, porém, à tentação de falar com aquele homem intelectualmente tão poderoso. Respirei fundo e fui em direção a ele com a frase pronta, lapidada, altamente original:

– Não imaginava encontrar o senhor aqui.

– Por que não? Um professor também faz compras – ele respondeu.

Tratei de me apresentar. Disse-lhe que era doutorando em sociologia na Sorbonne e jornalista, correspondente de *Zero Hora*, jornal de Porto Alegre, cidade do sul do Brasil, na Europa.

– Duas atividades importantes e difíceis – ele observou.

Então eu lhe perguntei sobre o Brasil de FHC, pois estava louco para ouvir dele mesmo o que pensava sobre

Fernando Henrique, e ele me respondeu com ênfase, como se não lhe incomodasse falar entre gôndolas e carrinhos, como se tivéssemos encontro marcado:

– O Brasil não pode perder essa oportunidade.

Não me lembro quantas vezes tornamos a esbarrar um no outro no subsolo do Inno. Às vezes, quando eu o avistava de longe, tratava, por certo pudor, creio que essa é a melhor palavra, de me perder noutro corredor para não o incomodar. Gostava de ver aquele homem já de cabelos brancos escolhendo suas coisas com ar meditativo. Não conseguia imaginar seu amigo FHC, mesmo antes da presidência do Brasil, em meio às gôndolas de um supermercado. Na última vez que vi Touraine no súper, naqueles agora longínquos anos 1990, conversamos um pouco sobre a França pós-Mitterrand. A cada vez eu me apresentava para não lhe dar o trabalho de se lembrar de mim. Numa dessas vezes, ele não evitou a suave e gentil ironia:

– O senhor sempre se apresenta mais de uma vez para todo mundo?

Edgar Morin chorou, em postagem no twitter, a morte do amigo: "Lamento por Alain Touraine, companheiro de 70 anos de vida, grande e perspicaz sociólogo dos movimentos sociais, que introduziu a subjetividade humana numa ciência que a ignorava. Ele era um espírito nobre, leal e grande, orgulho do pensamento francês". E ainda: "Que amizade, que fidelidade por 70 anos, que lealdade, que generosidade, que grande obra, que nobreza de caráter".

Como esquecer aqueles encontros simpáticos com um grande intelectual no ambiente comezinho de um supermercado com a sua aura de não lugar? Merci, Alain Touraine. Claro que o entrevistei. Era a minha atividade. Fiz-lhe, inclusive, a pergunta óbvia daquela época: como o senhor explica o fato de que os intelectuais brasileiros em geral, em especial os cientistas sociais, não compartilham o seu entusiasmo? O senhor acredita que Fernando Henrique tem um verdadeiro projeto para o Brasil e que o plano econômico sobreviverá após a vitória eleitoral?

Alain Touraine: "Os intelectuais votaram, claro, por Lula, pois a intelectualidade latino-americana continua majoritariamente agarrada a um modelo nacional-popular ou populista mais ou menos impregnado de marxismo e com certeza de um ideal distributivista populista". Intelectuais acertam e erram como todo mundo. Touraine conhecia bem o assunto de que tratava: "No Brasil, em todo caso, penso que os petistas moderados estarão dispostos a confiar em Cardoso. Já os xiitas preferirão combatê-lo. Quem imaginou, por causa da aliança com o PFL [atual União Brasil], que Fernando Henrique se tornara um candidato de centro-direita e que Lula representava a esquerda, mergulhou na contradição. Não era essa a questão. O importante era escolher entre a negação ou a conservação de um modelo distributivista estatal favorável às classes médias, responsável pela inflação, sustentado pela CUT e pelo PT. Lula, o homem do Brasil moderno, dos sindicatos modernos, de 1977 a 1979, no ABC paulista, tornou-se progressivamente o homem da defesa dos setores beneficiados pelo distributivismo do Estado: funcionários públicos e outros. Some-se a isso o lado populista e o comunismo esclerosado e tem-se um conjunto que não cria nenhuma condição de governabilidade. Conheço muita gente que votou no Lula e está contente com a vitória de Fernando Henrique. Francisco Weffort é um exemplo disso". Cada época com seus dilemas. Alain Touraine execraria a ascensão de Jair Bolsonaro ao poder.

Train Bleu (Le) – Modesto professor universitário e jornalista, gosto do belo ao alcance do olhar de todo mundo. Eis a introdução para o que virá. O Train Bleu é um maravilhoso restaurante da Gare de Lyon, em Paris. Elegante, sofisticado sem ser assustador, de uma beleza radiante e paradoxalmente acolhedora. Cuidado com o torcicolo ao olhar demoradamente para as tantas pinturas nos seus salões. É tanta beleza que tonteia. Para meu modesto gosto é um dos restaurantes mais bonitos do mundo. Certamente o mais bonito de uma estação ferroviária. Afinal, os mais caros do planeta fogem ao meu poder de observação.

Uma obra-prima construída em estilo neobarroco na época da Exposição Universal de 1900, quando todas as loucuras pareciam possíveis e necessárias. Só que foi inaugurado em 1901 na presença do presidente da República e de quem conseguiu ser convidado para os primeiros pratos, que se tornariam iscas para passageiros com fome ou com gosto por um lugar agradável para ficar. Até 1963, sem pompa apesar da sua pompa natural, era só o Buffet de la Gare de Lyon, quando passou a se chamar Trem Azul, em homenagem ao trem que ia de Paris a Ventimiglia, na Itália, pela Côte d'Azur, incendiando a imaginação de quem não viajava e deslumbrando os que partiam. Conta-se que o restaurante foi salvo da demolição por André Malraux, nos anos 1960. Malraux lutava em todas as frentes como escritor e ministro da Cultura. Nada do que era belo lhe parecia estranho ou descartável.

Se Brigitte Bardot frequentava o Trem Azul quando ela estava no auge, já é razão suficiente para querer dar uma passada lá pelo menos uma vez. Nunca perderei essa nostalgia da bela Bardot. Trem Azul, Train Bleu, um gesto elegante antes de ir embora. Pode-se vê-lo no filme *Viagem com minha tia*, de Georges Cukor. Não se impressione, viajante audaz, com essa descrição feita com fios de lembranças e louvações de sites. Pode-se até comprar comida para levar. Com 200 euros um casal janta no Trem Azul como se estivesse no paraíso. O menu da Saint-Valentin, dia dos namorados, 14 de fevereiro, custa 175 euros. Já uma entrada, dourada real e lagostas, vale a saída de casa, do país, da rotina, enfim, de tudo que o dia a dia nos obriga a fazer.

O bom do Train Bleu é que dispensa a passagem e a viagem.

Trenet (Charles) – Um dos maiores artistas populares da França, cantor, ator e compositor. Charles Trenet (1913-2001) nasceu em Narbonne. Soldado na Segunda Guerra Mundial, teve a sua morte anunciada pelos jornais. Ironizou dizendo se tratar de perseguição. Discreto sobre sua vida privada, homossexual numa época de preconceitos violentos, escapou de grandes fofocas até ser preso e condenado por atentado ao pudor por andar com quatro rapazes, sendo dois de vinte anos, ou seja, menores de 21 anos. Em 1967, processou Charles Chaplin por plágio. A música do filme *A condessa de Hong Kong* seria cópia de *La Romance de Paris*. Tudo se resolveu por acordo. Foi Edgar Morin quem me disse um dia: "É preciso escutar Charles Trenet". Sábio conselho.

Trianon Rive Gauche (hotel) – Um hotel quatro estrelas na cara da Sorbonne (3 rue de Vaugirard). Ideal para quem pode pagar mais, mas não tanto quanto cobraria o Ritz, gosta do Quartier Latin, ama acordar e ir ao Jardim de Luxemburgo, fica feliz de sair de casa e ver a fachada da velha Sorbonne, acha legal ser vizinho do Michel Maffesoli por alguns dias, curte mobílias com estofados em cores vermelhas ou azuis, aprecia estar bem situado e admira um estilo de hotel bem parisiense, o que significa aromas, cores, dimensões, estilos.

Tribos (O tempo das) – Possivelmente o mais famoso livro de Michel Maffesoli, *O tempo das tribos: o declínio do individualismo nas sociedades de massa,* foi publicado originalmente em 1988. Nessa obra provocativa e densa, Maffesoli sustenta que não estamos vivendo uma época marcada principalmente pelo individualismo exacerbado, mas, antes de tudo, definida pelo tribalismo, uma vontade de convivência, ainda mais entre os jovens, capaz de produzir agrupamentos passageiros, embora de vibração coletiva intensa. Em entrevista, Maffesoli me disse a esse respeito: "Sim, eu me oponho claramente a todos aqueles que, de alguma forma, na minha opinião equivocadamente, denunciam o que seria o individualismo contemporâneo. Basta abrir os olhos para perceber o papel cada vez mais importante das tribos urbanas na vida social. A característica essencial dessas tribos é, por um lado, se concentrar no papel dos sentidos e do sensível. Por outro lado, com base no que acabo de dizer, valorizam a vinculação, a relação, o estar-junto. Trinta anos depois de ter escrito *O tempo das tribos*, confirmo a minha hipótese: parece-me que o "relacionamento", o laço social, é elemento essencial da pós-modernidade. O desenvolvimento tecnológico, como evidenciado pelas redes sociais, tende a reforçar a importância de viver juntos, do vínculo".

Trocadéro – Em *À sombra das raparigas em flor*, o narrador de Marcel Proust via mais estilo e talvez mais antiguidade no Palais de l'Industri*e*, ou, "pelo menos no Trocadéro". De minha modesta parte, cada vez que vou ao Trocadéro tenho a sensação de estar num lugar altivo, tentacular, impressionante, majestoso, de onde se pode ver o Sena e a Torre Eiffel como que emoldurados. A construção parece abraçar jardins, pessoas, ruas, tudo. Dizer mais até diminui.

Truffaut (François) – O maior cineasta francês de todos os tempos (ver *Nouvelle Vague*). Uniu imaginário e cotidiano como ninguém. *Os incompreendidos* (*Les 400 coups*, 1961) é o meu filme preferido entre todos os que a enorme paixão francesa pelo cinema produziu.

U

Universidade Paul Valéry, Montpellier III – A UPVM3 mora no meu coração. Já fui professor visitante nela mais de uma vez. Em 2023, recebi dela o título de Doutor Honoris Causa. A Universidade de Montpellier é milenar. A sua origem é a Escola de Medicina, de 1137. Em 1220, essa escola ganha o título de pontifícia. O estatuto de universidade chegará em 26 de outubro de 1289. Assim ela atravessará séculos, até ser extinta, em 1793, retomada em 1794, como escola de medicina. O caminho será tortuoso para voltar a ser universidade. Uma história tão longa não se faz em linha reta. Em seu leito moderno, esse rio caudaloso e denso de conhecimento teve uma bifurcação importante determinada pela Lei Faure, de 1968. Surgem as Universidades de Montpellier I, Montpellier II e Montpellier III.

Montpellier III, criada em 1970, tomará o nome de Paul Valéry e cobrirá as áreas de letras, línguas, artes, ciências humanas e sociais. Em 2015, Montpellier I e II fundem-se novamente. A UPVM3, em sigla mais atual, segue o seu caminho de autonomia e perseverança.

Um potente e iluminado espaço de conhecimento.

V

Van Gogh (Vincent) – Mais do que genial, Van Gogh sempre emociona. Artista incompreendido, gênio que começou tarde, aos 28 anos, e pintou muito, mais de 800 trabalhos em oito anos, homem que padeceu com terríveis perturbações mentais e, na sua reta final, sofreu bullying de crianças, jovens e adultos, pintou para resistir. Salto na escuridão das cores vivas: quando eu vejo certos quadros de Van Gogh eu me sinto pisando no vazio. Chego a ter medo. É como um sol que emite raios de melancolia e atrai para a beira do abismo. Quando me posiciono, no Louvre, como fiz dezenas de vezes, diante da *Mona Lisa*, experimento algo intelectual: uma provocação, uma ironia, um convite a mergulhar num mistério. Quando, no Museu d'Orsay, me vejo diante das pinturas de Van Gogh, sinto outra coisa: um esfarelamento do chão.

Tente, viajante ousado, não sentir algo assim diante de *A Sesta*. Olhe para o fundo da tela, onde aparecem dois animais, e diga algo.

Varda (Agnès) – Um dos nomes míticos da Nouvelle Vague. Varda (1928-2019) assinou o célebre *Cléo das 5 às 7*, ou *Duas horas na vida de uma mulher*, a angustiante espera por um exame médico para detectar ou não um câncer. Ela fechou sua longa e consagrada trajetória no cinema com *Varda por Varda*, em 2019. Dirigiu duas dezenas de filmes. Podia orgulhar-se de ter sido a primeira mulher a ganhar um Oscar pelo conjunto da obra. Guardo o comentário simples e comovente que fez quando a entrevistei em Cannes: "O cinema é a minha realidade".

Vaugirard (rue de) – Como já disse antes e como sempre se diz, a mais longa rua de Paris, entre cinco mil vias públicas. Em meus momentos poéticos, eu a chamava de rua do cão que se enrosca. Por que mesmo? Lembranças de uma tia que falava assim de tudo o que era comprido, com muitas dobras. Quatro quilômetros e meio entre o boulevard Saint-Michel, na frente da Sorbonne, e a Porte de Versailles, de cara para a periferia. Se atravessa dois distritos, o VI e XV, passa por vários mundos e épocas, assumindo ares diferentes, mais recatada, emparedada ou sinuosa. Nos tempos em que ia a pé da Sorbonne até em casa eu andava por ela até me esquecer do que fazia, caminhar, embarcando em sonhos, divagações e poemas. Pode-se contar a história dessa rua a partir de inumeráveis pontos de vista. Por exemplo: o jovem François Mitterrand, que viria a ser presidente da República, mudou-se, em 17 de outubro de 1934, para a rua Vaugirard, 104, uma casa de estudantes dos irmãos maristas. Ali começava a sua longa trajetória parisiense.

A minha Vaugirard, como se pode ver em outros verbetes deste dicionário afetivo e memorioso, tem uma quadra, entre o torvelinho formado pela Falguière, a própria Vaugirard e a Cherche-Midi e, na outra ponta, o redemoinho da avenida do Maine, do bulevar do Montparnasse e da Vaugirard, que passam como que se contorcendo, feito água entre pedras, carros, edifícios. Outras maneiras de dizer o mesmo: entre a farmácia Necker e o edifício do Gilvane, na praça Camille Claudel. Gilvane era um doutorando brasileiro em história que morava com a mulher no sexto andar de um prédio sem elevador. Bom de papo, gente boa, interessava-se pela história social e pela vida.

Um dia de primavera, fixei um projeto inadiável e exequível: percorrer a Vaugirard de ponta a ponta, no máximo com alguma parada num café. Peguei o metrô até a sua ponta periférica. Voltei em marcha lenta. Quase desisti ao passar diante de nosso beco. Continuei firme e forte. Gastei uma tarde. Recomendo para quem precisar de exercícios físicos, em terreno plano, com variedade de ambientes, sobriedade e distância suficiente para se escrever um romance de cabeça. Criei uma frase: A Vaugirard não é Paris. Tem um pouco de outras Franças nela.

Vendo chover em Paris – A chuva fina de certas estações do ano dá um charme muito especial à cidade-luz, mesmo quando fica sombria. Assim:

Não havia mais ninguém por lá. Restava um cara atrasado para cair fora. Nós nos fizemos fotografar ao lado dele e da sua barraca já meio banguela. Depois, atravessamos a Praça da República deserta, sob a luz glauca da manhã tristonha, em busca da entrada do metrô. A chuva deixava o piso lustrado como um salão de certos prédios públicos. Tudo reluzia. Inclusive nós. Apesar da proximidade da primavera, fazia frio. Pendurado numa árvore retorcida, um cartaz lembrava os acontecimentos daqueles últimos dias: *Nuit Debout*. O tradicional símbolo anarquista separava as duas palavras. Solene.

No saguão da estação do metrô, dois homens discutiam. O mais velho estava em posição de ataque. A briga era iminente. Não foi possível saber pelo que discutiam. O velhote, cada vez mais irritado, repetia, com os punhos armados para uma ofensiva que, apesar do barulho, não aconteceria, uma espécie de refrão enigmático e grave:

– A gente corta a garganta.

O outro esperava sem se alterar muito, mas com um riso sórdido (há pessoas que não sorriem; cristalizam uma crispação hedionda):

– Corta?

– Dos brasileiros, a gente corta a garganta.

Mais tarde, Dominique ligou. Parecia meio sonolento. Não usou o seu termo preferido para lançar os nossos cumprimentos de rotina.

– *Salaud*!

– *Connard*!

De cara, perguntou, como se não pudesse esperar pela resposta, premido por alguma urgência que não teve tempo ou desejo de revelar:

– Então?

– Não havia mais ninguém por lá. Restava um cara atrasado...

Ele riu. Mas era um riso lacônico. Muitas coisas aconteceram depois disso. No subúrbio, em Meudon, um jovem falando francês com sotaque de Portugal, encostado numa parede sob a chuva fina, disse:

– A polícia.

– Onde?

– Aí. A civil.

Seguimos juntos no ônibus até a estação de metrô Pont de Sèvres. Trocamos algumas frases no caminho. Ele era de um vilarejo não muito longe da cidade do Porto. Fazia cinco anos que não voltava à terrinha. Não sentia saudades. Só tédio. Por que saíra de casa?

– Não havia mais ninguém por lá. Restava um cara atrasado...

– Como?

– Restava um cara atrasado para cair fora.

– Hein?

– Era eu.

Uma semana em Paris. Uma semana em 25 anos seguidos. Sem faltar um só. Quase seis anos, no total, morando num recanto de Montparnasse. Sempre a mesma surpresa. Chovia outra vez. Um recorde para o final de maio. Saímos do metrô Porte d'Orléans. Junto ao Périphérique, o cinturão rodoviário da capital. Ambiente pesado. Grandes prédios comerciais sob o cinza chumbado. Sensação melancólica de solidão robusta na opulência da metrópole. Os simpáticos ônibus verdinhos parisienses nos seus terminais. A cidade parecendo um imenso mausoléu de vidro escuro salpicada de pontinhos verdes.

Entramos no prédio da grande editora Seuil, uma das maiores da França, adquirida pelo Grupo La Martinière. Alexandre nos recebeu.

– Há quanto tempo estão aqui? – pergunto.

– Cinco anos.

– Eu me lembro de quando era na rue Jacob, em Saint-Germain...

– Tempos de ouro do livro...

Voltamos soturnos para a chuva. Sem que eu quisesse, me veio a imagem de uma livraria vazia num dia de chuva fina. E uma voz triste:

– Não havia mais ninguém por lá. Restava um cara atrasado...

A distopia passou. Homens falavam alto na plataforma de piso negro luzidio do metrô. Alto para franceses, o que é sempre mais baixo do que o mais baixo que podemos conseguir. Um minuto de espera. Embarcamos com eles. O trem foi engolido pelo buraco escuro do túnel.

– A gente bloqueia tudo – disse o homem que falava mais vezes.

– Quando? – perguntaram os outros ao mesmo tempo.

– Se o governo não ceder.

– Quem vai dar a ordem?

– A CGT.

– Vai funcionar?

– O código do trabalho é sagrado. Eu disse sagrado.

Ressurgimos no Quartier Latin. Chovia sempre. Suavemente. Paris era um burburinho. E uma meleca. Encontramos Michel. Ele pergunta.

– Foram ver o pessoal acampado na Praça da República?

– Não havia mais ninguém por lá. Restava um cara atrasado...

– Atrasado?

– Para cair fora.

Ficamos em silêncio vendo a chuva fina cair. Nas mesas, o tinto do vinho dava um tom sanguíneo a cada gesto. Como se fosse um quadro.

Paris tem outra alma sob a chuva.

Vendôme (Place) – Coração da Paris chique, cara, sofisticada, a praça Vendôme, construída por ordem de Luís XIV, é um quadrado que tem no centro uma coluna fálica de 44,3 metros, erguida por ordem de Napoleão Bonaparte para comemorar a vitória na batalha de Austerlitz. No alto desse conjunto de pedra e bronze equilibra-se uma estátua do próprio Napoleão. Detratores dizem que a coluna lembra um pênis do tamanho que o imperador corso gostaria de ter tido um. A praça Vendôme brilha com suas joalherias, relojoarias e lojas das marcas mais famosas e fashions (opa!) do universo. O hotel Ritz, frequentado pelos bilionários globais, em cujo bar Ernest Hemingway enchia a cara, fica no número 15 de praça Vendôme. A diária mais barata custa 1.500 euros (em torno de oito mil reais). Quem sabe um almoço ou um jantar no Bar Vendôme? Ou um aperitivo (um *verre*, como dizem os franceses? Enfim, um café da manhã? Ou, em último caso, um cafezinho? Charme absoluto.

Vermelho e o negro (O) – Obra-prima irretocável de Stendhal. No tempo da ditadura de 1964, eu lia *A educação sentimental*, *O vermelho e o negro* e *Ilusões perdidas*. Vendendo melancias junto à BR-158, eu me via alternadamente como Frédéric Moreau, Julien Sorel e Lucien de Rubempré. Era o jovem pobre que sonhava com glória, riqueza e amores. Só tinha a literatura como amparo. Comparava Flaubert, Stendhal e Balzac como se cotejasse espigas de milho. Sabia que um dia enfrentaria os seus fantasmas. O fascismo banalizava-se no cotidiano com suas paradas militares, marchas de estudantes, slogans patrióticos, aulas de moral e cívica e cancelamentos de opositores.

Recordava-me do que ainda viveria. Lembrava-me com exatidão de tudo que não havia acontecido. Pressentia que dos três títulos que me acompanhavam o mais certeiro era o último, mas Julien Sorel parecia tão adequado como figurino. Educava-me sentimentalmente pelo *Vermelho e o Negro* para saber no momento certo perder as ilusões. Ignorava que essa era a primeira ilusão a perder. Descobria no dia a dia as mazelas do regime. Jovens que sofriam, pais de família que não voltavam, professores que atravessavam a fronteira e nunca mais apareciam. Aprenderia sozinho a conceituar fascismo: a impossibilidade da diferença. Os personagens que amava faziam longas travessias de desertos. Treinava as narrativas em cadernos de espiral enquanto a cabeça rodava em sonhos estranhos que pareciam alucinações.

Relia os romances prediletos até as folhas dos livros caírem. Quando me sentia forte, recitava Flaubert: "Quero escrever a história moral dos homens de minha geração – ou, mais precisamente, a história de seus sentimentos". Quando hesitava, citava Stendhal em voz alta para as ovelhas: "Já vivi o suficiente para ver que a diferença provoca o ódio". A ilusão era pensar que o artista precede a vivência. Quando me desconsolava, lia Balzac para os cavalos: "A consciência, meu caro, é uma dessas bengalas que cada um pega para bater no vizinho, e da qual jamais se serve para si mesmo". Não compreendia ainda a profundidade dessa afirmação, mas sentia que os animais a aprovavam. Em todo caso, as pessoas não queriam ouvi-la.

Era um estranho no seu mundo com esses livros que falavam de coisas distantes. Ele sentia que não era verdade. Preferia a sutileza da prosa de Flaubert. Admirava as reviravoltas das narrativas de Stendhal. Percebia que Balzac exprimia a crueza mais verdadeira. Então, para descansar, pintava com palavras tudo que via, especialmente a paisagem. E assim as tardes caíam como pandorgas colorindo o verde já esmaecido dos campos. Tudo se convertia em fogos de artifício congelados no céu, cartões-postais em tons vermelhos pintados com a mão de Deus, fagulhas de poemas apenas sussurrados.

Então passou o tempo e toda poesia foi cancelada, suspeita de subversão. Sobrou Flaubert: "A sra. Moreau nutria uma alta ambição para o filho. Não gostava de ouvir criticarem o governo, por uma espécie de prudência antecipada. Primeiro, ele precisaria de proteções; depois, graças a seus talentos, se tornaria conselheiro de Estado, embaixador, ministro. Seus triunfos no colégio de Sens legitimavam esse orgulho; ele conquistara o prêmio de honra". A imagem de um agricultor com sua foice marcaria um tempo de ilusões perdidas.

Quando estou num trem, na França, espicho a mão e tento encontrar *O Vermelho e o negro*, a mais perfeita leitura de viagem.

Verne (Jules) – Quem não deu a volta ao mundo nas páginas de Jules Verne? Quem não saiu do seu pequeno mundo para voar nas asas da imaginação desse escritor nascido em 1828, em Nantes, e falecido em 1905, em Amiens. Ele fez do progresso científico matéria para ficção. Por vezes, temos a impressão de que antecipou tudo o que a ciência veio a inventar. Quem não leu *Cinco semanas em um ba-*

lão, Paris no século XX, Viagem ao centro da terra, Vinte mil léguas submarinas e *A volta ao mundo em oitenta dias* está em dívida com sua infância e adolescência. Eu não queria ter sido Jules Verne. Queria ter sido um dos seus personagens. Antes de qualquer viagem na minha vida, andei longe da minha aldeia, Palomas, tendo Verne como meu grande guia.

Versalhes (Château de Versailles) – Um dos mais belos monumentos históricos do mundo. Cenário constante de filmes e séries. Construído por Luís XIII, habitado por Luís XIV, menosprezado por Luís XV, local de nascimento de Luís XVI, palco das dores e delícias de Maria Antonieta, local de acontecimentos da revolução de 1789, do final da guerra franco-prussiana de 1870 e do tratado de paz de 1919, o Castelo de Versalhes exibe-se majestoso a milhões de visitantes anuais. Uma vez, ao visitá-lo, tirei uma conclusão: eu precisaria ser rei para compreender a grandeza arquitetônica e simbólica desse lugar. Republicano convicto, parti desolado. É tanta beleza que me escapa.

Victor Hugo – Farei o impossível, definirei Victor Hugo (1802-1885), o maior de todos os contadores de grandes histórias para muitos, romancista, poeta, político, intelectual gigantesco, com uma frase: quem lê *Os Miseráveis* torna-se para sempre muito rico em emoções.

Vigarello (Georges) – Ex-professor de educação física, Georges Vigarello tornou-se filósofo sob a influência de

Georges Canguilhem. Os livros que o consagraram internacionalmente, *O Limpo e o sujo – a higiene do corpo desde a Idade Média* (1986) e *História do estupro* (1998), expressavam as preocupações de um antropólogo ou de um historiador das mentalidades. Vinculado ao departamento de Ciências da Educação da Universidade Paris V e pesquisador na Escola de Altos Estudos em Ciências Sociais, Vigarello nunca abandonou os seus interesses iniciais e publicou uma história do corpo em termos de poder pedagógico e uma história cultural do esporte. No Centro de Estudos Transdisciplinares – Sociologia, Antropologia, História (CETSAH), onde exerceu, ao lado de Edgar Morin, o prazer do saber interdisciplinar, Georges Vigarello organizou uma edição especial da revista *Communications* sobre o "espetáculo do esporte". Tudo o que diz respeito ao corpo não lhe era estranho. Pensar, pulsar, poder.

Pensar o corpo do pensamento e do poder. No coração do pensamento de Georges Vigarello estava a violência sexual, considerada por ele como a forma paroxística de violência do final do obsceno século XX. Através desse imaginário sempre na fronteira do tabu e da maldição, ele lia o mundo que passava na tela das angústias e das práticas contemporâneas. Na entrevista que me concedeu, na Sorbonne, Vigarello despiu o corpo social do Ocidente e pregou um relativismo saudável capaz de arrancar o véu do apocalipse e ver avanços onde outros encontravam apenas a renovação do poder masculino. Atrevi-me a fazer uma pequena provocação: o grande antropólogo brasileiro Gilberto Freyre escreveu que o hábito de se lavar todos os dias foi ensinado aos "descobridores" do Novo Mundo pelos índios. Os franceses conservam no mundo inteiro a reputação de não serem muito limpos. Mentira ou vestígio de um imaginário enraizado no passado? Resposta objetiva: "No que se refere aos índios, é evidente que em certas culturas o banho obedece a uma grande regularidade, especialmente o banho de rio. No século XVIII, na Europa, com ênfase na França, isso repercute, pois ocorre uma reconstrução da imagem dos ditos selvagens, impondo-se uma ideia mais aberta e positiva. Rousseau, por exemplo, insistiu bastante sobre o fato de que os índios tinham hábitos de austeridade, entre os quais o banho diário, que deveriam inspirar os europeus. Efetivamente, o uso da água é muito diferente segundo as culturas". Só isso?

Tinha mais: "Os franceses têm realmente uma reputação de negligência quanto à limpeza. Trata-se de uma questão complexa, pois existe uma grande diferença entre os anglo-saxões e os latinos. Os anglo-saxões foram os primeiros a utilizar certas técnicas higiênicas, entre as quais o *water-closet* e a caixa de descarga. A água encanada aparece em Londres muito antes de vigorar em Paris. Foram eles também que primeiro colocaram em contiguidade o quarto de dormir e o banheiro. Nas residências parisienses, por força de estrutura interna, até o final do século passado, o banheiro ficava ao lado da cozinha, pois a água chegava através desta. Em função disso tudo, os latinos passaram a ter uma reputação higiênica menos respeitável. Cada cultura, entretanto, não deixa de ter o sentimento de ser a mais limpa. Os franceses puderam dizer, conforme o texto célebre de Perrault, na querela entre os antigos e os modernos, em 1686, na época de Luís XIV, que haviam inventado a troca diária de roupa íntima, algo estranho aos romanos, embora estes fossem grandes utilizadores das termas. Assim, a França moderna sentia-se mais limpa do que a antiga Roma dos banhos. São as exigências internas de cada cultura que dão sentido às práticas e aos valores". Que cultura! O viajante interessado em detalhes cotidianos já tem respostas para muitas das perguntas que costumam assolar a cabeça de meio mundo por aí.

Villa du Mont-Tonnerre – Uma manhã, que parece ter sido ontem e poderá ser amanhã, uma golfada nostálgica me pegou na volta de uma esquina de Montparnasse. Vivemos quase seis anos num apartamento de uma rua sem saída: *Impasse du Mont-Tonnerre* (monte do trovão), em Paris. Este é um livro circular como, no fundo, todo dicionário, ainda mais um dicionário afetivo, amoroso, passional, feito de retalhos, recortes, resgastes, verbetes-crônica, cronicamente emaranhado, cada entrada remetendo a outras, tudo se enredando para fazer sentido.

O nosso *studio* tinha 25 metros quadrados e era todo roxo, das paredes ao teto. Os nossos vizinhos de andar, como já disse em outro verbete, eram uma velha oriunda de Belgrado, que só falava francês no infinitivo, pedia que eu lhe lesse as notícias da guerra da Bósnia e sempre queria nos fazer tomar café turco, eu não gostava da borra, e um senhor que pintava belos quadros. A loura do jardim tinha seios gigantescos e fazia o papel de zeladora do prédio. Diziam que tomava porres imensos, mas mantinha discretas as suas grandes ressacas.

Nosso edifício ficava colado no Museu Bourdelle e a poucos metros da redação do jornal *Le Monde*, que se mudou em busca de uma redação mais barata. O beco do Monte Trovão tinha uma família simpática de africanos do Mali. Eles adoravam se instalar no meio da rua. Saíam matérias no *Le Monde* sobre eles, sempre acusados de fazer balbúrdia e até de colocar cola nas fechaduras dos que os incomodavam. Em seguida, havia uma escola de comércio cheia de fumantes impedindo a passagem de todos nós com nossos carrinhos de supermercado. E um argentino que nos espreitava, em 1998, para gritar "Zidane, gol, gol, gol, mira la pelota" e outras provocações assim. Era legal demais. Estávamos quase à sombra da gigantesca Torre de Montparnasse

Foram anos muito felizes ali, num canto do coração tranquilo de Paris, perto de tudo, entre franceses da gema e estrangeiros engraçados como nós, na pracinha Camille Claudel, metrô Falguière, no encontro da rua Cherche-Midi com a Vaugirard. Caminhar até lá, a cada ida a Paris, mesmo quando são duas ou três por ano, faz parte do nosso itinerário obrigatório. Quase um ritual. Um ritual. Uma rememoração.

O que mudou em mais de trinta anos da primeira vez em Paris? Mont-Tonnerre deixou de ser um beco. Ficou chique. Virou "villa". Emendada com o beco do lado, agora não é mais "impasse". *Le Monde* partiu em busca de novos leitores, economia de custos e velhos anunciantes.

Jean Baudrillard partiu levando sua maravilhosa ironia. O Hôtel du Palais sofreu um incêndio e fechou as suas portas e janelas para tantos cartões-postais. Os jantares na casa de Michel Maffesoli, que se aposentou da universidade, parecem sempre melhores. O Louvre e o Museu D'Orsay surpreendem-me como se fosse a primeira vez. Tomo todo cuidado para não resvalar na frente da magnética Torre Eiffel.

Nossa amiga culta, antes de perder-se em labirintos mentais dos quais nunca mais saiu, vivendo seus últimos tempos nas ruas e nas veredas do seu imaginário, me disse numa manhã de inverno gelado, quando eu me queixava do "eterno" cinza do céu da cidade, que as cores sempre estão nos olhos da gente. Eu sorri gentilmente. Ela percebeu minha indelicadeza e me corrigiu com uma elegância inesquecível:

– O senhor acha que eu falei uma obviedade. Tente não ser óbvio.

– Longe de mim. Entenda o que eu disse...

– Quando eu era feliz, Monsieur Machado, amava até o cinza.

– Amava o cinza?

– Era uma cor como qualquer outra. Não me entristecia.

Numa tarde muito cinza em que cheguei feliz ao nosso pequeno edifício, com seu pequeno jardim cuidado pela impassível e robusta loura, no beco do Mont-Tonnerre, nossa culta amiga me flagrou:

– Como o cinza hoje lhe parece azul, Monsieur Machado!

Paris brilha. Eu me perco em lembranças. Parece que nosso *studio* está livre. Nós é que estamos ocupados. Eis o impasse atual.

Villeneuvette – Localidade a 49 quilômetros de Montpellier. Foi Patrick Tacussel, professor na Universidade Paul Valéry, especialista do socialismo dito utópico e dos seus congêneres ou aparentados, que nos levou a Villeneuvette para ver sua antiga fábrica de lençóis e depois de uniformes militares, vilarejo-fábrica, experiência de planejamento urbano, hoje reconhecida como Zona de Proteção do Patrimônio Arquitetônico, Urbano e Paisagístico. Fazia frio. Patrick falava de muitas coisas, de Luís XIV a Charles Fourier (1782-1837), o utopista que havia pensado os falanstérios, construções comunitárias capazes de abrigar harmonicamente, no mundo do trabalho, as paixões humanas. Assim vimos o pórtico, a capela, o aqueduto Ponte do Amor e prédios conservados onde um dia moraram operários dessa colmeia.

Villette (La) – Um francês que eu conhecia do Rio de Janeiro bateu em nossa porta, em Montparnasse, e já foi perguntando: “Já foste ver La Villette?” Não fazia muito tempo que tínhamos chegado. Respondi que não, por falta de tempo. Ele foi taxativo: “Vamos para lá agora”. Era começo da tarde, Cláudia havia saído. Aceitei o convite mesmo sem entender a pressa. E assim conheci o Parc de la Villette, uma mistura bem-sucedida de natureza e tecnologia, ciência e lazer, auditórios e exposições, periferia e centro do mundo, passado e futuro, cultura e técnica. Tudo isso onde um dia funcionaram os abatedouros de Paris, acessível pelo metrô, estações Porte de Pantin e Porte de la Villette.

Em La Villette marquei encontro com um dos maiores especialistas em "novas tecnologias" – expressão usada quando a internet explodiu – da França, Joël de Rosnay, surfista na juventude, ex-diretor do prestigioso Instituto Pasteur e professor do MIT, o célebre Instituto de Tecnologia de Massachusetts dos Estados Unidos da América. A Cidade das Ciências e da Indústria de La Villette, para variar, foi outro projeto finalizado nos longos reinados de François Mitterrand. Em 1985, ele esteve em La Villette para ver a exposição Janus e acelerar o futuro da Cidade da Ciência. Nada mais adequado. Mitterrand, como Janus, deus das transições, olhava passado e futuro ao mesmo tempo.

Vincennes (Bois e Château) – Eu atravessava a cidade, mesmo no mais frio do inverno, para jogar futebol com os amigos no Bois de Vincennes. Levava comigo um menino, Pedro, filho de Lisete, prima de Cláudia. Ele era tão magrinho e leve que o censor das portas de metrô não se dava conta da presença dele e não abria para ele, que ficava muito aborrecido. Nos belos dias, fazíamos piqueniques no bosque. Um colega coreano, Shoi, levava seu aparelho de *barbecue*. O churrasquinho estava garantido. Meu amigo André Lemos, torcedor do Fluminense, hoje professor no Programa de Pós-Graduação em Comunicação da Universidade Federal da Bahia, apesar do seu joelho machucado, mostrava muito futebol. Os times eram internacionais: o italiano Federico Casalegno, os franceses Olivier Cathus, Bertrand Ricard e Jean-Serge Vigouroux, o japonês Riozo, o senegalês Mamadou, gente de todo lado. O Bois de Vincennes (bosque ou parque de Vincennes) continua lindo, verde e convidativo. Ainda quero fazer piqueniques lá. O futebol já era.

Na França, cada estação oferece o seu espetáculo. Abril pode ser cinza, frio e enganador. Melhor, como diz o ditado, não se destapar tão cedo. Tão mais próximo da primavera e tão longe dos belos dias de verão, quando a "canícula" pode ser mortal. Nos meus quatro primeiros meses de Paris (de setembro a dezembro) eu só pensava numa coisa: voltar o mais rapidamente possível para o Brasil. Odiei tudo nesses primeiros tempos: o cinza, a chuva miúda, o frio, o fechamento das pessoas, a tristeza dos metrôs, o falar baixo nos restaurantes, o aquecimento excessivo dos ambientes, o vento gelado nas ruas, os galhos torcidos e sem folhas das árvores melancólicas, os cocôs de cachorro por toda parte, o cheiro forte de suor nos lugares fechados, os cumprimentos obrigatórios de pessoas que não sorriam, a escuridão dos túneis de metrôs. Era nosso costume dizer: "Vamos emburacar".

Teve um dia em que comecei a pesquisar preços de passagens – a internet ainda era apenas um boato – convencido de que não ficaria mais uma semana num lugar tão inóspito e asfixiante. Eu ouvia Caetano e cantava: "Eu quero é dar o fora". Não suportava aqueles prédios todos iguais, sem cor, com o mesmo número de andares, padronizados. Eu queria abrir a janela e tomar um bafo quente na cara. Andar pela cidade e ver prédios de todos os tamanhos, formatos e cores. Se encontrasse uma bandeira brasileira acho que me enrolava nela e começava a chorar. Sonhava com guaraná, bombom sonho de valsa, gol do Internacional, costela assada, flauta de gremista, ônibus cheio, pelada no final de semana, novela das oito, grito de gol espichado até o narrador não aguentar mais, horas intermináveis conversando com caras tomando cerveja aguada em bares onde se mudava o mundo a cada três horas, com interrupções na revolução a cada hora para fazer xixi.

Um dia, porém, começou o milagre. Eu vi um colega de aula na Sorbonne entrar pela porta da frente, subir as escadas do auditório e sair pela porta de trás. A aula era de análise fatorial. Depois de muitas aulas assim, saí para conferir. Fiz meu primeiro amigo francês, Bertrand Ricard. Tudo começou a mudar. Vieram as festas em apartamentos estudantis de 30 metros quadrados, os jogos de futebol no Bois de Vincennes, com temperaturas abaixo de zero, onde ganhei o apelido de "renard des surfaces", a raposa da área, as conversas telefônicas intermináveis sobre literatura, filosofia e viagens e os papos sobre futebol. No PSG, brilhavam Raí, Valdo e Ricardo. O inimigo era o Olympique, de Marselha. Virei torcedor do Paris Saint-Germain. Um novo mundo se abria. Aprendemos que quando um francês se torna amigo é quase certamente para sempre. O Bois de Vincennes ajudou. Ali, com qualquer temperatura, senti fortemente o calor das amizades.

Já o castelo de Vincennes é uma imensa fortaleza, cuja construção começou no século XIV, no melhor estilo medieval, que parece existir para encher os olhos de quem não está acostumado com a enormidade dos medos, ambições e ousadias dos nobres medievais.

Vincennes é sempre terreno de encontros e jogos.

Voilà – Eis. Termo de extrema utilidade nas mais diferentes situações. Presenciei uma briga de vizinhos em que a mulher expulsou o marido de casa por causa de uma suposta traição. Já na rua, o cancelado perguntou: "E as minhas coisas?" Voaram sapatos, calças e outras roupas pela janela acompanhadas de um triunfante: "Les voilà". Ei-las.

Voltaire – O poeta gaúcho Luiz Coronel me chama por generosidade e ironia de "Petit Voltaire". A vaidade se impõe e fico contente. Como cronista, criei um personagem, Candoca, que encarna o espírito de Voltaire em Palomas, no coração do pampa gaúcho. Voltaire dispensa apresentações. Para mim, não há França intelectual sem ele. Michel Houellebecq me disse em entrevista: "Ideais, coragem, talento e visão de mundo. Mas intelectual é uma categoria que se consolidou na França com Voltaire e os iluministas. Um escritor não é necessariamente um intelectual. Eu não sou um. Algumas condições são fundamentais para fixar o intelectual: ter feito estudos específicos de ciências humanas, ter poder editorial, por exemplo, dirigindo uma coleção numa editora, publicar ensaios e intervir na esfera pública, com conhecimento de causa, sobre tema de interesse social e político".

Voltaire era coragem, erudição, talento, verve, entusiasmo e estilo num homem só. Nunca é tarde para ler *Cân-*

dido, ou o otimismo, publicado pela primeira vez em 1759 e que me parece sempre atual a cada releitura. A sua frase mais famosa talvez seja esta: "Se Deus não existisse, seria preciso inventá-lo". Balzac cunhou outra frase do gênero não menos interessante: "Se a imprensa não existisse, seria preciso não inventá-la". Eu me atrevo a entrar no absurdo com a minha pequenez: se o ser humano existe, por que Deus não existiria?

Vosges (Place des) – Possivelmente a mais charmosa praça de Paris. Um retângulo de 127 metros de comprimento e 140 metros de largura. Praça real até 1792, situada no delicioso bairro do Marais, dedicada aos reis Henrique IV e Luís XIII. Em torno dela, edifícios de tijolos vermelhos de dois andares. Atenção, visita necessária, a Casa de Victor Hugo (6 Place des Vosges), onde o escritor de *Os Miseráveis*, quando os direitos autorais abarrotaram a sua conta no banco, morou durante dezesseis anos, de 1832 a 1848, ano de barricadas, revolução, abdicação do rei burguês Luís Felipe, proclamação da república, a segunda da história da França, por Lamartine. Um país em que repúblicas são proclamadas por poetas merece visita e reconhecimento.

Vous e tu – Em francês só se diz tu (*tutoyer*) a uma pessoa se houver uma autorização expressa, de preferência assinada em cartório. Conta-se que BHL teria contado nalguma entrevista, antes dos podcasts íntimos, que só chamava Arielle de tu embaixo dos lençóis. Sem permissão expressa, deve-se dizer vous com a devida solenidade.

Vrin (livraria filosófica) – 6 Place de la Sorbonne. O lugar perfeito para qualquer pessoa que, como eu, tenha mais apreço pelas ideias do que pelos seus reflexos.

W

Wolton (Dominique) – Conheci o sociólogo Dominique Wolton lá por 1995. Filho de mãe francesa e pai inglês, nascido em Camarões, é um personagem singular. Ao contrário da maioria dos seus compatriotas, de acordo com o clichê, ele gosta de tocar nas pessoas, de abraçar e de fazer provocações. Traduzi livros dele, o último foi *Comunicar é negociar* (Sulina), organizei muitas viagens dele ao Brasil, sou membro do conselho editorial da revista científica dirigida por ele, a *Hermès*. Já tentei defini-lo de muitas formas e com muitos textos. Talvez o seu livro mais influente seja *O Elogio do grande público*. Dominique sustentava que a velha televisão aberta é mais útil para a democracia do que as bolhas do cabo, do *streaming* e da internet. Para ele, a lógica da oferta é mais importante do que a lógica da demanda. Do mesmo modo, a comunicação, que se baseia na relação com outros, seria mais complexa e necessária do que a informação, a mensagem.

Dominique Wolton precisa de desafios. Quando andava meio entediado, teve uma ideia: fazer um livro de entrevistas com o Papa Francisco. Simples, não? Livros de entrevistas são uma tradição europeia. Podem vender muito. Preparou um projeto, esboçou um sumário, anexou seu

CV e mandou tudo para o Vaticano. Assim. Sem qualquer contato prévio, sem nenhum pistolão, sem mediação, nada. Passou algum tempo e chegou a resposta da maneira mais prática. Um e-mail:

– Sua Santidade poderá recebê-lo...

Fixava a data e o horário. Ele se mandou para Roma sem pensar muito. Quando se deu por conta, estava sentado diante de um dos homens mais poderosos do mundo. Pensava que seria sabatinado para quem sabe obter a necessária concordância para o livro. Não tinha as perguntas nem um gravador. A conversa começou a fluir. Depois de 15 minutos, confuso e ansioso, ele questionou o tradutor quando o Papa tomou água.

– Quando ele me dirá se aceita fazer o livro?

– Já aceitou. O senhor já pode gravar a conversa.

Bendito celular. As primeiras perguntas foram improvisadas. Dominique teve direito a doze encontros com o Papa. Depois de uma hora e vinte minutos ou mesmo uma hora e meia, liberava o pontífice, que continuava disponível para o papo. Uma vez alguém bateu na porta:

– Precisamos parar agora – disse o Papa. – É o meu confessor.

– Mas o senhor não deve ter pecado para contar, não?

Dominique é assim. Não se contém. É famoso por viver atrasado. É claro que se atrasou vinte minutos para uma das entrevistas com o Papa. Quando, porém, foi o Papa que se atrasou, Dominique não resistiu: bateu com o dedo no relógio. O religioso soltou uma risada. O livro foi lançado e fez sucesso, sendo traduzido para 16 países, inclusive o

Brasil. Dois grupos, contudo, torceram um pouco o nariz para a obra, segundo o autor: jornalistas e acadêmicos. Os primeiros ficaram enciumados. Tomaram um "furo" de um pesquisador universitário. Os últimos, claro, questionaram a "cientificidade" do texto.

Sem papas na língua, Dominique ataca:

– Não existe meio mais covarde que o dos intelectuais.

Agnóstico, Wolton ficou encantado com o argentino que comanda o catolicismo romano. Rendeu-se ao charme e ao progressismo de Bertoglio. Já o encontrou algumas vezes depois do lançamento do livro. Ficaram amigos. Dominique conta com orgulho que Francisco lhe disse:

– Não sei se estarei à altura de um grande sociólogo.

Orgulho é pecado. Mas como não se orgulhar? Como não contar? Moral da história: de vez em quando é preciso mirar a lua e apostar. Quem tem bala na agulha, pode acertar o alvo. Resolvi seguir o exemplo: preparei um projeto e vou enviá-lo por e-mail para Bob Dylan. Por que ele? Foi o primeiro nome que me veio à cabeça. Queria um bem difícil. O Eduardo Bueno, o famoso Peninha, vai ficar furioso comigo. O Dylan é dele. Se o cara não topar – ele é meio esquisitão –, tentarei um mais fácil. Estou pensando no Barack Obama. Que tal?

Publiquei essa crônica em algum lugar. Ela resume Dominique Wolton, seu estilo, e minha relação com ele: com muito humor.

X

Xangô (Fonte Saint-Michel) – Na confluência do boulevard Saint-Michel com a praça Saint-André-des-Arts, a imponente Fonte Saint-Michel representa o Arcanjo Miguel derrotando o diabo, vitória do bem contra o mal em tamanho impressionante. Com 26 metros de altura e 15 de largura, datando da época de Napoleão III, inaugurada em 15 de agosto de 1860, ela parece um imenso pórtico de acesso ao bairro. Um amigo brasileiro passou a chamá-la em algum momento de Xangô. Outro, que não conhecia o primeiro e era de religião afro-brasileira, veio anos depois com o mesmo apelido. Sempre com muito respeito e carinho. Tornou-se comum, entre brasileiros, combinar encontrar aos pés de Xangô.

Xavier de Mister (1763-1852) – Francês, nascido em Camberra, o autor de *Viagem em torno do meu quarto* morreu em São Petersburgo. Por que o incluí neste dicionário afetivo? Por amor. Esse livro é tudo de bom: afetou a maneira de escrever romance de quem veio depois dele, influenciou Machado de Assis, abriu janelas para a imaginação sem precisar sair de casa: quarenta e dois capítulos curtos; um cão, um empregado, o autor. Voltou a ser muito lido durante o confinamento da Covid-19. Tudo é possível quando a imaginação viaja. Voilà. Falei.

Y

Yamê – Grande rapper franco-camaronês. Pegada forte, voz potente, poesia disruptiva, autor de sucessos como "Bécane", que, segundo o jornal Le Monde, mistura gíria da periferia e o imaginário dos games. Eu gosto de ouvi-lo dizer "laisse-moi te montrer tous mes charmes" e "moi mon coeur il s'est égaré". Ele está por toda parte, com todos os seus charmes e seu coração pretensamente extraviado, inclusive com shows no famoso e prestigioso Olympia, palco dos muito grandes.

Yves Montand – Ator e cantor, italiano naturalizado francês, Yves Montand (1921-1991) teve, como ele mesmo reconheceu pouco antes de morrer, uma vida extraordinária. Está enterrado no Père-Lachaise junto com Simone Signoret, o grande amor da sua vida, ainda que tenha vivido romances com mulheres poderosas como Edith Piaf. Coração comunista, sem filiação partidária, Montand conviveu com grandezas intelectuais e alimentou utopias. Eu gosto de escutá-lo cantando "À Paris", um hino à primavera na cidade mais bonita do mundo, e de revê-lo em *Viver por viver*, de Claude Lelouch, ou *A guerra acabou*, de Alain Resnais.

Yves Simon – Grande escritor, Yves Simon faz livros que parecem ter sempre certa elegância discreta e refinada. Ganhou, com *Le Voyageur Magnifique*, o Prix des Libraires (1988) e com *La Dérive des Sentiments, o Prix des Médicis* (1991). *O Próximo* Amor, que traduzi para o Brasil, foi o seu oitavo romance. Hugo Marsan, no jornal *Le Monde*, escreveu sobre esse belo livro: “Um homem e uma mulher se encontram e se amam loucamente. Ele é escritor; ela, aeromoça. Ele tenta imobilizar o tempo. Ela desliza entre fusos horários. Essa aventura banal abre enormes brechas. Irene, que se oferece e se entrega, contudo sempre foge. O amante é enganado justamente por aquilo que lhe é dado até saciá-lo: o corpo possuído, penetrado, explorado não mata a sede. Irene sempre escapa. Yves Simon escreveu a crônica de uma paixão, correndo o risco de ser anacrônico”.

Esse texto, usado como apresentação do livro no Brasil, tinha a virtude de situar o escritor no seu contexto: “Repisa a litania do ‘eu te amo, tu não me amas mais, se tu me amasses, eu não te amaria mais’. Romance de um amor, romance da solidão, romance grave sobre o ‘próximo amor’ que se encontra já nas entrelinhas desse que cremos viver, imaginário e doloroso até o luto que lhe dará novamente vida. Yves Simon escreveu seu livro em linha direta com a tradição clássica”.

Por que ainda ler esse livro? Simples: “*O Próximo amor* é a última educação sentimental, justo antes de envelhecer, entre as coisas sem importância que choram a ausência: os carros estragados pouco depois de presenteados, o sofá onde Irene-Albertine faz dormir um amigo. Yves Simon descreve um escritor frágil diante de uma mulher aparentemente liberada que se cansa de seu parceiro tão atencioso. Quer renascer, sozinha, mais tarde, certamente rejeitada, por sua vez, por um macho que lhe contará, entre duas transas, suas façanhas. O amor muito próximo a assusta. *O Próximo amor* descreve o apaixonado perfeito que sabe enganar o tempo (daí as referências a Proust) e que sob a máscara de uma doce submissão é o pior dos ditadores, pois quer que a realidade passageira de uma relação se transforme em eternidade, inventando cada mulher a partir do fantasma da anterior".

Em Porto Alegre, em São Paulo, em Campinas, em Paris, Yves Simon sempre foi um parceiro gentil de passeios, conversas literárias e ficções inventadas ao sabor dos encontros. Faz tempo que não o vejo. Quando ando pela praça Dauphine espero avistá-lo todo de preto, mais grisalho, sempre atencioso e pronto para algumas horas de reminiscências. Aprecio a sua prosa justa, precisa e refinada.

Z

Zazie dans le métro – Livro divertido até não poder mais. Publicado em 1959, satiriza tudo e muito mais. Raymond Quéneau parodia tudo o que se possa imaginar, das epopeias de Homero aos romances de aprendizagem do século XIX. Nada escapa, tudo entra nesse triturador de formas, fórmulas e modelos. Tudo parte de uma chegada aparentemente banal: Zazie, de 11 anos, ou próximo disso, chega a Paris ansiosa para conhecer o metrô da cidade. O resto é história, gozação, gozo puro: greve no metrô, visita ao mercado das pulgas, à Torre Eiffel, encontro com turistas, cabaré, no sentido francês do termo e do local, ameaças, assédio, fugas, sopa de cebola, subterrâneos da cidade-luz, aventuras, descobertas, medo, *frisson*, correrias, monumentos, Paris, *quoi*!

Zidane – Michel Platini e Zinédine Zidane são os melhores jogadores franceses que eu vi atuar antes de Mbappé. Em 1998, quando a França esmagou o Brasil na final da Copa do Mundo, eu estava em Paris. Foi terrível. Fiquei tão deprimido que desabafei numa crônica. Critiquei todo mundo. Não salvei um só: ninguém entende nada de futebol no Brasil. Nem eu. Somos todos chutadores. A mídia é a que menos entende. Eu, além de tudo, sou antipatriota. Zombaram do "mala" do Pelé quando ele disse que estava com mau pressentimento. Ele acertou. O Brasil é freguês de carteirinha da França. Demos mais um belo vexame.

Sim, eu chamei o rei do futebol, o jogador mais completo de todos os tempos, de "mala". Eu estava aterrado com o brilho de Zidane. Soltei os cachorros em todo mundo. Na verdade, eu só queria elogiar Zidane: Ele foi um monstro.

Que categoria! Sei, perderia a compostura ao ser provocado pelo italiano Materazzi, em 2006, noutra final de Copa do Mundo. Com a bola, desmontou o Brasil e tantos outros adversários. Confesso que chorei.

Depois veio o Zidane treinador. Outra vez, máquina de ganhar. Nunca esquecerei daquele dia em que Zidane me fez chorar em Paris.

Zola (Émile) – Todo mundo conhece Zola. Enfim, todo mundo que possa ter interesse por um dicionário que tem

Zola como verbete. Para os esquecidos ou desinformados, basta dizer que foi um dos maiores escritores da França, tendo publicado romances que resistem ao tempo, aos *games* e às traças, entre os quais *Germinal* e *Nana*. Émile Zola, porém, fez mais do que isso, o que já é uma enormidade. Deu seguimento à tradição francesa do intelectual, papel muito desempenhado por Voltaire. O intelectual tem a obrigação de ser chato. É o seu papel. O publicitário é o mágico que inventa o truque. O sociólogo deve ser o "mister M" que grita "eu vi, é truque" e desmonta a engrenagem. O intelectual moderno surgiu com o caso Dreyfus, que abalou a França entre 1895 e 1906, quando um oficial judeu, Alfred Dreyfus, foi acusado injustamente de espionagem em favor da Alemanha. O antissemitismo francês mostrou a sua cara horrenda. Um escritor de sucesso, Émile Zola, saiu da sua especialidade, a literatura, e, combatendo no que seria rotulado definitivamente pelo filósofo alemão Jürgen Habermas de "esfera pública", num artigo de 13 de janeiro de 1898, publicado no jornal *L'Aurore*, intitulado "eu acuso" (cf. verbete), defendeu a vítima dessa grande armação racista, ideológica e cruel. Zola é a representação do grito de justiça na hora certa.

POSFÁCIO
Beabá e além

A mão estendida

Philippe Joron[1]

Tudo sendo potencialmente realizável, pelo menos com os atritos reais da imaginação, é possível se apaixonar por um país, uma terra, uma cultura, pela gente que faz as suas fronteiras e os seus conteúdos, do mesmo modo que por uma pessoa singular, relevante por sua mente, seu corpo, seu jeito de ser e pensar, suas forças e falhas, suas disciplinas e duplicidades. Possível e até fácil de uma forma geral, mas não sem dificuldades na avaliação das peculiaridades em jogo.

Vale lembrar: a estética é a síntese de fraturas, rugas, defeitos e acontecimentos da vida. Essa possibilidade aproveita as semelhanças entre formas de "tomber en amour" e diferenças propostas no final do século XIX pelo sociólogo alemão Georg Simmel entre "Humano-tipo" e "Humano--fragmento". Modelos de pensar, complexo, com pretensão universal, e formas de existência cotidiana, nobres por suas humildades diversas. Somos todos humanos, do mesmo

[1] Professor universitário de Sociologia, ex-vice-presidente da Universidade Paul Valéry – Montpellier 3, ex-decano da Faculdade de Ciências e do Sujeito. Diretor do centro de pesquisa LEIRIS, Laboratório de Estudos Interdisciplinares sobre o Real e os Imaginários Sociais.

tipo e segundo o mesmo modelo, mas somos todos também identificáveis pelas nossas diferenças. Somos o nosso próprio Outro.

Juremir Machado da Silva navega entre o essencialismo e o concreto. Como todos nós, mais ou menos. Entre as terras do boi e os mares/rios do peixe-boi, na altura do "confit de canard et d'oie" que ele gosta tanto ou do "cuscuz árabe", aprimorado à moda basca, *montpelleriana* e brasileira. Juremir Machado da Silva é o senhor "você topa?" E você não tem tempo de apertar no botão que ele se transforma num senhor "Maravilha!!!" E então, seduzido, você entra na jogada, derretendo como um queijo forte francês num Mocotó da vida brasileira (vou tentar essa receita...). Driblando.

Juremir é uma enciclopédia. Mas escolheu o dicionário.

Tem uma palavra em francês que eu gosto muito: "improbable", isto é, sem probabilidade de acontecimento, mas com certas perspectivas de concretizações.

O Juremir é uma pessoa "improbable". Para quem sabe detectar as circunvoluções aplicáveis à confirmação dos seus alvos, ele pode se tornar previsível. Desse ponto de vista, ele é "redoutable"!!! Sabe-se há muito tempo que ele é apaixonado pela França.

A dedicação dele nesse sentido, em nível profissional, foi exemplar como jornalista (correspondente do jornal *Zero Hora* entre 1993 e 1995), durante o seu doutoramento em sociologia na Sorbonne, e como professor universitário, atuando na Famecos, PUCRS, desde 1995. Por isso ele foi homenageado com as Palmas Acadêmicas do governo francês, em 2008. Por isso ainda ele foi prestigiado na minha universidade, Paul Valéry – Montpellier 3 (UPVM), com o título de *Docteur Honoris Causa*, no dia 15 de setembro de 2023. Mas não foi apenas por isso, foi porque, atrás desse percurso profissional exemplar, havia trilhas pessoais essenciais, daquelas que elaboram com urgências e demoras o seguidor de si mesmo.

Além das condecorações, considerações e plaquinhas merecidas, ele se importa apenas, de forma tranquila e trabalhadora, com o bem-estar da sua gente. Há dois anos, ele me disse: "Acho que este país não tem mais jeito". Pessimismo derrubado pela nova configuração política do Brasil. Segundo ele (como para mim também), as condecorações são inscritas na carne, na pele da existência cotidiana.

Se todas as formas de reconhecimento são apreciáveis, aquelas da vida comum são muito mais aceitáveis, conformes à vida como ela é.

Na compreensão clássica de um dicionário, trata-se de engavetar alguns conceitos, algumas noções, datas, personagens e eventos. Permite fixar o cimento do conhecimento. Nada disso com Juremir. No caso do *Dicionário da Memória Afetiva*, relativo (endereçado) ao Brasil e à França, proposto aqui, trata-se de abrir ou consolidar a compreensão brasileira da cultura francesa. De modo lúdico, imaginativo, mas também útil. Sempre num desafio entre França e Brasil, países irmãos de luta pela democracia e outros alhures relevantes para o bem-estar e a melhoria da vida dos banidos ou dos que fecham a boca por medo ou necessidade. A mão estendida.

Já temos dicionários de referência: Aurélio, Larousse, Robert, Lalande. E agora o do Juremir. Não é apenas um dicionário de conceitos, noções ou ideias. Como eu disse, conforme o pensamento de Georges Bataille, engavetar significa dar um uniforme à existência. Isso participa das nossas necessidades de orientação. Mas, com Juremir, as gavetas ficam abertas. Cada um pode escolher sua roupa.

Assim, entre "Paixão-tipo" e "Paixão-fragmento", entre "Être" e "Étant" heideggerianos, encontramos os nossos caminhos. Este dicionário nos dá dicas, acompanhando os parceiros de luta. É um dicionário de "jogo de cintura" atento às urgências com as quais convivemos. É um dicionário de combate entre "cacete" e "casse-tête" que se termina por um kir Royal. Champagne !!!

ÍNDICE DE VERBETES

Este livro foi confeccionado especialmente para a
Editora Meridional Ltda,
em Liberation Serif, 11,5/16 e
impresso na Gráfica Noschang.